AF558478

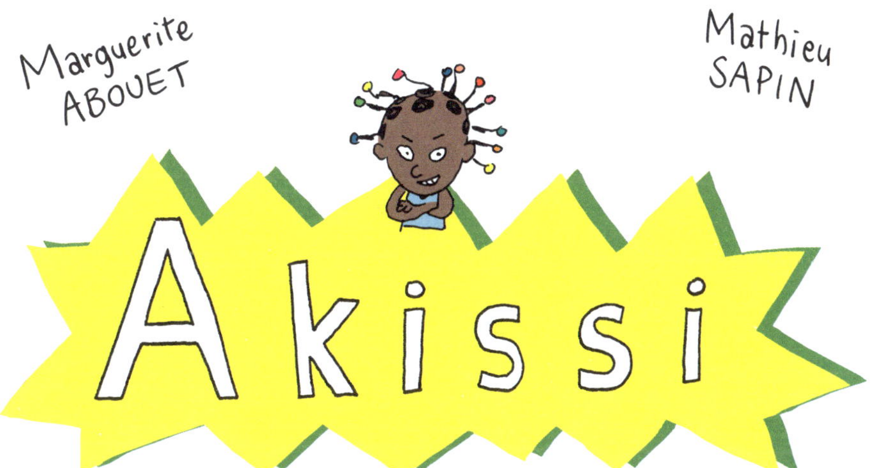

VORSICHT, FLIEGENDE SCHAFE!

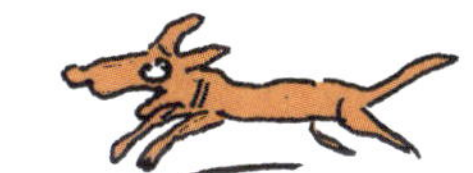

Angelehnt an die Bilderwelt
von Clément Oubrerie

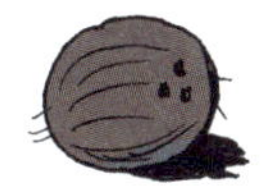

Farben: Clémence

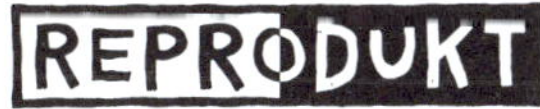

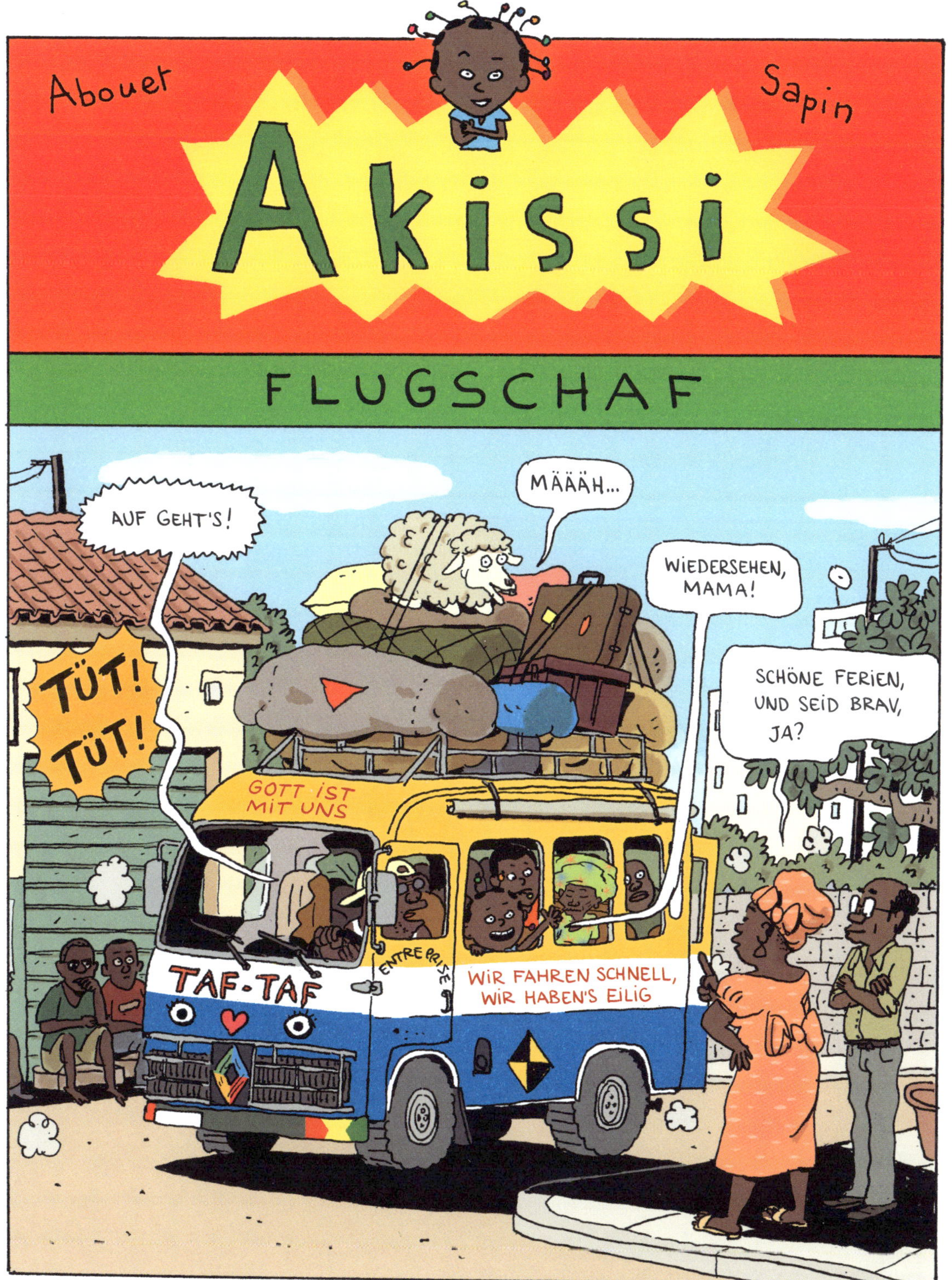
Abouet
Sapin
Akissi
FLUGSCHAF
AUF GEHT'S!
MÄÄÄH...
WIEDERSEHEN, MAMA!
SCHÖNE FERIEN, UND SEID BRAV, JA?
TÜT! TÜT!
GOTT IST MIT UNS
TAF-TAF
ENTREPRISE
WIR FAHREN SCHNELL, WIR HABEN'S EILIG

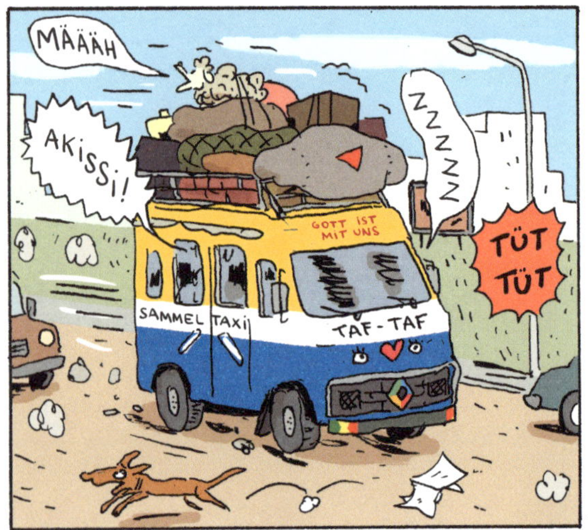
MÄÄÄH
AKISSI!
ZZZZZ
TÜT TÜT
GOTT IST MIT UNS
SAMMEL TAXI
TAF-TAF

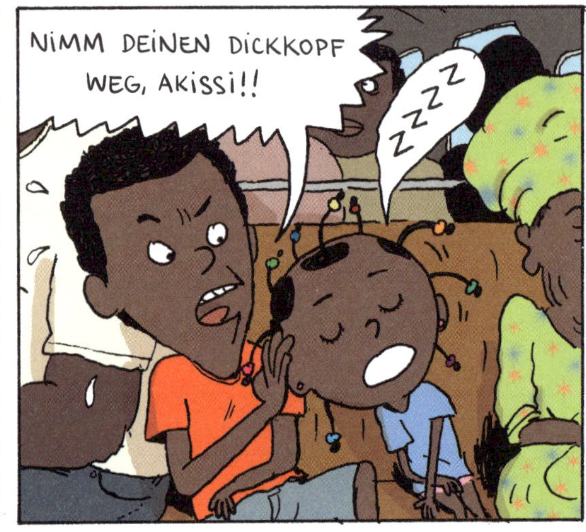
NIMM DEINEN DICKKOPF WEG, AKISSI!!
ZZZZ

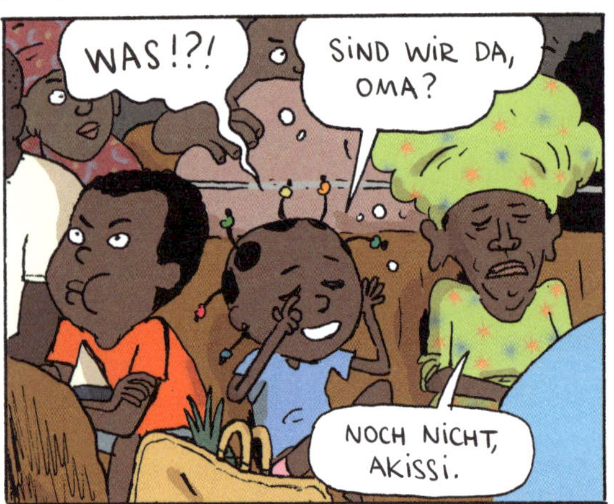
WAS!?!
SIND WIR DA, OMA?
NOCH NICHT, AKISSI.

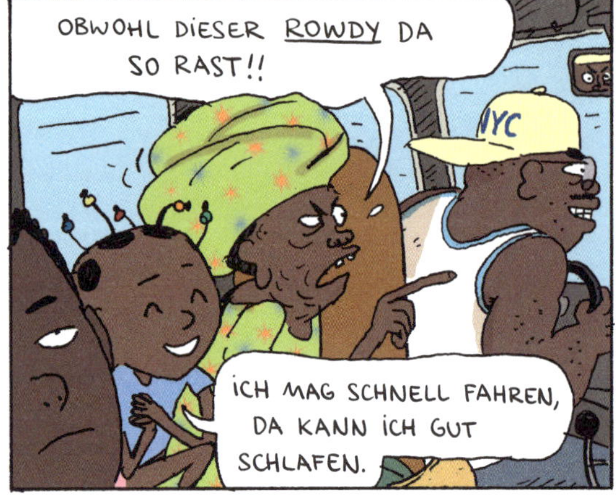
OBWOHL DIESER ROWDY DA SO RAST!!
NYC
ICH MAG SCHNELL FAHREN, DA KANN ICH GUT SCHLAFEN.

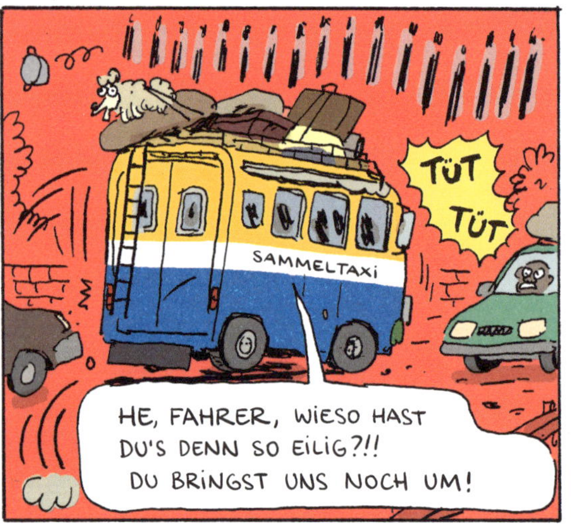
TÜT TÜT
SAMMELTAXI
HE, FAHRER, WIESO HAST DU'S DENN SO EILIG?!! DU BRINGST UNS NOCH UM!

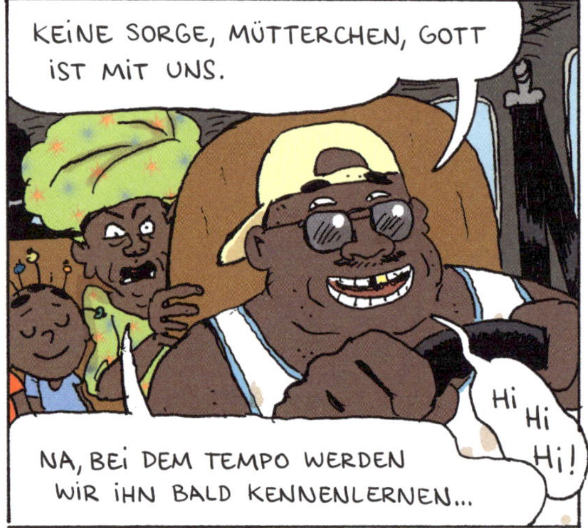
KEINE SORGE, MÜTTERCHEN, GOTT IST MIT UNS.
NA, BEI DEM TEMPO WERDEN WIR IHN BALD KENNENLERNEN...
HI HI HI!

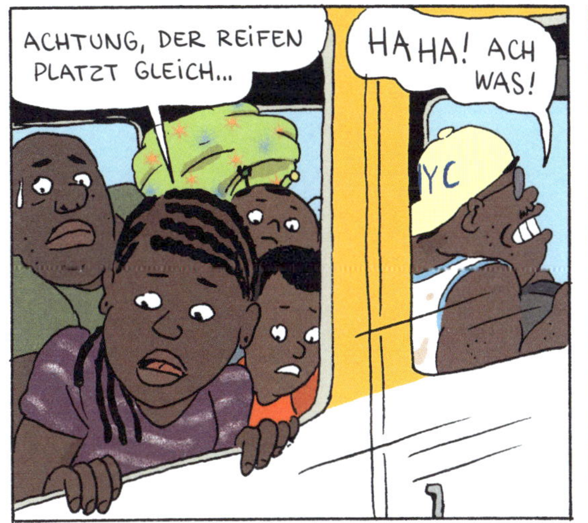
ACHTUNG, DER REIFEN PLATZT GLEICH...
HAHA! ACH WAS!

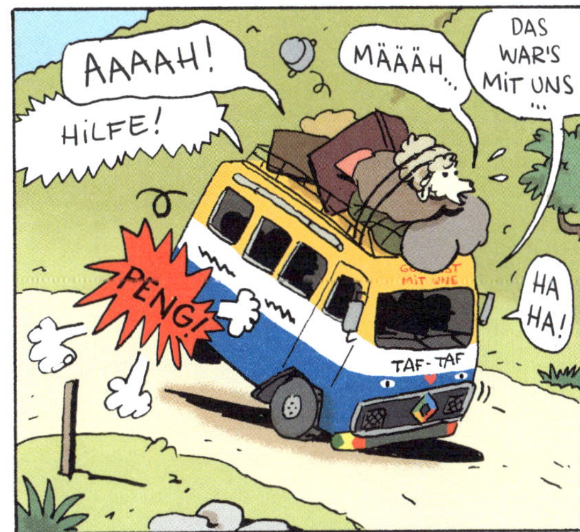
AAAAH!
HILFE!
MÄÄÄH...
DAS WAR'S MIT UNS ...
PENG!
HA HA!
TAF-TAF

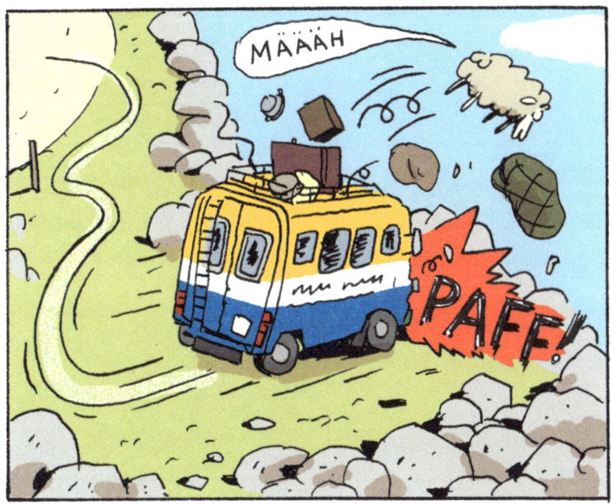
MÄÄÄH
PAFF!

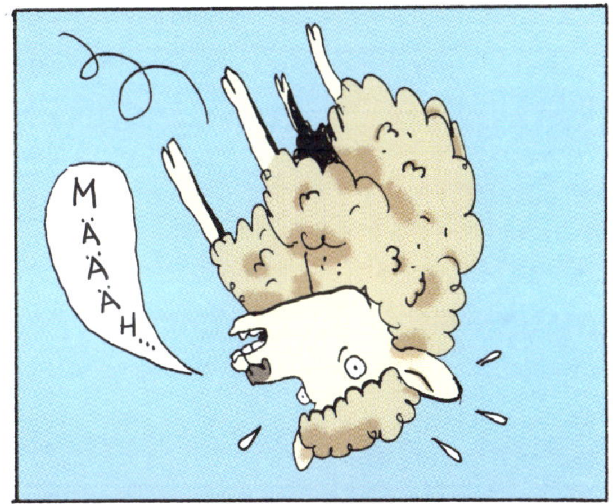
MÄÄÄH...

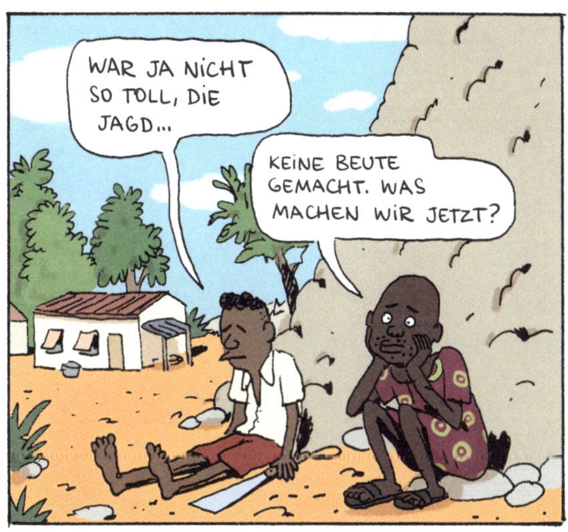
WAR JA NICHT SO TOLL, DIE JAGD...
KEINE BEUTE GEMACHT. WAS MACHEN WIR JETZT?

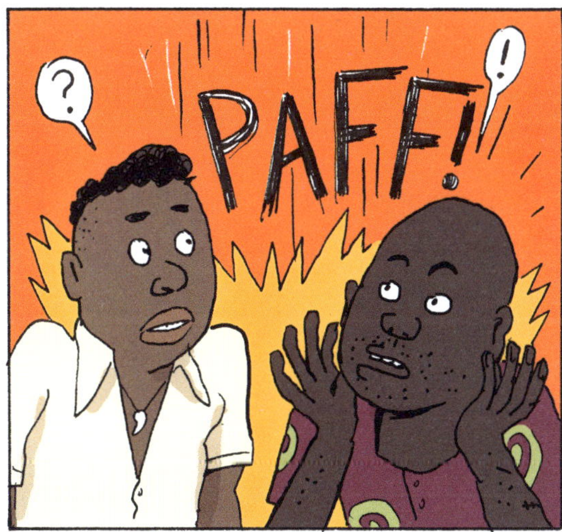
?
PAFF!
!

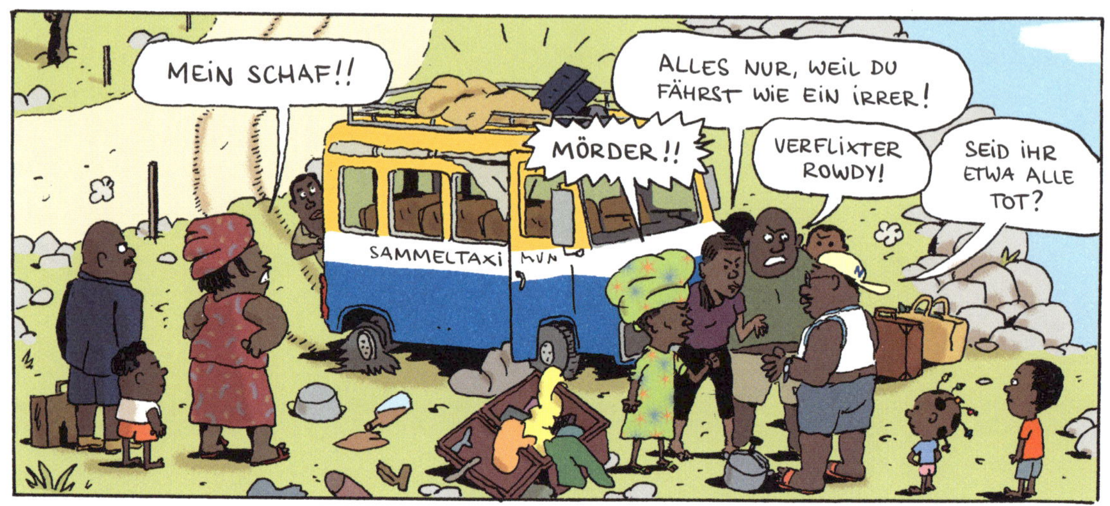
MEIN SCHAF!!
MÖRDER!!
ALLES NUR, WEIL DU FÄHRST WIE EIN IRRER!
VERFLIXTER ROWDY!
SEID IHR ETWA ALLE TOT?
SAMMELTAXI

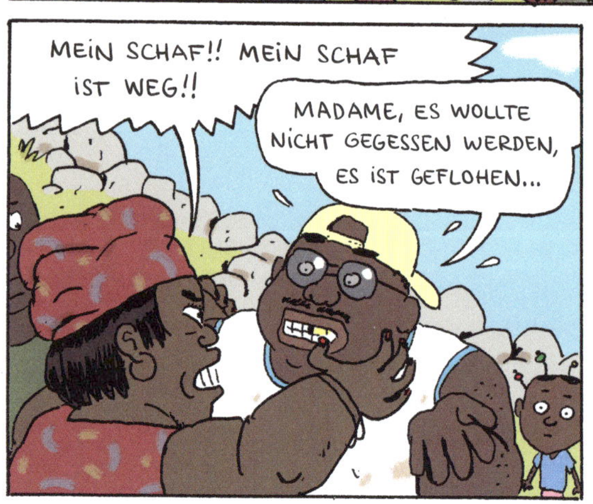
MEIN SCHAF!! MEIN SCHAF IST WEG!!
MADAME, ES WOLLTE NICHT GEGESSEN WERDEN, ES IST GEFLOHEN...

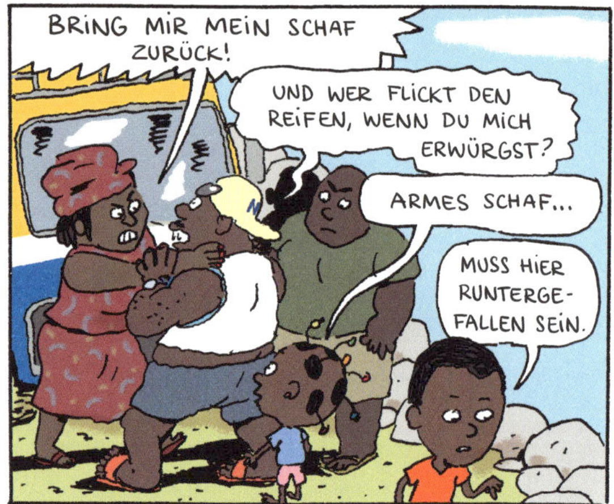
BRING MIR MEIN SCHAF ZURÜCK!
UND WER FLICKT DEN REIFEN, WENN DU MICH ERWÜRGST?
ARMES SCHAF...
MUSS HIER RUNTERGE-FALLEN SEIN.

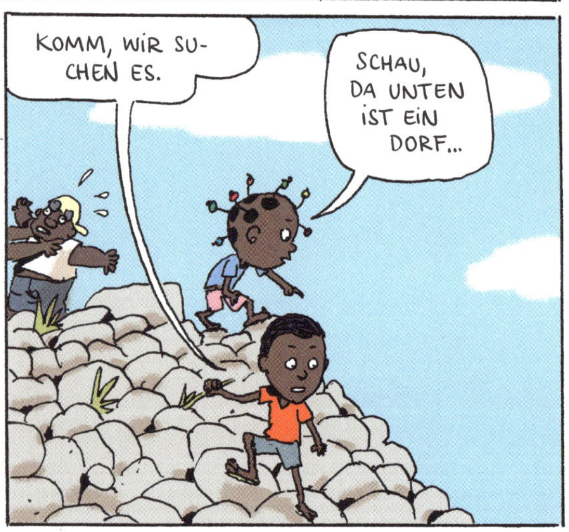
KOMM, WIR SU-CHEN ES.
SCHAU, DA UNTEN IST EIN DORF...

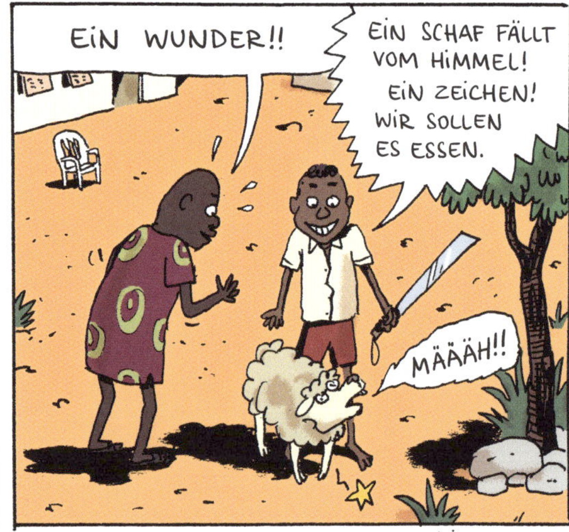
EIN WUNDER!!
EIN SCHAF FÄLLT VOM HIMMEL! EIN ZEICHEN! WIR SOLLEN ES ESSEN.
MÄÄÄH!!

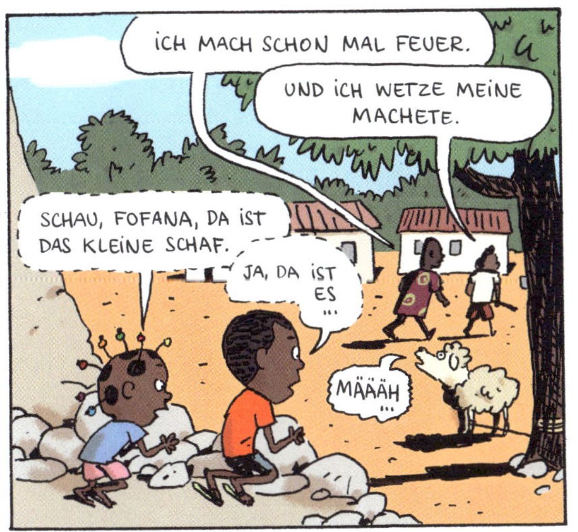
ICH MACH SCHON MAL FEUER.
UND ICH WETZE MEINE MACHETE.
SCHAU, FOFANA, DA IST DAS KLEINE SCHAF.
JA, DA IST ES ...
MÄÄÄH ...

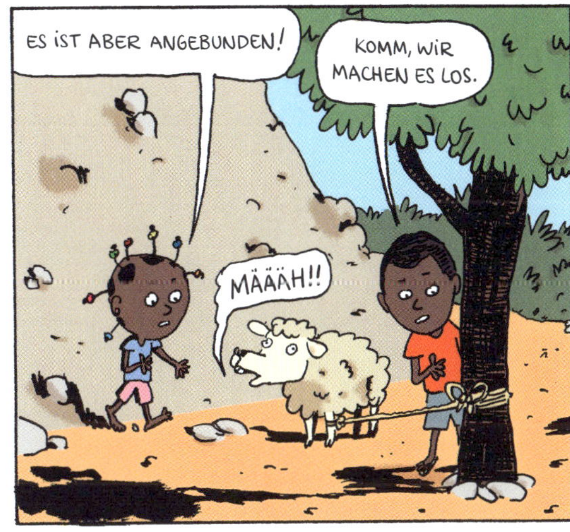
ES IST ABER ANGEBUNDEN!
KOMM, WIR MACHEN ES LOS.
MÄÄÄH!!

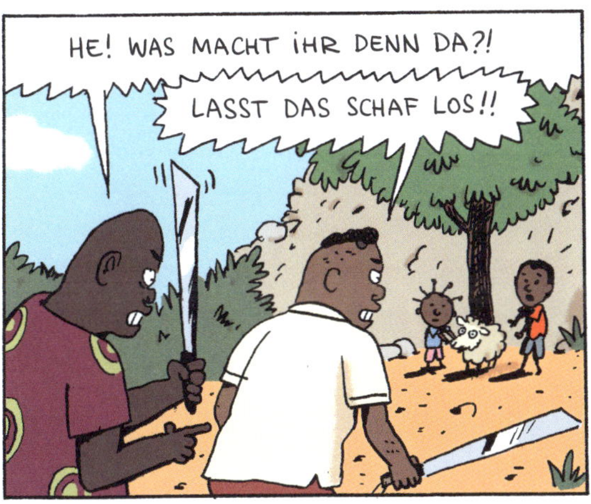
HE! WAS MACHT IHR DENN DA?!
LASST DAS SCHAF LOS!!

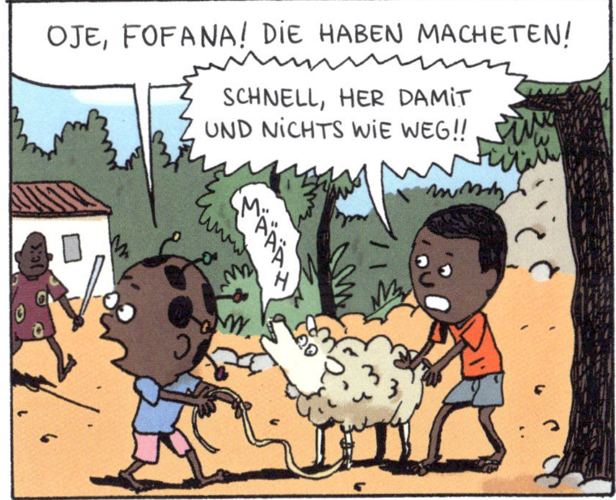
OJE, FOFANA! DIE HABEN MACHETEN!
SCHNELL, HER DAMIT UND NICHTS WIE WEG!!
MÄÄÄH

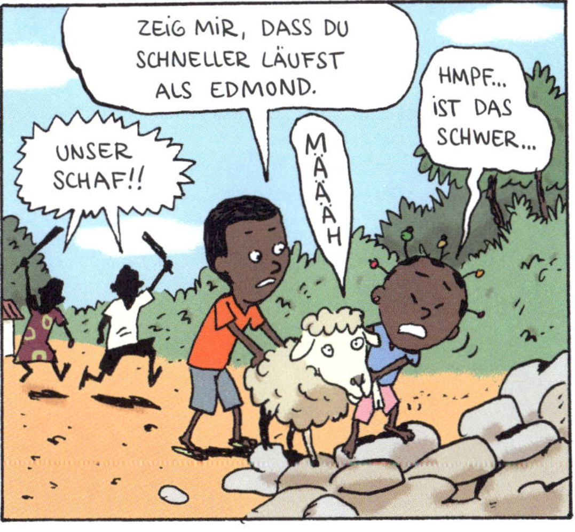
ZEIG MIR, DASS DU SCHNELLER LÄUFST ALS EDMOND.
HMPF... IST DAS SCHWER...
UNSER SCHAF!!
MÄÄÄH

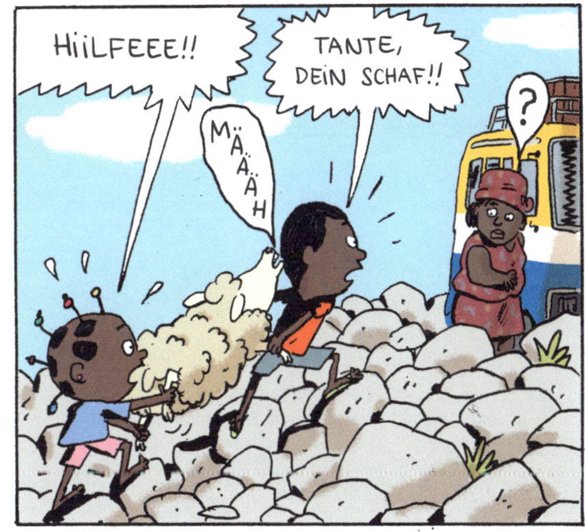
HIILFEEE!!
TANTE, DEIN SCHAF!!
MÄÄÄH
?

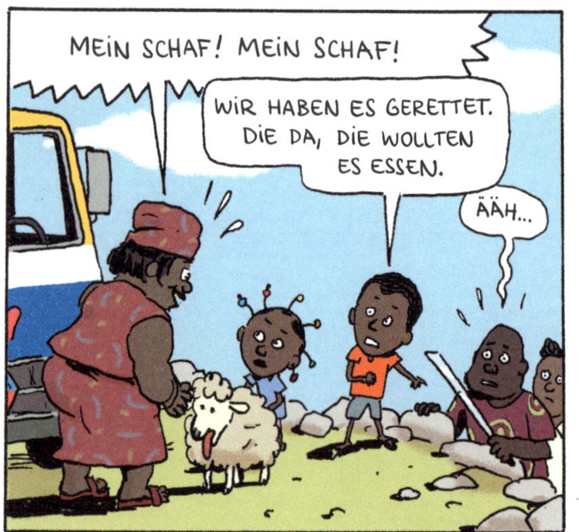
MEIN SCHAF! MEIN SCHAF!
WIR HABEN ES GERETTET. DIE DA, DIE WOLLTEN ES ESSEN.
ÄÄH...

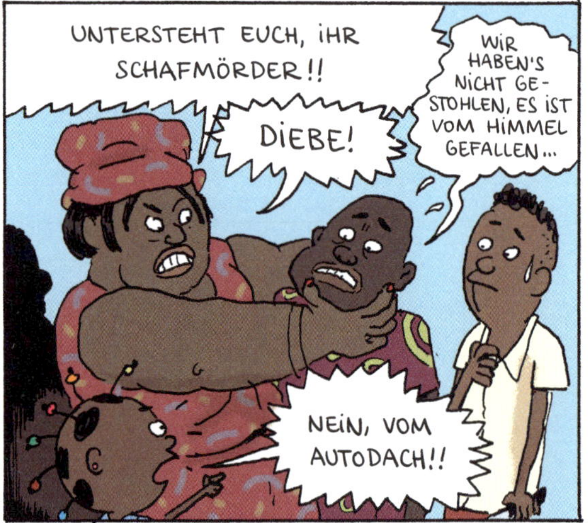
UNTERSTEHT EUCH, IHR SCHAFMÖRDER!!
DIEBE!
WIR HABEN'S NICHT GE-STOHLEN, ES IST VOM HIMMEL GEFALLEN...
NEIN, VOM AUTODACH!!

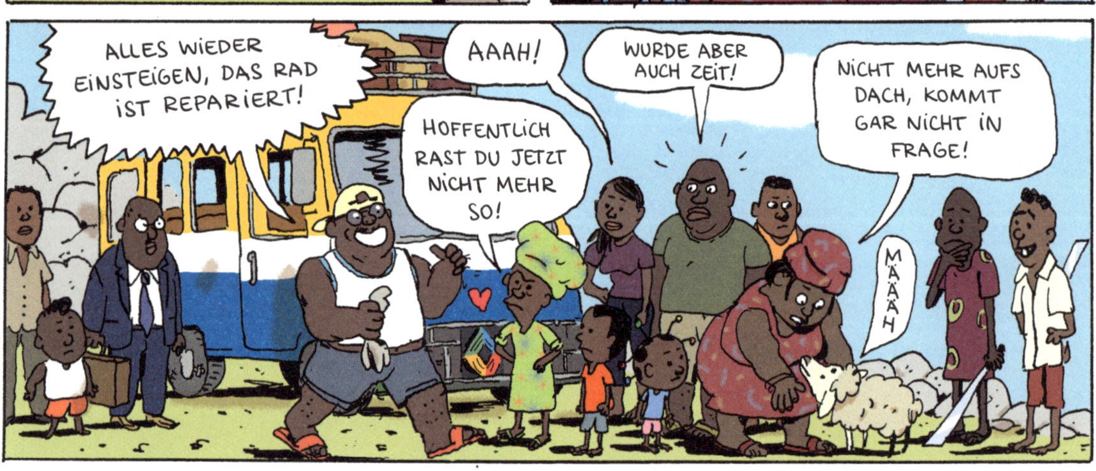
ALLES WIEDER EINSTEIGEN, DAS RAD IST REPARIERT!
AAAH!
HOFFENTLICH RAST DU JETZT NICHT MEHR SO!
WURDE ABER AUCH ZEIT!
NICHT MEHR AUFS DACH, KOMMT GAR NICHT IN FRAGE!
MÄÄÄH

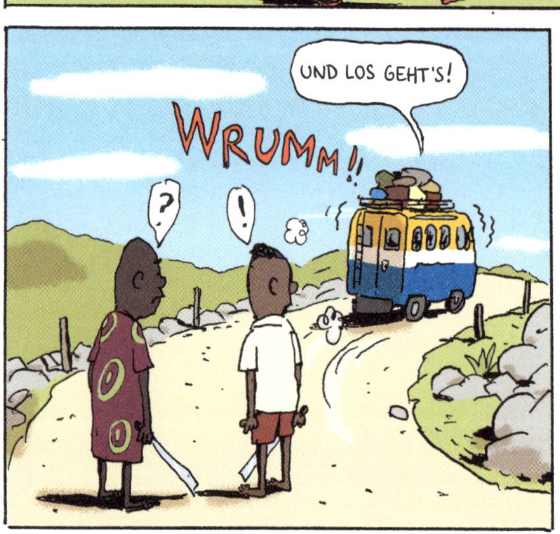
UND LOS GEHT'S!
WRUMM!!
?
!

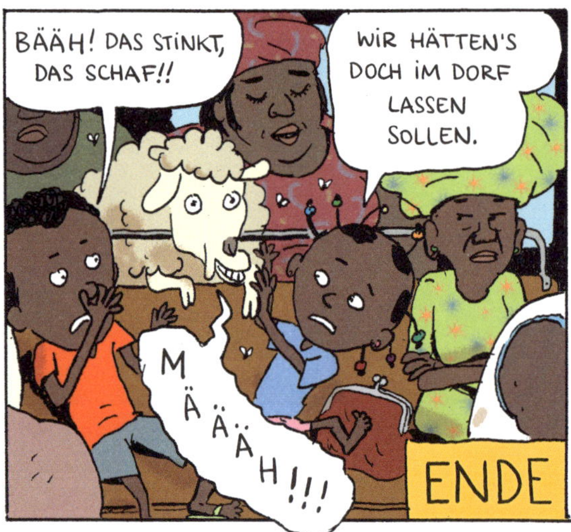
BÄÄH! DAS STINKT, DAS SCHAF!!
WIR HÄTTEN'S DOCH IM DORF LASSEN SOLLEN.
MÄÄÄH!!!
ENDE

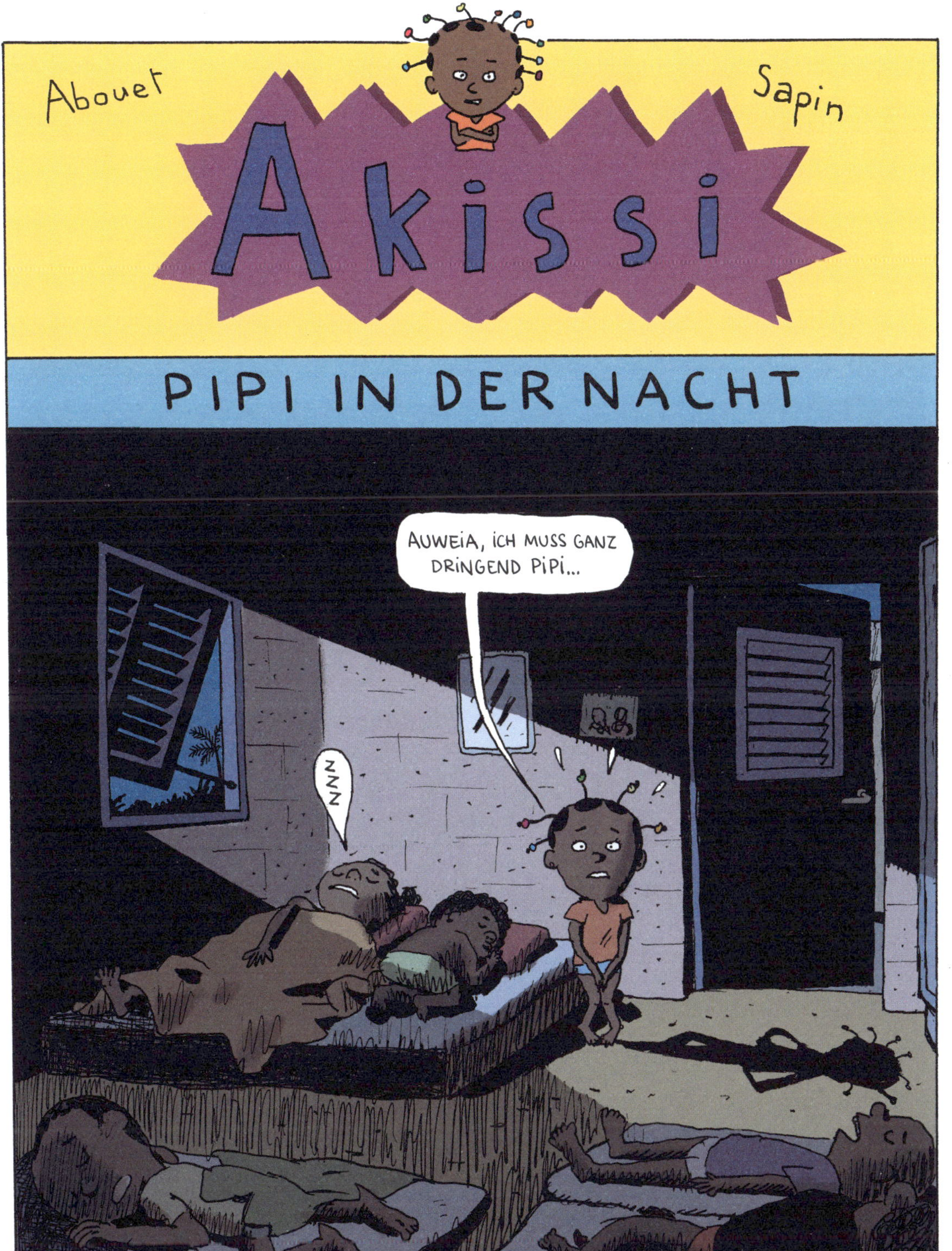
Abouet
Sapin
Akissi
PIPI IN DER NACHT
AUWEIA, ICH MUSS GANZ DRINGEND PIPI...
ZZZ

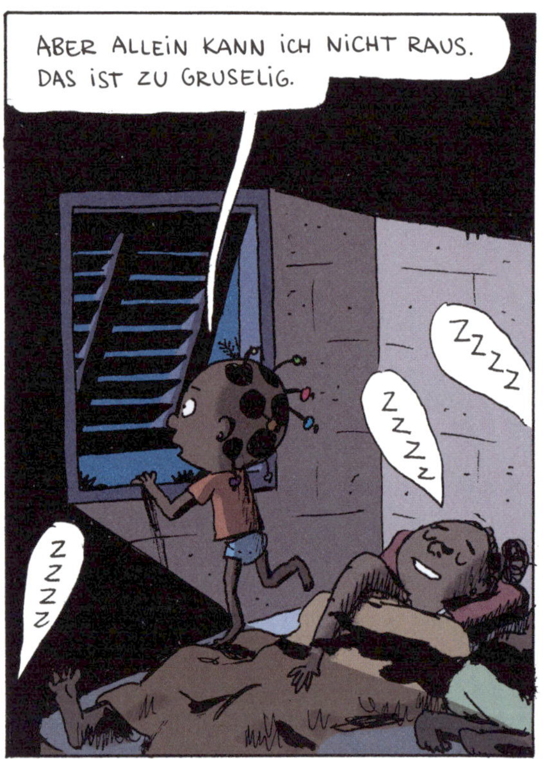
ABER ALLEIN KANN ICH NICHT RAUS. DAS IST ZU GRUSELIG.
ZZZZ
ZZZZ
ZZZZ
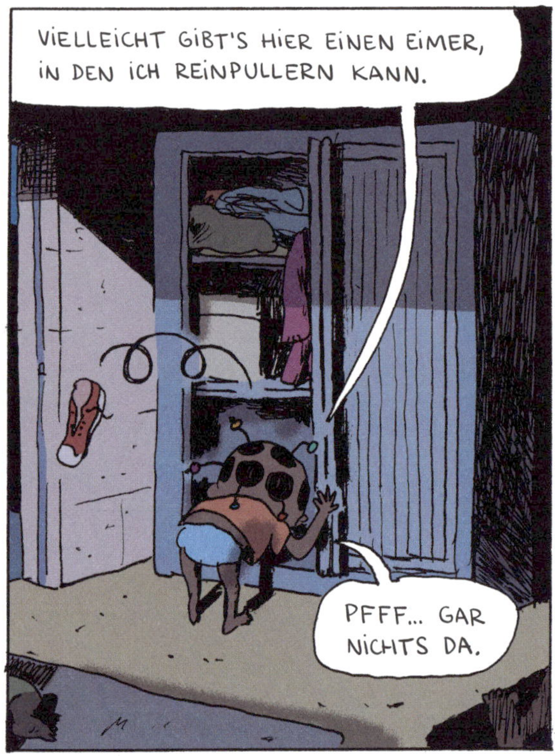
VIELLEICHT GIBT'S HIER EINEN EIMER, IN DEN ICH REINPULLERN KANN.
PFFF... GAR NICHTS DA.
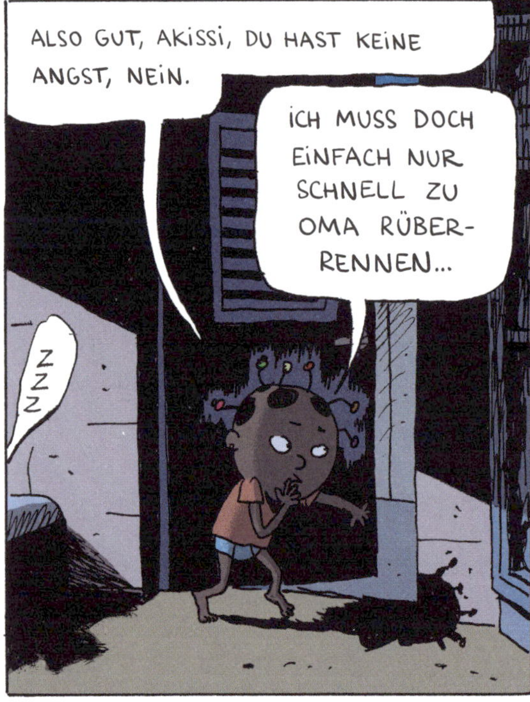
ALSO GUT, AKISSI, DU HAST KEINE ANGST, NEIN.
ICH MUSS DOCH EINFACH NUR SCHNELL ZU OMA RÜBER-RENNEN...
ZZZ
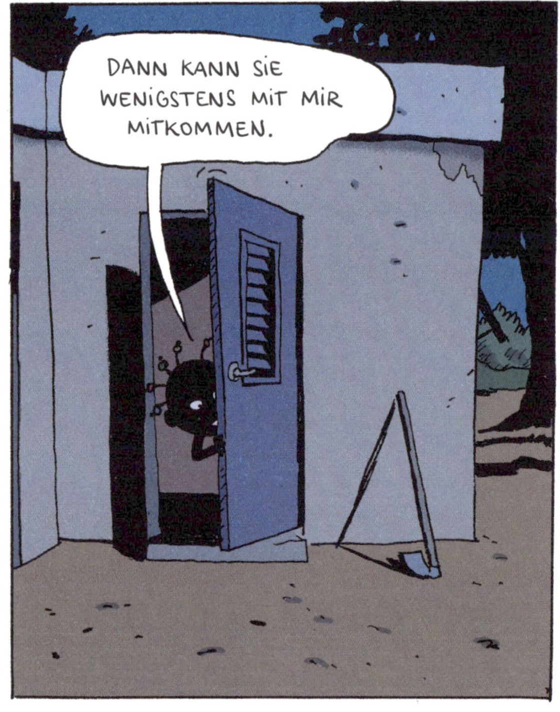
DANN KANN SIE WENIGSTENS MIT MIR MITKOMMEN.

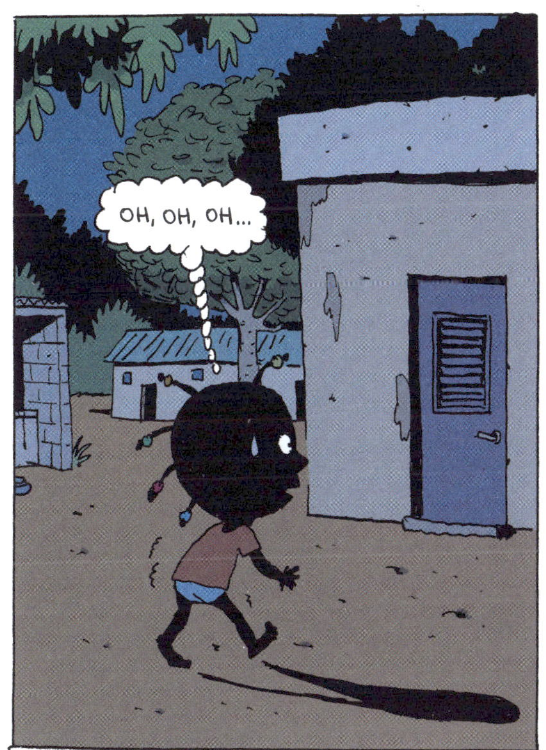
OH, OH, OH...

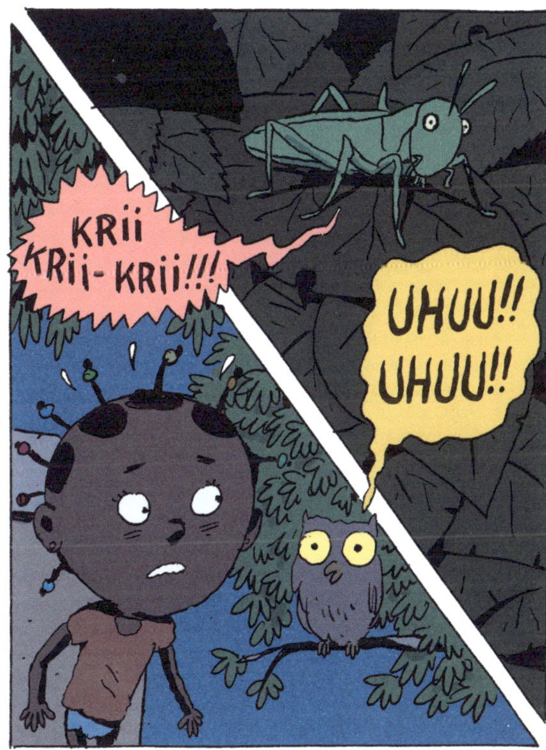
KRii KRii-KRii!!!
UHUU!! UHUU!!

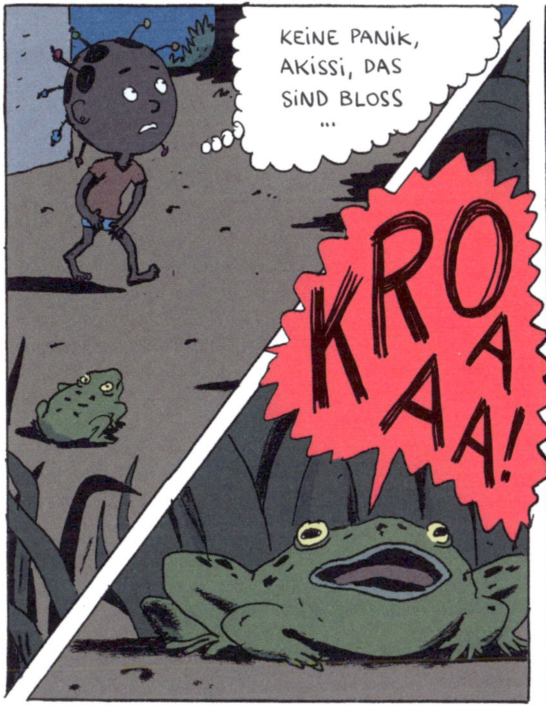
KEINE PANIK, AKISSI, DAS SIND BLOSS ...
KROAAA!

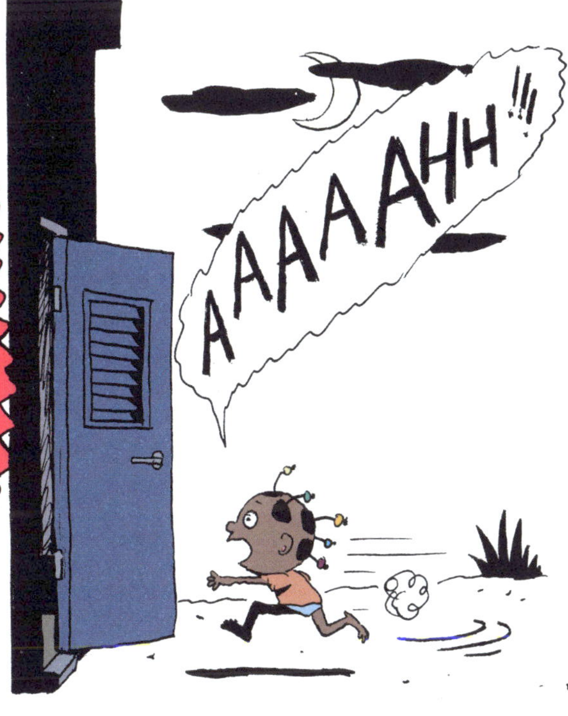
AAAAAHH!!!

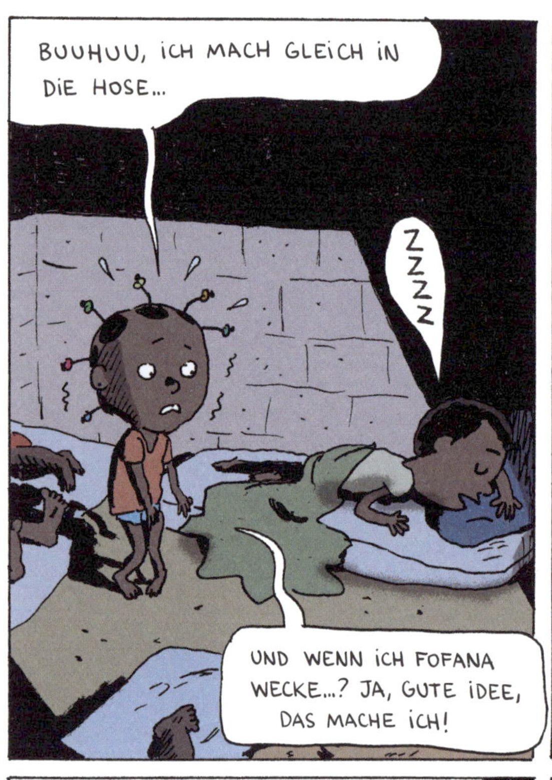
BUUHUU, ICH MACH GLEICH IN DIE HOSE...
ZZZZ
UND WENN ICH FOFANA WECKE...? JA, GUTE IDEE, DAS MACHE ICH!

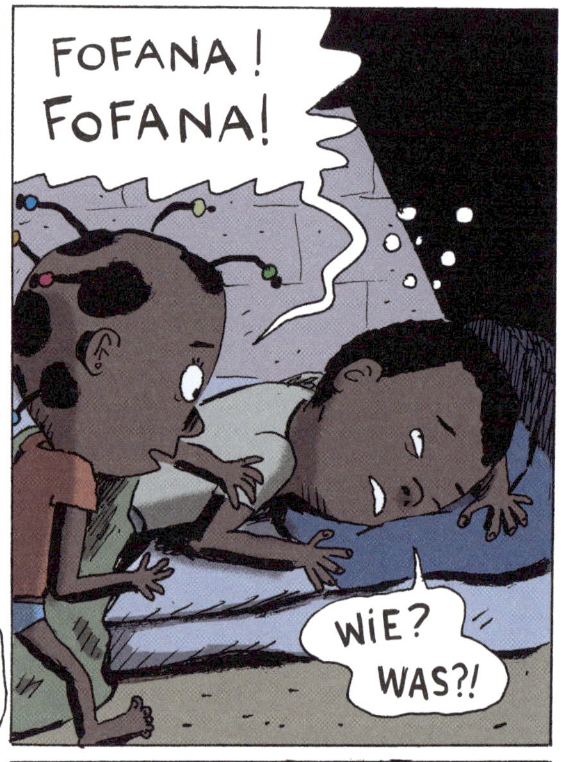
FOFANA! FOFANA!
WIE? WAS?!

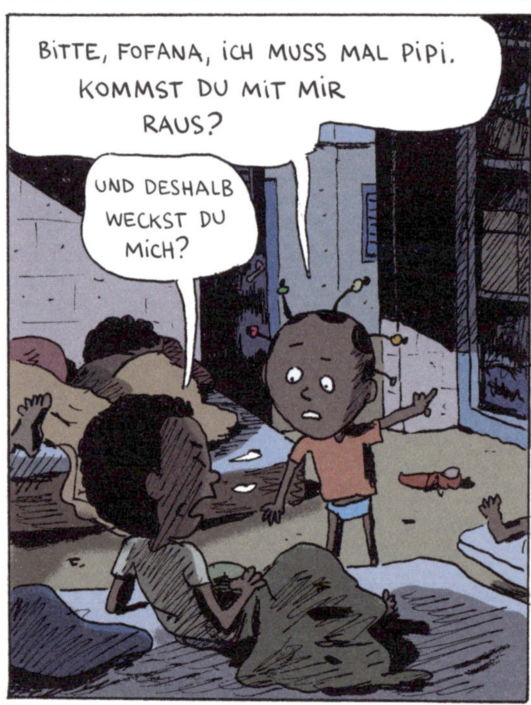
BITTE, FOFANA, ICH MUSS MAL PIPI. KOMMST DU MIT MIR RAUS?
UND DESHALB WECKST DU MICH?

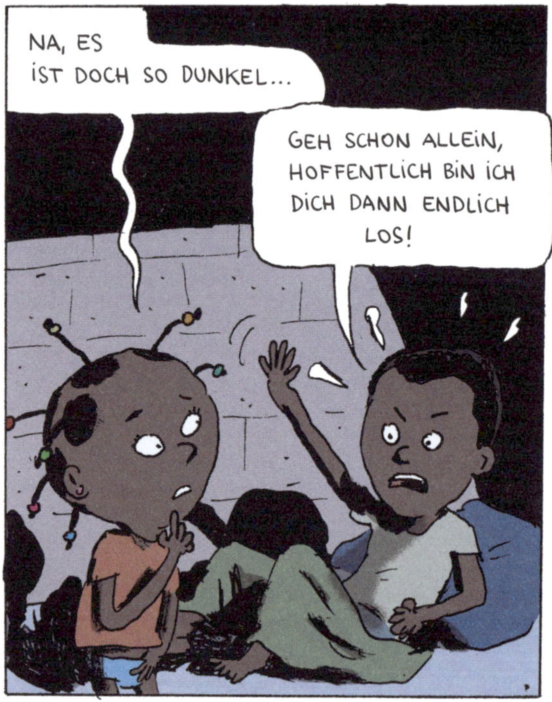
NA, ES IST DOCH SO DUNKEL...
GEH SCHON ALLEIN, HOFFENTLICH BIN ICH DICH DANN ENDLICH LOS!

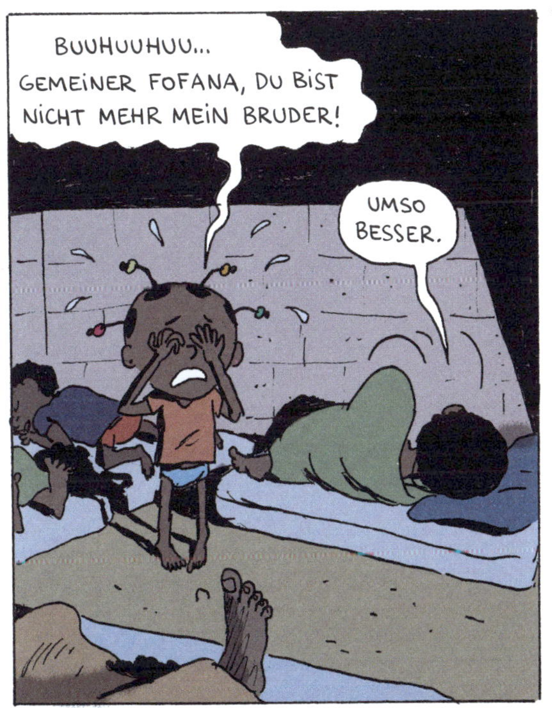
BUUHUUHUU...
GEMEINER FOFANA, DU BIST NICHT MEHR MEIN BRUDER!
UMSO BESSER.

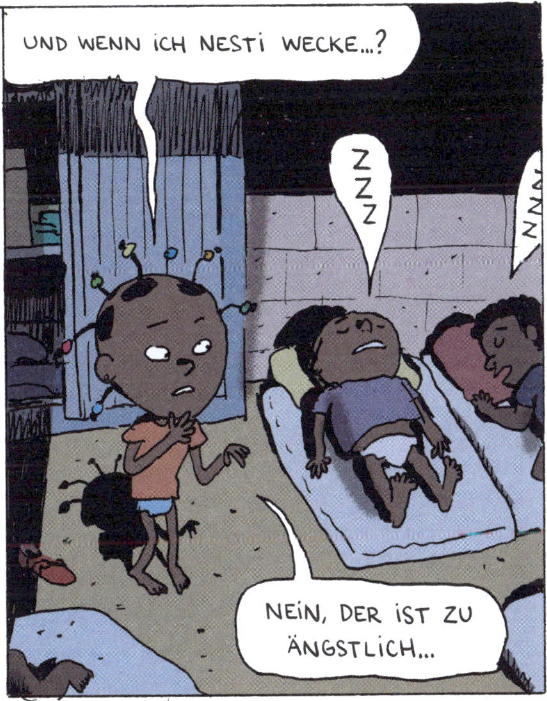
UND WENN ICH NESTI WECKE...?
ZZZ
NEIN, DER IST ZU ÄNGSTLICH...

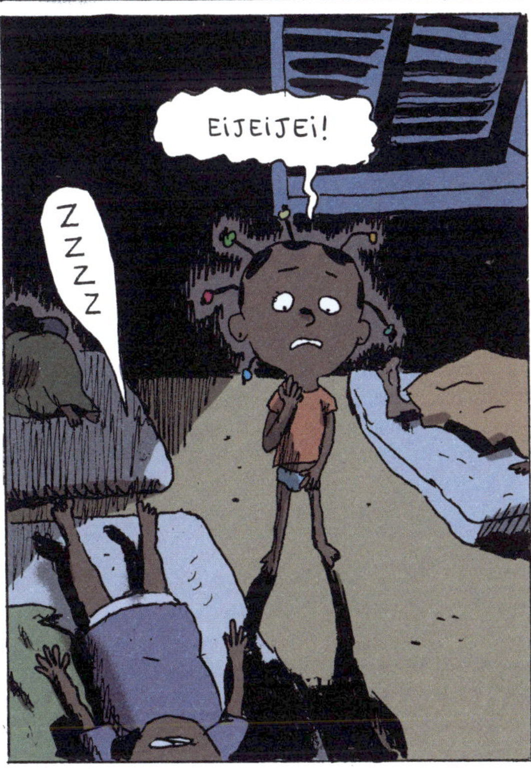
ZZZZ
EIJEIJEI!

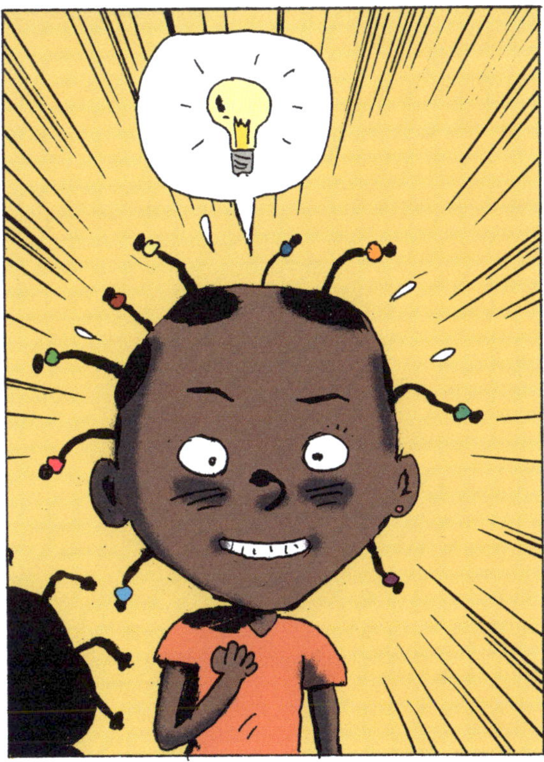

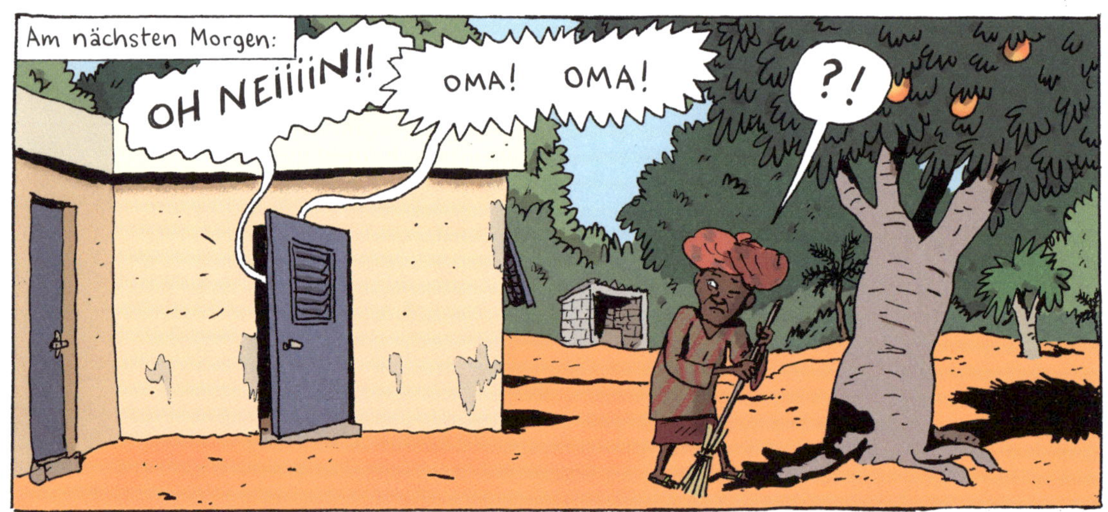
Am nächsten Morgen:
OH NEiiiiN!!
OMA! OMA!
?!

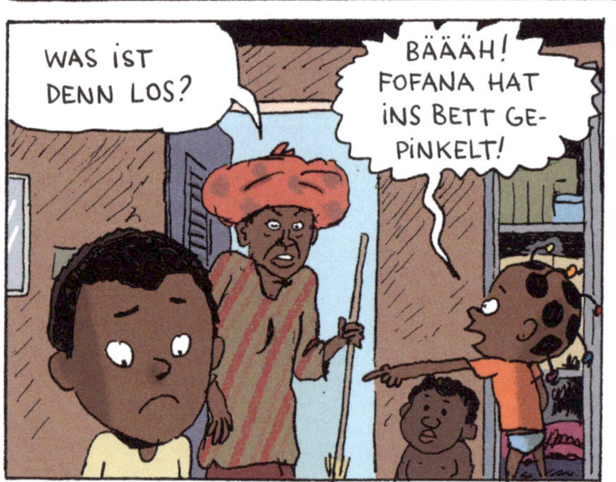
WAS iST DENN LOS?
BÄÄÄH! FOFANA HAT iNS BETT GE-PiNKELT!

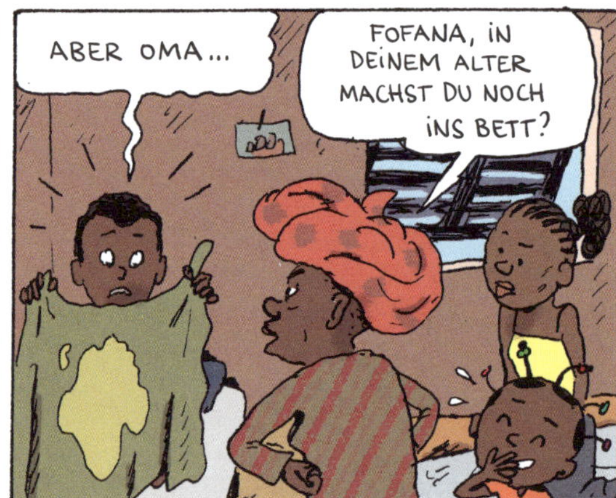
ABER OMA...
FOFANA, iN DEiNEM ALTER MACHST DU NOCH iNS BETT?

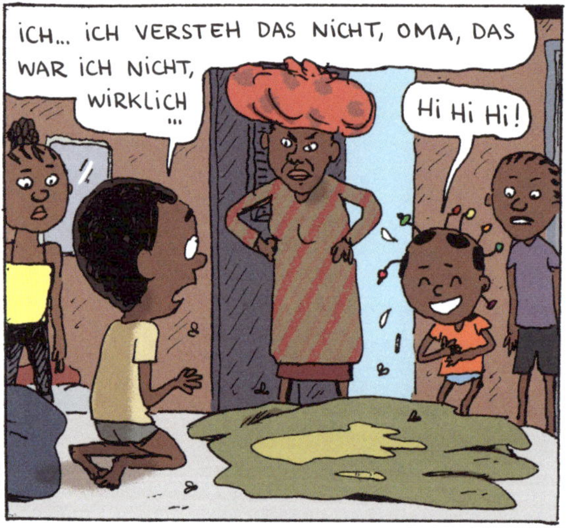
iCH... iCH VERSTEH DAS NiCHT, OMA, DAS WAR iCH NiCHT, WiRKLiCH ...
Hi Hi Hi!

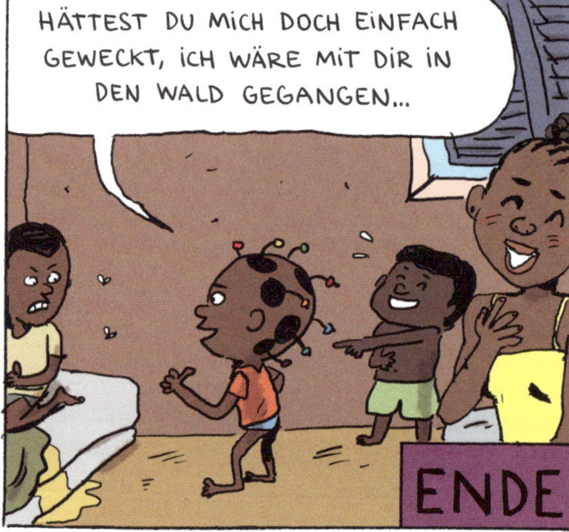
HÄTTEST DU MiCH DOCH EiNFACH GEWECKT, iCH WÄRE MiT DiR iN DEN WALD GEGANGEN...
ENDE

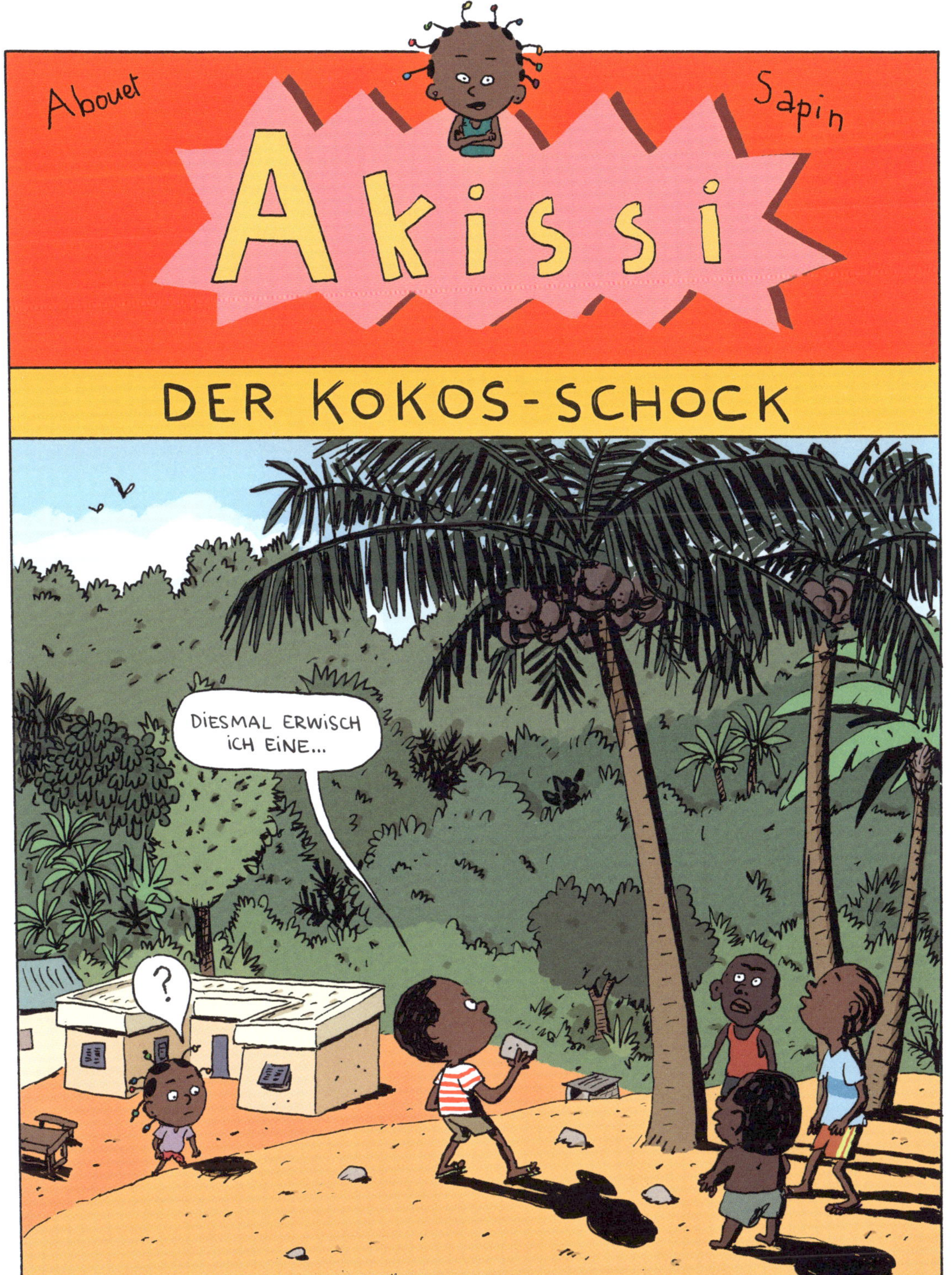
Abouet
Sapin
Akissi
DER KOKOS-SCHOCK
DIESMAL ERWISCH ICH EINE...
?

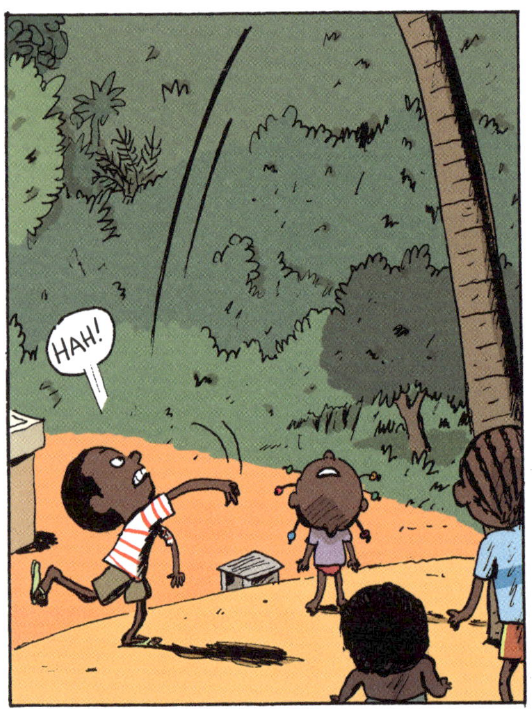
HAH!

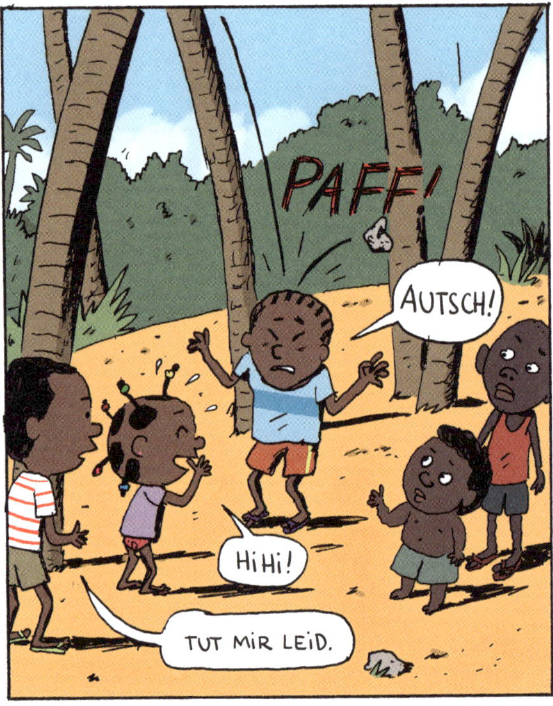
PAFF!
AUTSCH!
HiHi!
TUT MIR LEID.

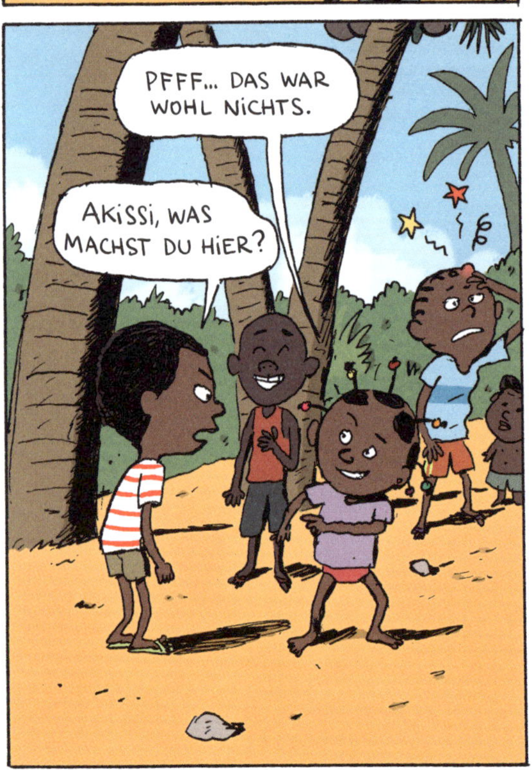
PFFF... DAS WAR WOHL NICHTS.
AKiSSi, WAS MACHST DU HiER?

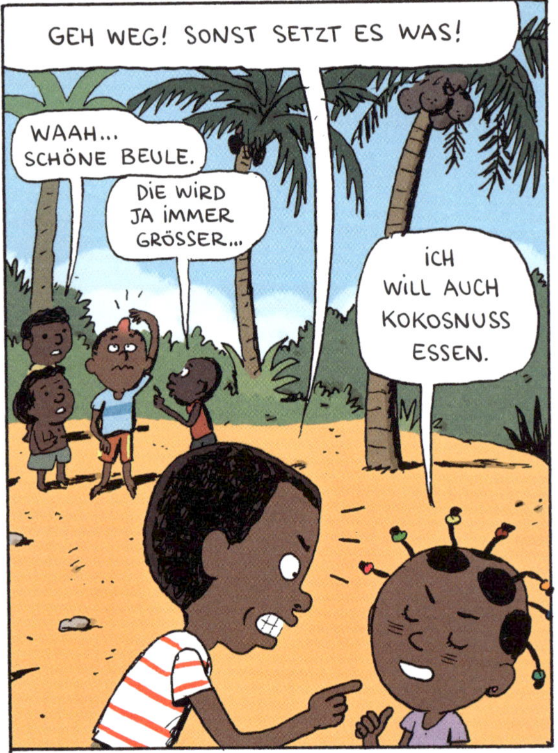
GEH WEG! SONST SETZT ES WAS!
WAAH... SCHÖNE BEULE.
DIE WIRD JA IMMER GRÖSSER...
ICH WILL AUCH KOKOSNUSS ESSEN.

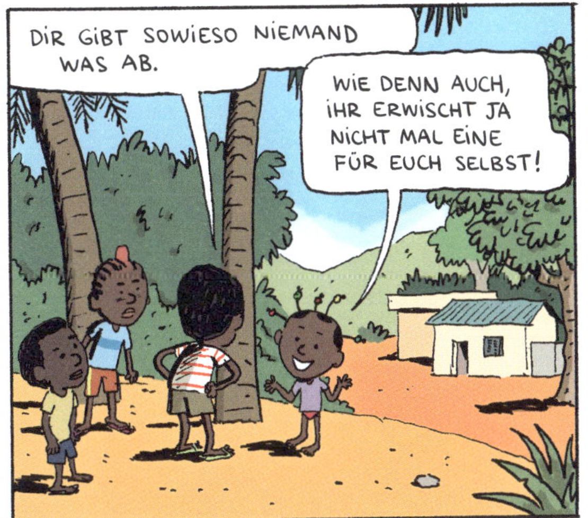

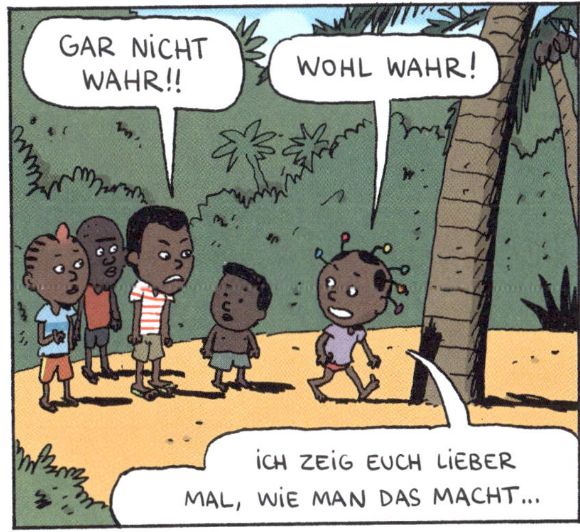

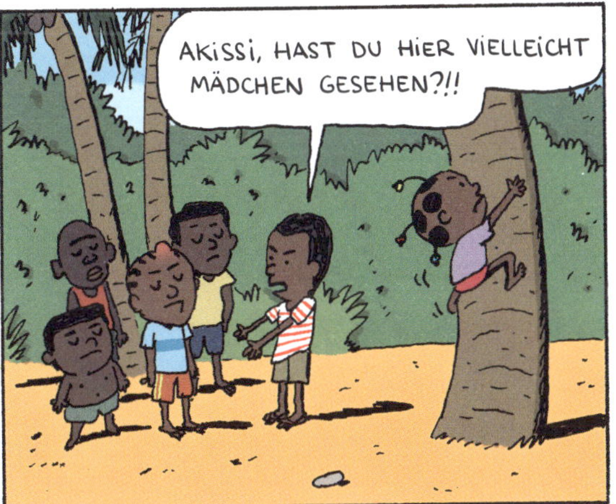

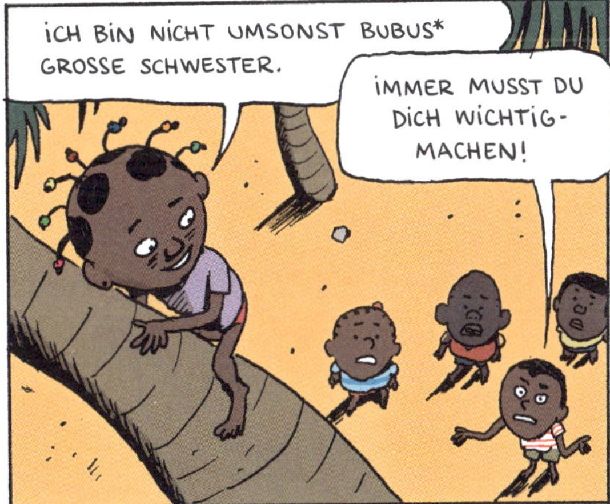

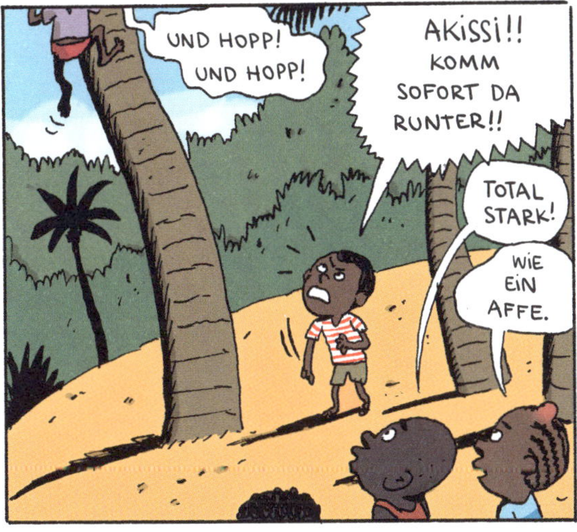

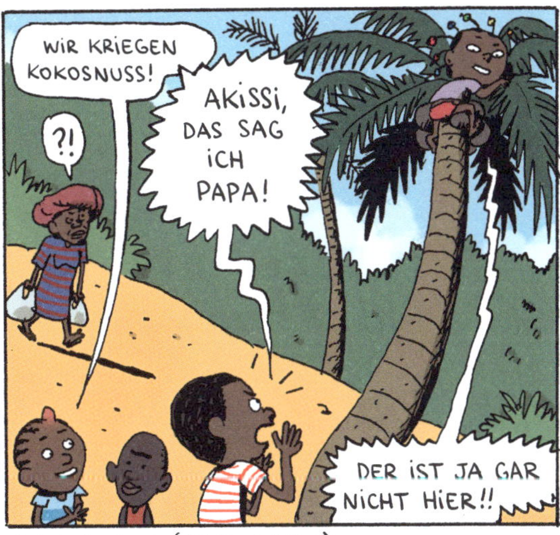

* AKISSIS AFFE (SIEHE BAND 1)

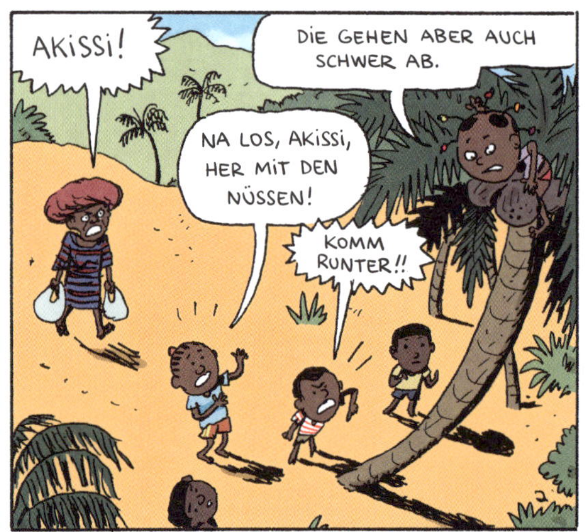
AKISSI!
DIE GEHEN ABER AUCH SCHWER AB.
NA LOS, AKISSI, HER MIT DEN NÜSSEN!
KOMM RUNTER!!

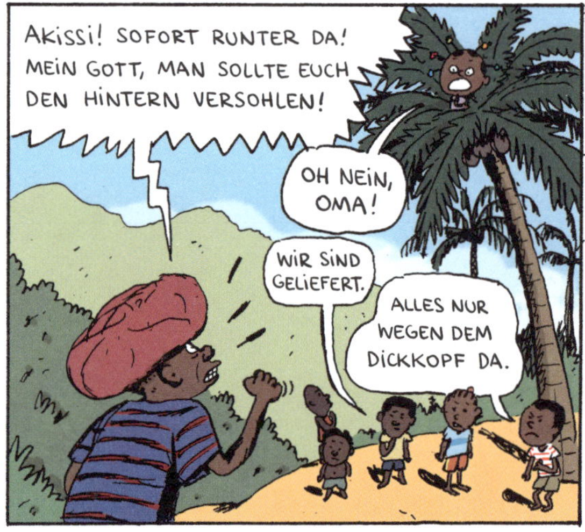
AKISSI! SOFORT RUNTER DA! MEIN GOTT, MAN SOLLTE EUCH DEN HINTERN VERSOHLEN!
OH NEIN, OMA!
WIR SIND GELIEFERT.
ALLES NUR WEGEN DEM DICKKOPF DA.

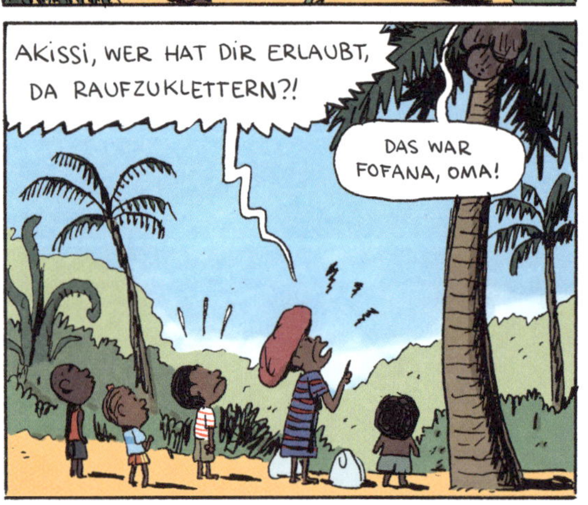
AKISSI, WER HAT DIR ERLAUBT, DA RAUFZUKLETTERN?!
DAS WAR FOFANA, OMA!

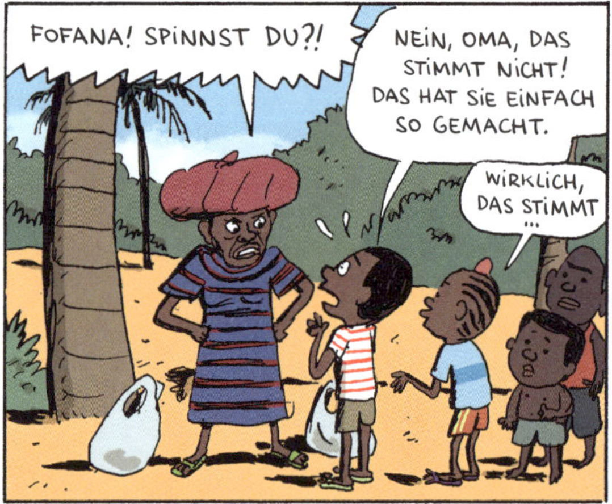
FOFANA! SPINNST DU?!
NEIN, OMA, DAS STIMMT NICHT! DAS HAT SIE EINFACH SO GEMACHT.
WIRKLICH, DAS STIMMT ...

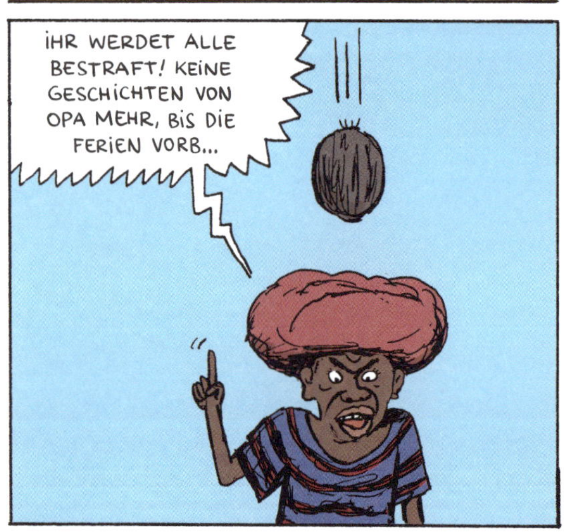
IHR WERDET ALLE BESTRAFT! KEINE GESCHICHTEN VON OPA MEHR, BIS DIE FERIEN VORB...

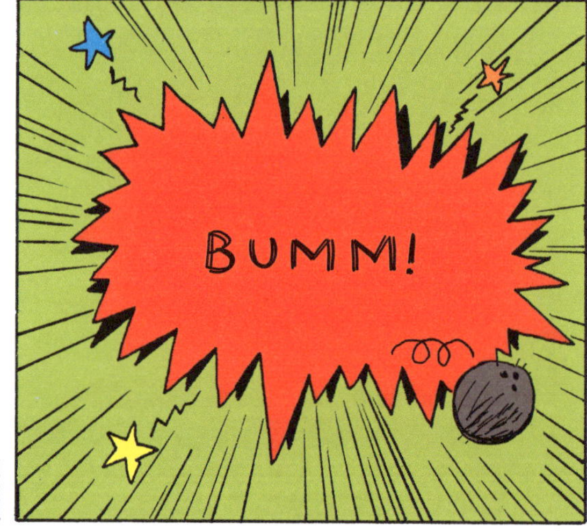
BUMM!

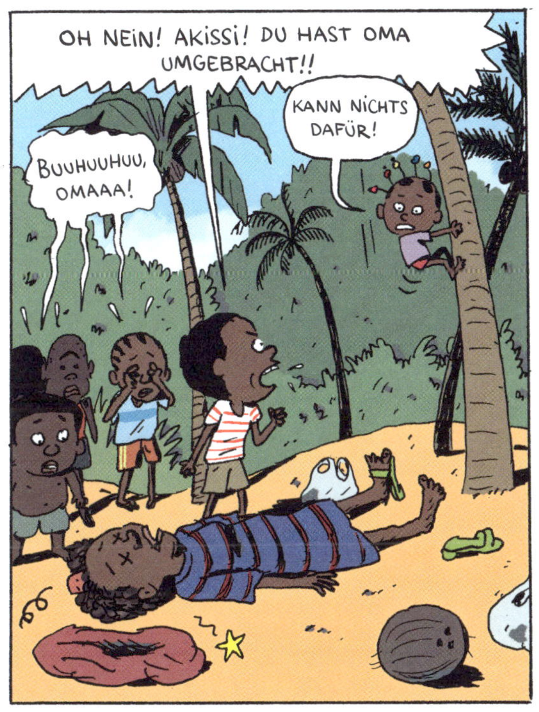
OH NEIN! AKISSI! DU HAST OMA UMGEBRACHT!!
BUUHUUHUU, OMAAA!
KANN NICHTS DAFÜR!

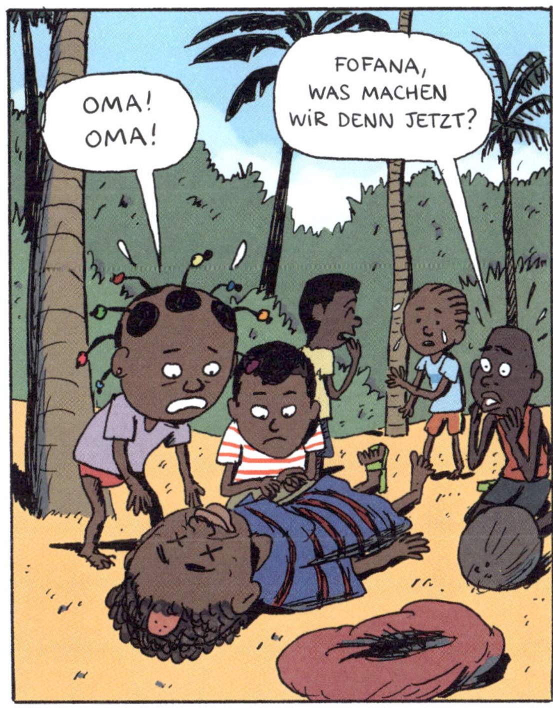
OMA! OMA!
FOFANA, WAS MACHEN WIR DENN JETZT?

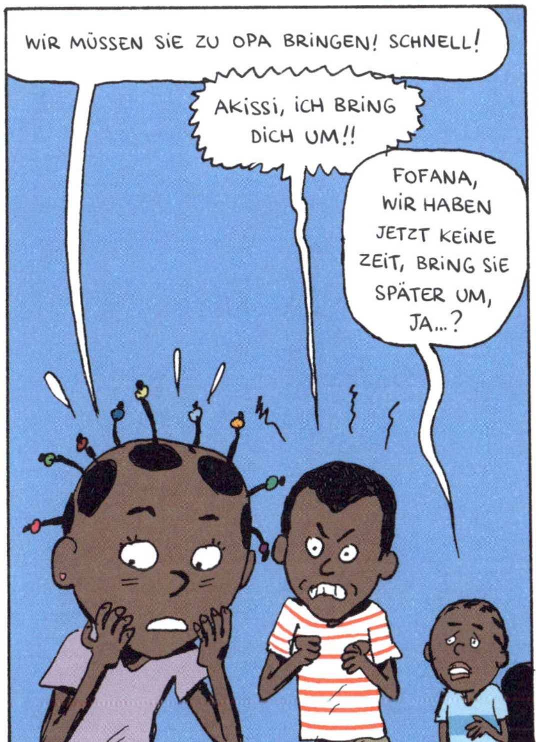
WIR MÜSSEN SIE ZU OPA BRINGEN! SCHNELL!
AKISSI, ICH BRING DICH UM!!
FOFANA, WIR HABEN JETZT KEINE ZEIT, BRING SIE SPÄTER UM, JA...?

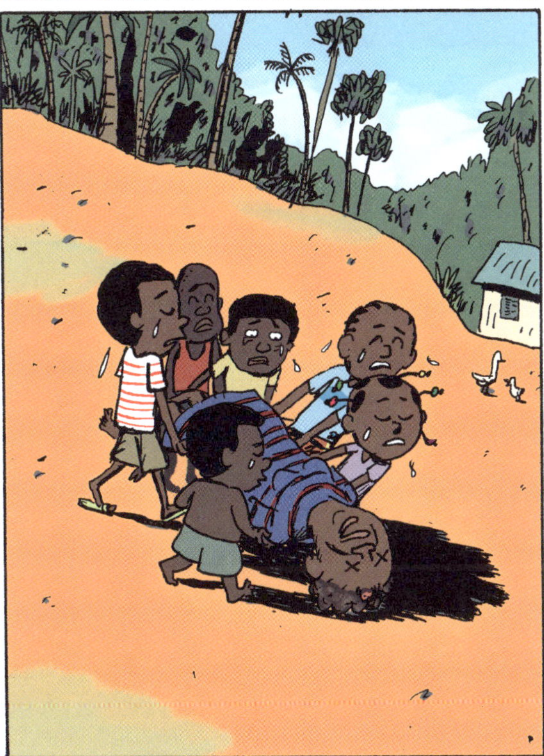

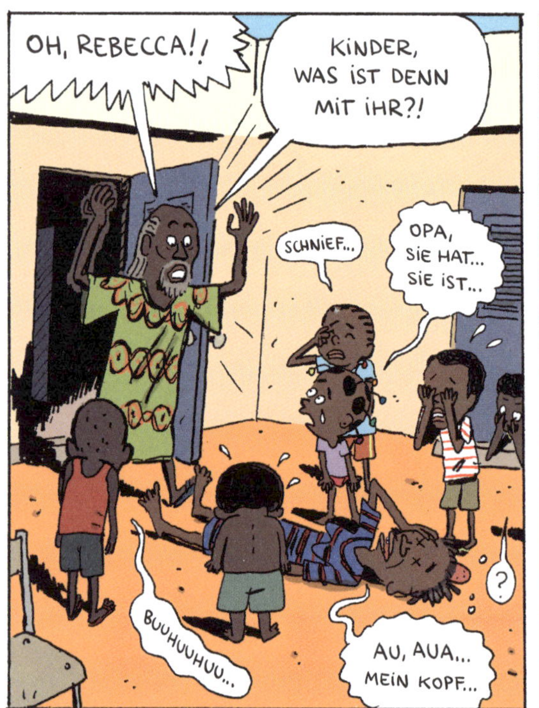
OH, REBECCA!!
KINDER, WAS IST DENN MIT IHR?!
SCHNIEF...
OPA, SIE HAT... SIE IST...
?
BUUHUUHUU...
AU, AUA... MEIN KOPF...

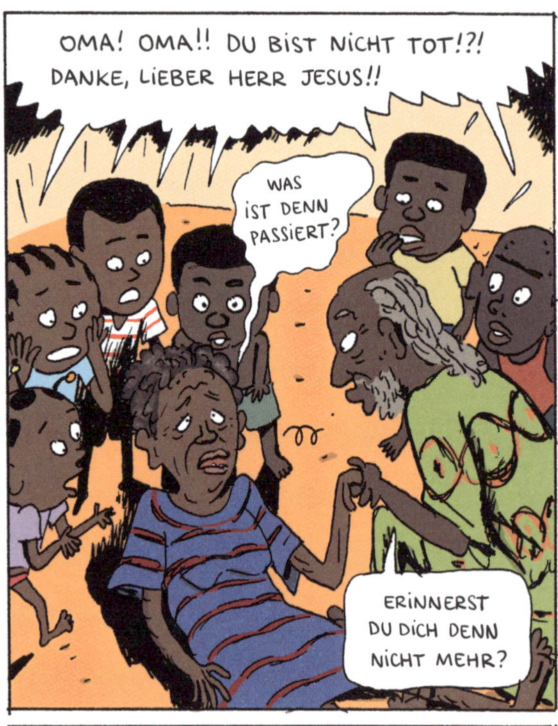
OMA! OMA!! DU BIST NICHT TOT!?! DANKE, LIEBER HERR JESUS!!
WAS IST DENN PASSIERT?
ERINNERST DU DICH DENN NICHT MEHR?

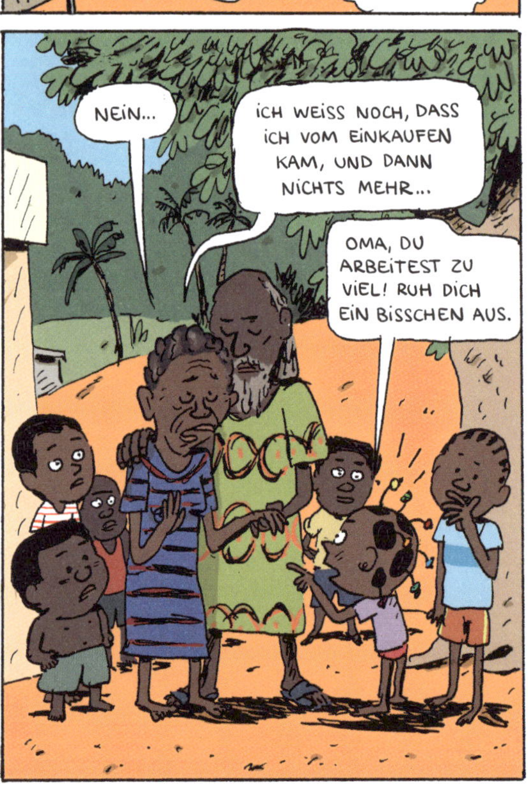
NEIN...
ICH WEISS NOCH, DASS ICH VOM EINKAUFEN KAM, UND DANN NICHTS MEHR...
OMA, DU ARBEITEST ZU VIEL! RUH DICH EIN BISSCHEN AUS.

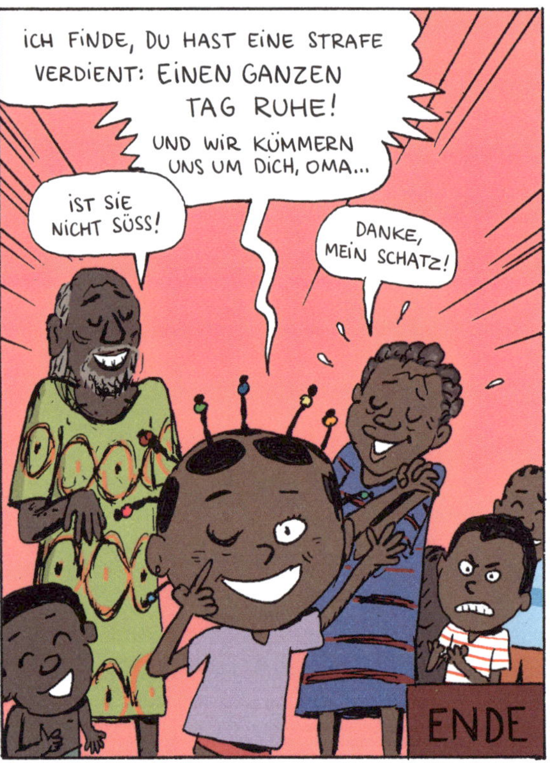
ICH FINDE, DU HAST EINE STRAFE VERDIENT: EINEN GANZEN TAG RUHE!
UND WIR KÜMMERN UNS UM DICH, OMA...
IST SIE NICHT SÜSS!
DANKE, MEIN SCHATZ!
ENDE

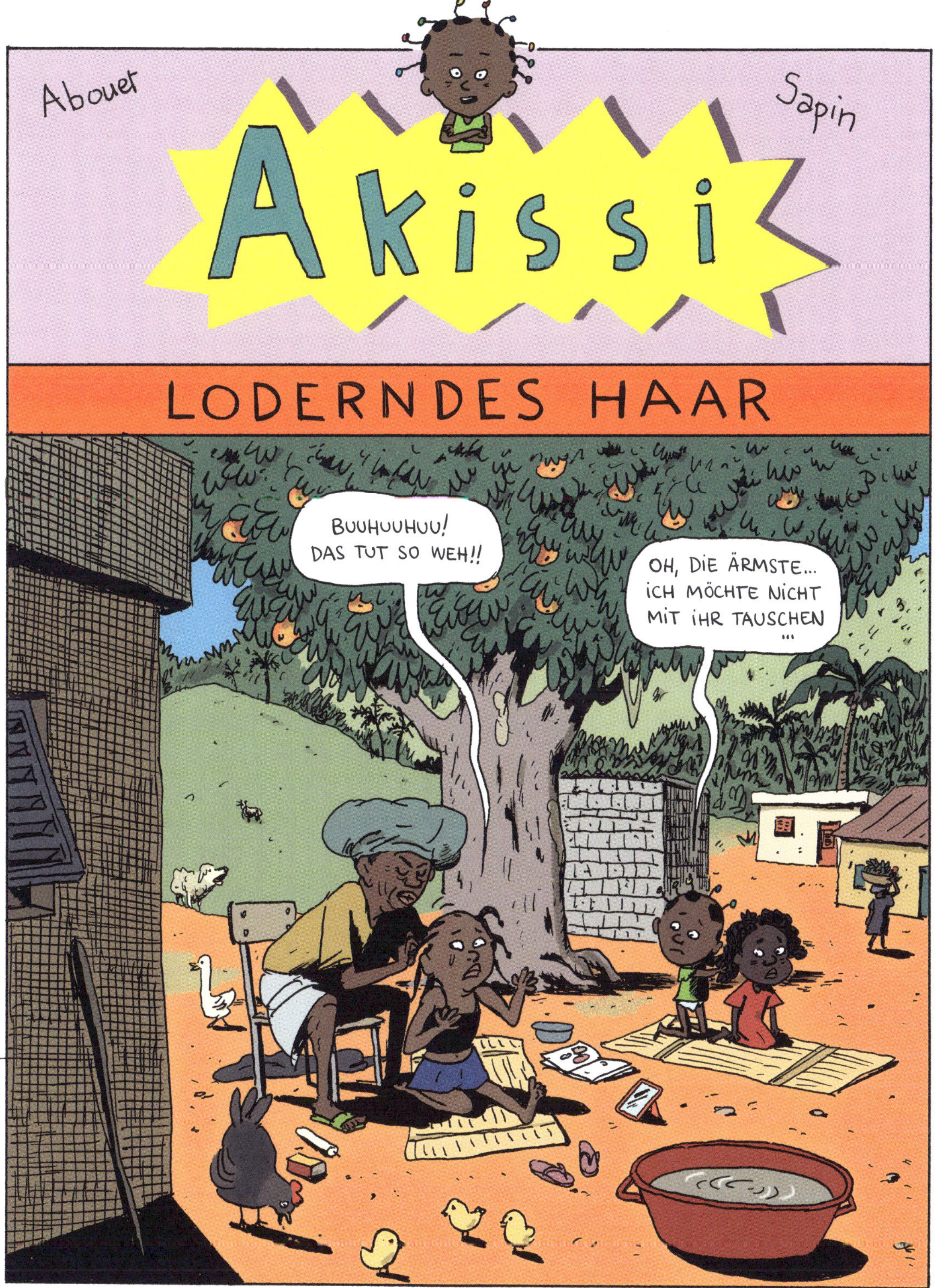
Abouet
Sapin
Akissi
LODERNDES HAAR
BUUHUUHUU! DAS TUT SO WEH!!
OH, DIE ÄRMSTE... ICH MÖCHTE NICHT MIT IHR TAUSCHEN ...

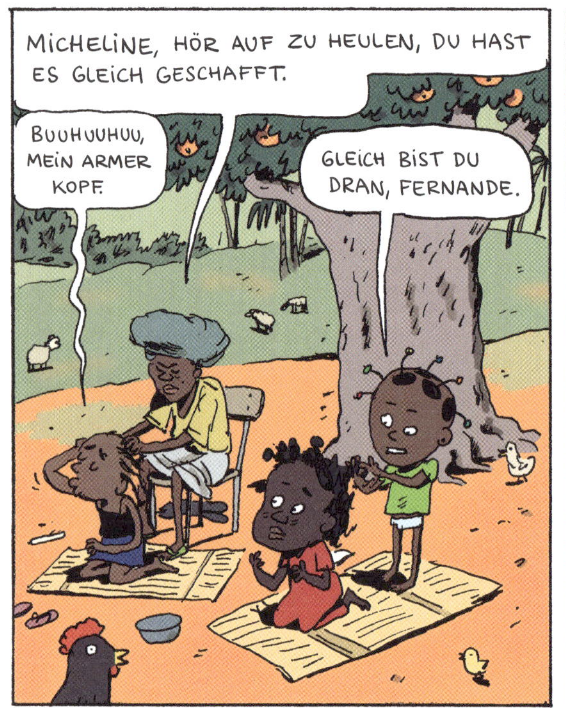
MICHELINE, HÖR AUF ZU HEULEN, DU HAST ES GLEICH GESCHAFFT.
BUUHUUHUU, MEIN ARMER KOPF.
GLEICH BIST DU DRAN, FERNANDE.

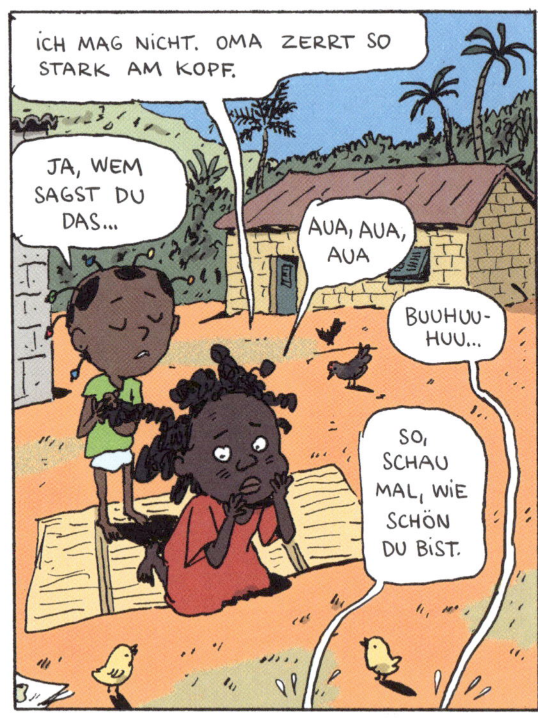
ICH MAG NICHT. OMA ZERRT SO STARK AM KOPF.
JA, WEM SAGST DU DAS...
AUA, AUA, AUA
BUUHUU-HUU...
SO, SCHAU MAL, WIE SCHÖN DU BIST.

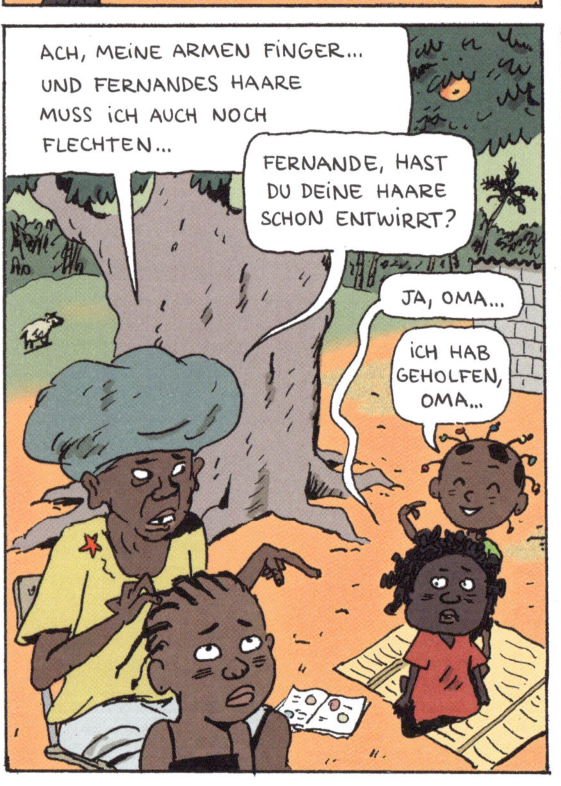
ACH, MEINE ARMEN FINGER... UND FERNANDES HAARE MUSS ICH AUCH NOCH FLECHTEN...
FERNANDE, HAST DU DEINE HAARE SCHON ENTWIRRT?
JA, OMA...
ICH HAB GEHOLFEN, OMA...

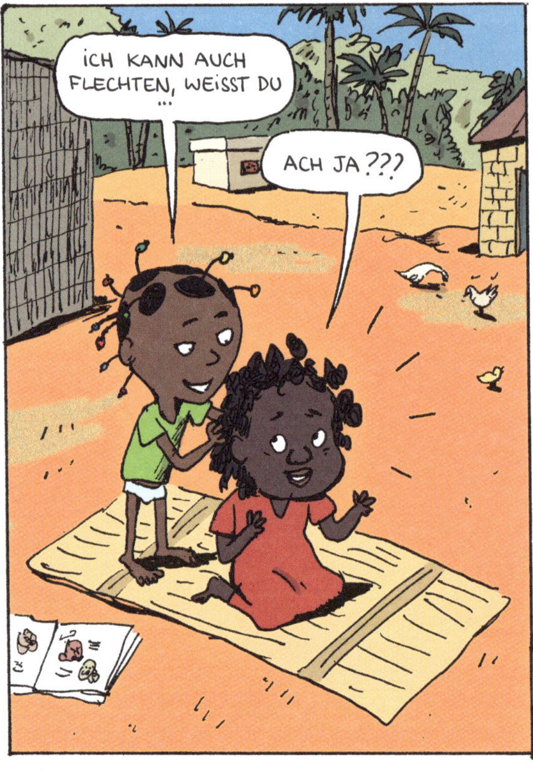
ICH KANN AUCH FLECHTEN, WEISST DU ...
ACH JA???

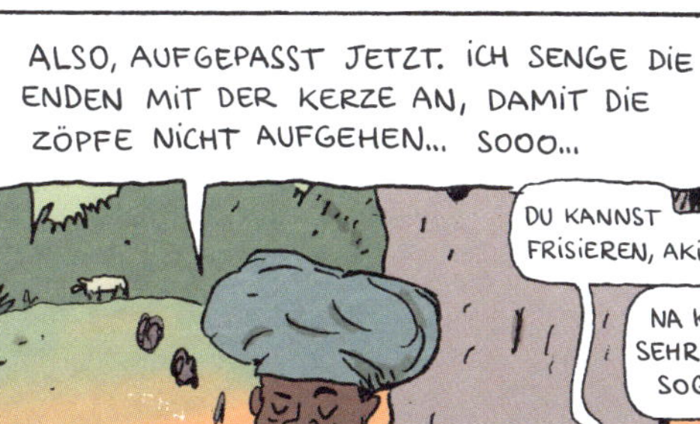
ALSO, AUFGEPASST JETZT. ICH SENGE DIE ENDEN MIT DER KERZE AN, DAMIT DIE ZÖPFE NICHT AUFGEHEN... SOOO...
DU KANNST FRISIEREN, AKISSI?
NA KLAR, SEHR GUT SOGAR.

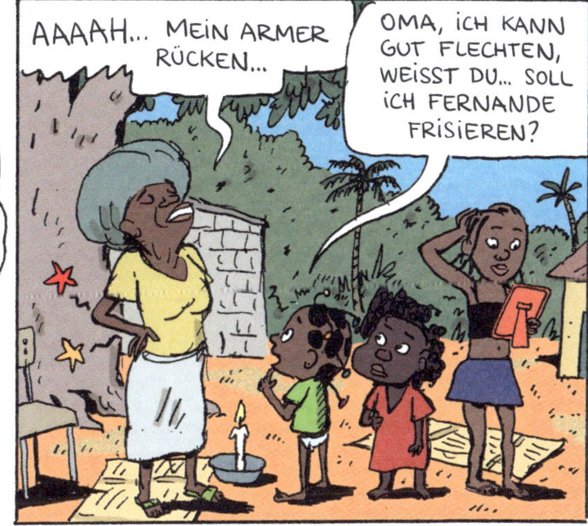
AAAAH... MEIN ARMER RÜCKEN...
OMA, ICH KANN GUT FLECHTEN, WEISST DU... SOLL ICH FERNANDE FRISIEREN?

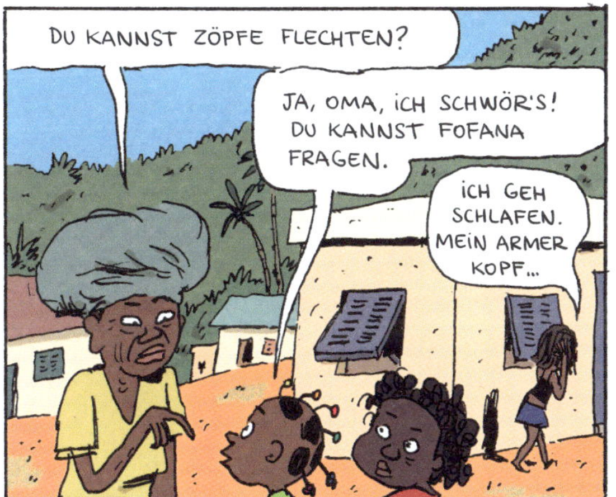
DU KANNST ZÖPFE FLECHTEN?
JA, OMA, ICH SCHWÖR'S! DU KANNST FOFANA FRAGEN.
ICH GEH SCHLAFEN. MEIN ARMER KOPF...

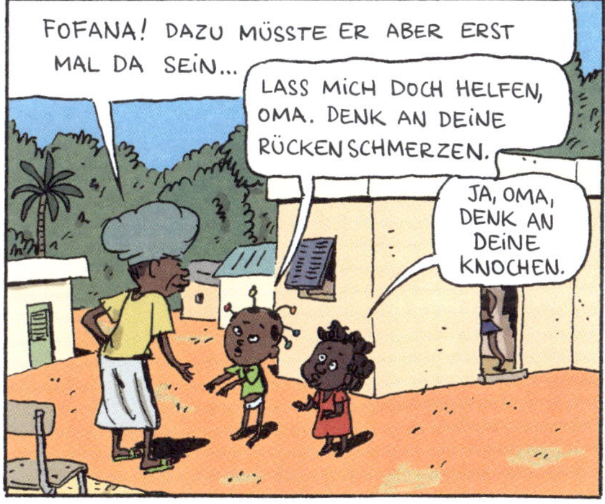
FOFANA! DAZU MÜSSTE ER ABER ERST MAL DA SEIN...
LASS MICH DOCH HELFEN, OMA. DENK AN DEINE RÜCKENSCHMERZEN.
JA, OMA, DENK AN DEINE KNOCHEN.

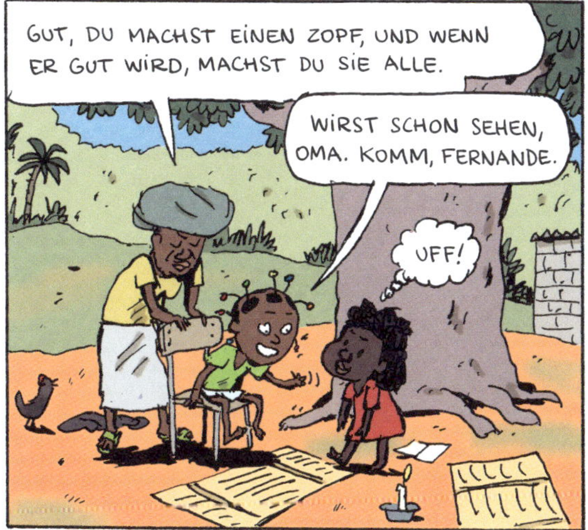
GUT, DU MACHST EINEN ZOPF, UND WENN ER GUT WIRD, MACHST DU SIE ALLE.
WIRST SCHON SEHEN, OMA. KOMM, FERNANDE.
UFF!

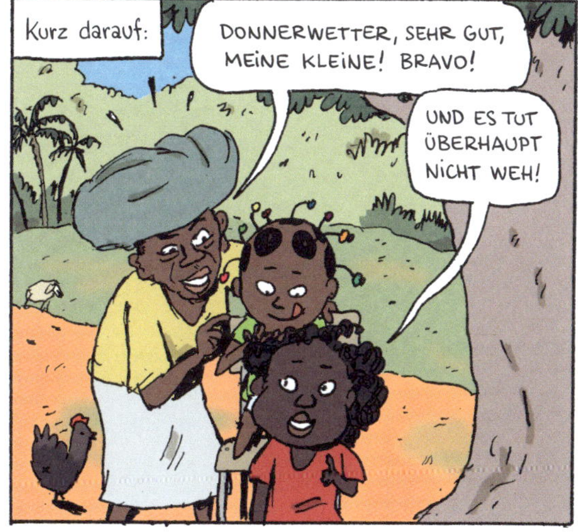
Kurz darauf:
DONNERWETTER, SEHR GUT, MEINE KLEINE! BRAVO!
UND ES TUT ÜBERHAUPT NICHT WEH!

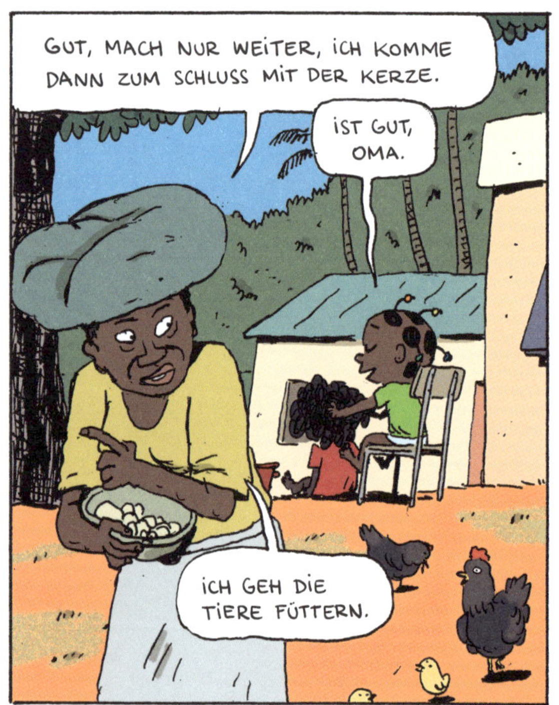
GUT, MACH NUR WEITER, ICH KOMME DANN ZUM SCHLUSS MIT DER KERZE.
IST GUT, OMA.
ICH GEH DIE TIERE FÜTTERN.

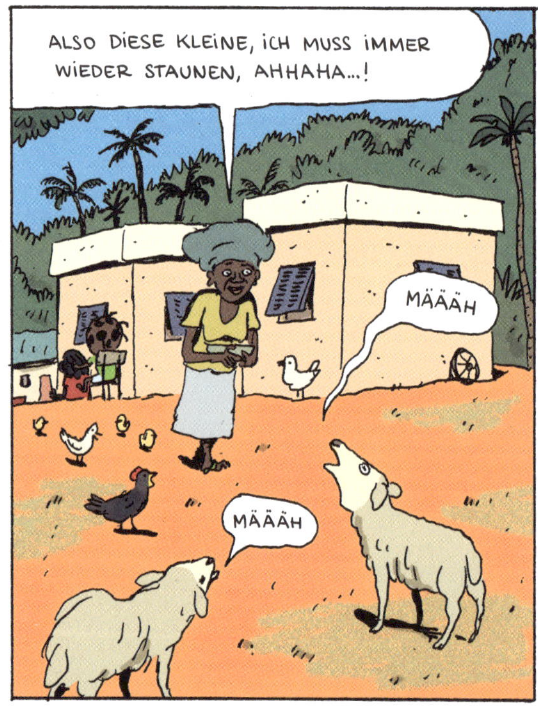
ALSO DIESE KLEINE, ICH MUSS IMMER WIEDER STAUNEN, AHHAHA...!
MÄÄÄH
MÄÄÄH

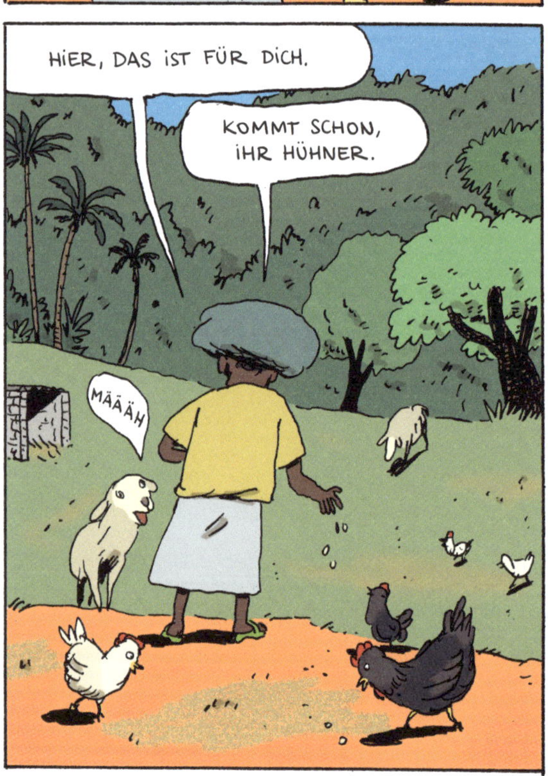
HIER, DAS IST FÜR DICH.
KOMMT SCHON, IHR HÜHNER.
MÄÄÄH

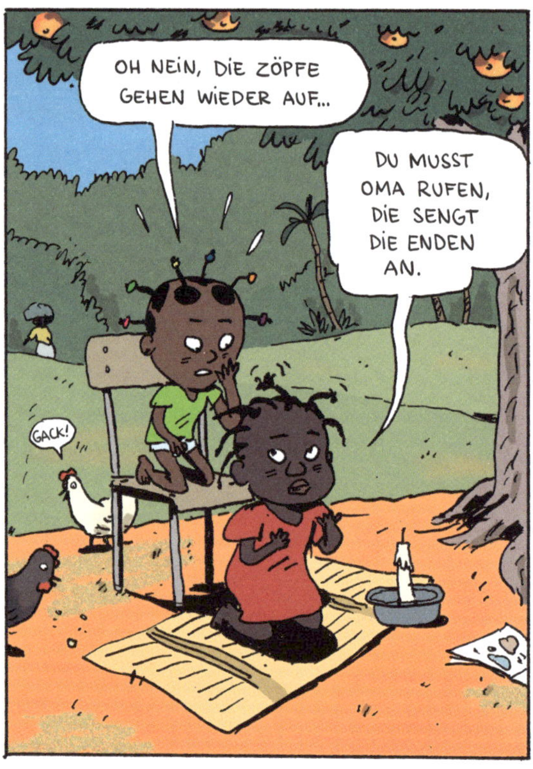
OH NEIN, DIE ZÖPFE GEHEN WIEDER AUF...
DU MUSST OMA RUFEN, DIE SENGT DIE ENDEN AN.
GACK!

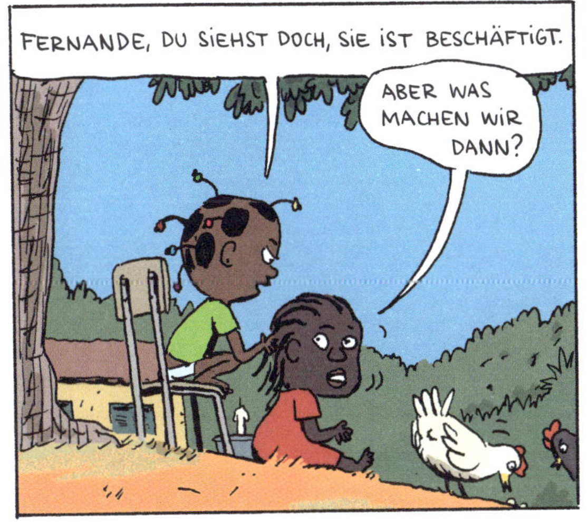
FERNANDE, DU SIEHST DOCH, SIE IST BESCHÄFTIGT.
ABER WAS MACHEN WIR DANN?

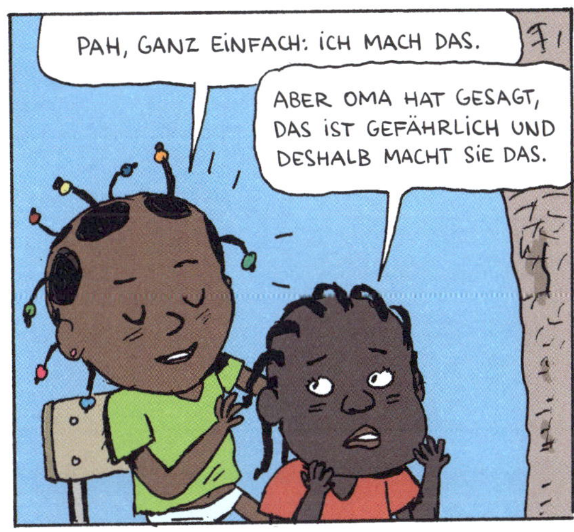
PAH, GANZ EINFACH: ICH MACH DAS.
ABER OMA HAT GESAGT, DAS IST GEFÄHRLICH UND DESHALB MACHT SIE DAS.

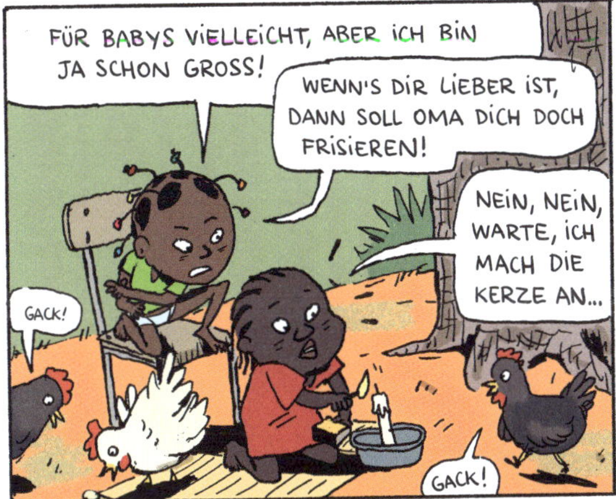
FÜR BABYS VIELLEICHT, ABER ICH BIN JA SCHON GROSS!
WENN'S DIR LIEBER IST, DANN SOLL OMA DICH DOCH FRISIEREN!
NEIN, NEIN, WARTE, ICH MACH DIE KERZE AN...
GACK!
GACK!

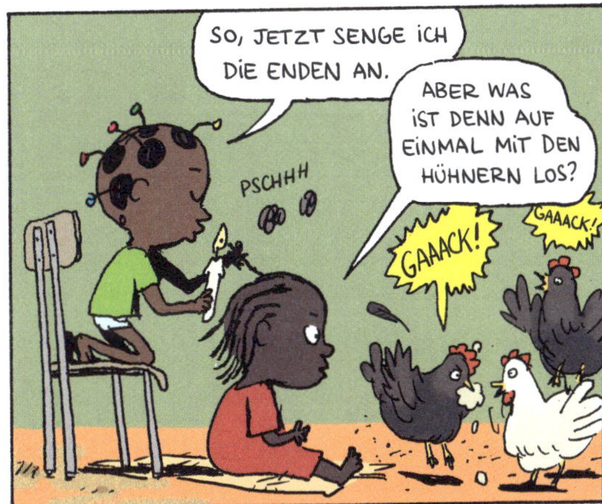
SO, JETZT SENGE ICH DIE ENDEN AN.
PSCHHH
ABER WAS IST DENN AUF EINMAL MIT DEN HÜHNERN LOS?
GAAACK!
GAAACK!

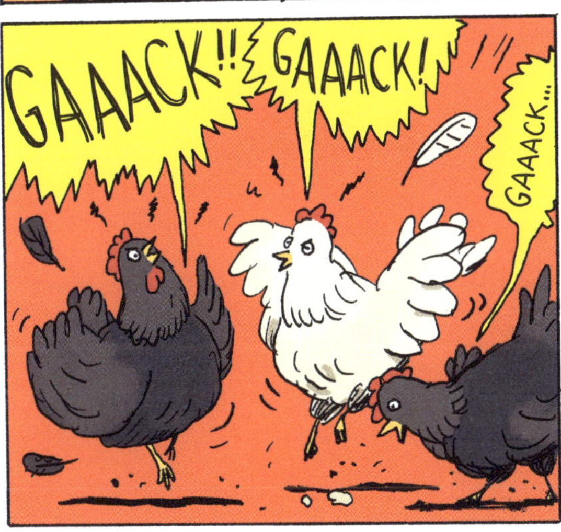
GAAACK!!
GAAACK!
GAAACK...

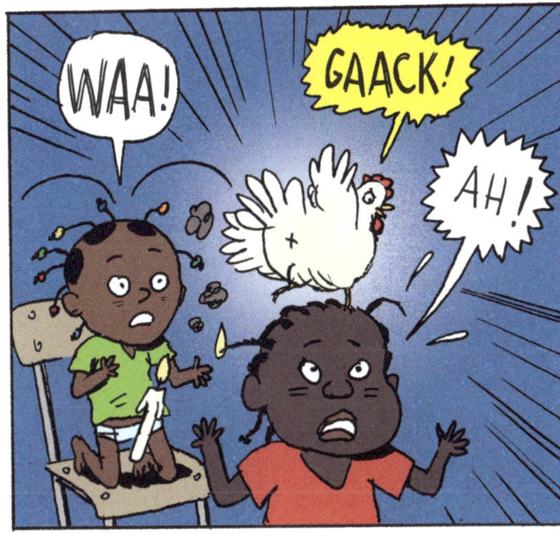
WAA!
GAACK!
AH!

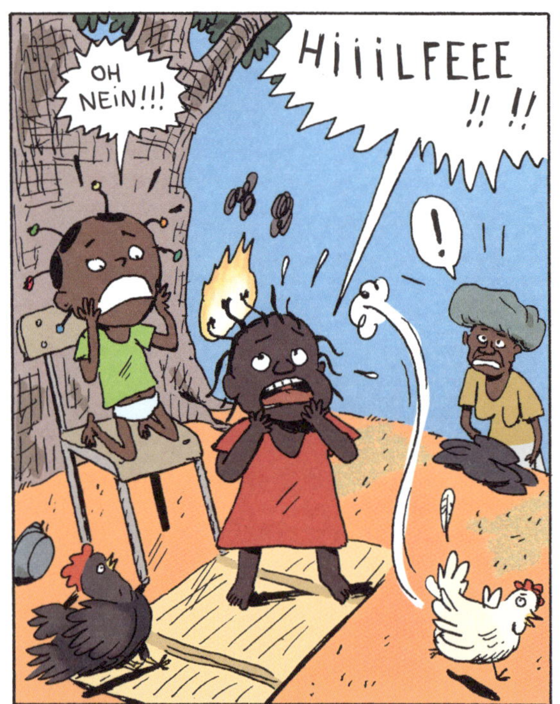
OH NEIN!!!
HIIILFEEE !! !!
!

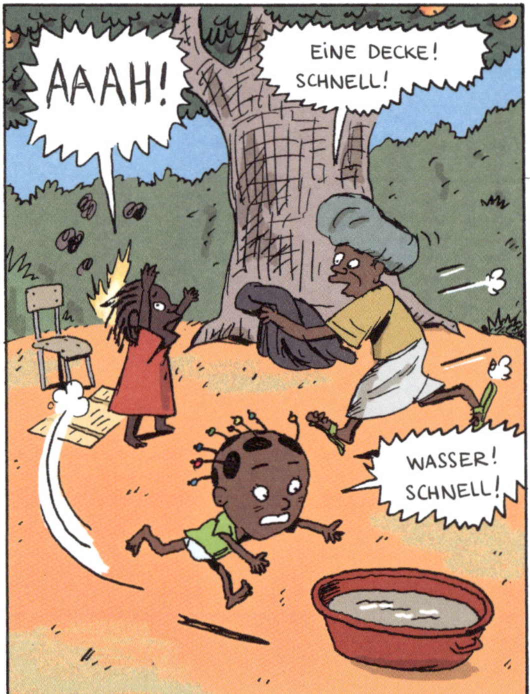
AAAH!
EINE DECKE! SCHNELL!
WASSER! SCHNELL!

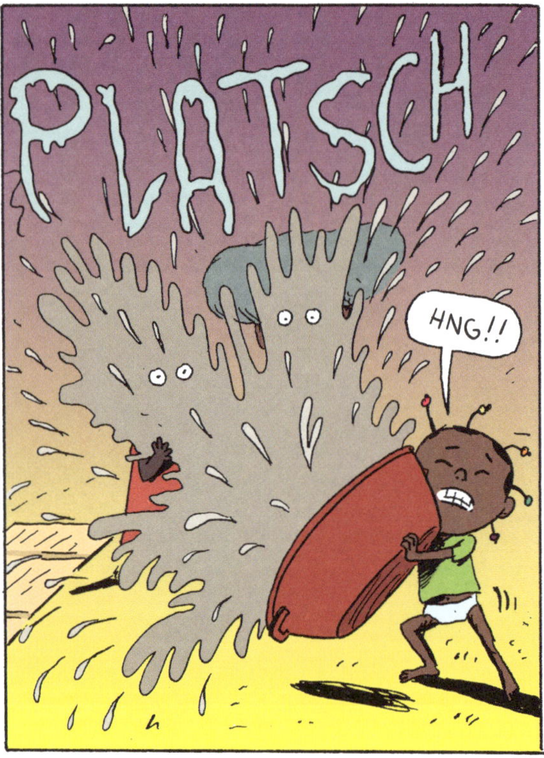
PLATSCH
HNG!!

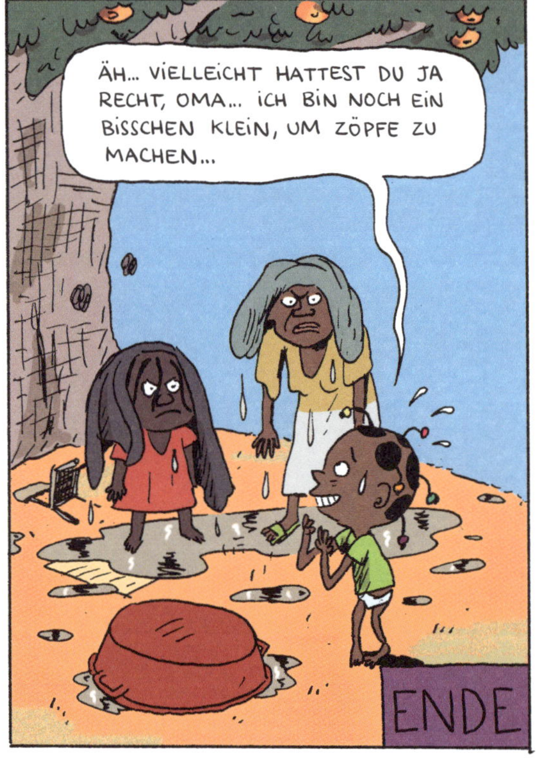
ÄH... VIELLEICHT HATTEST DU JA RECHT, OMA... ICH BIN NOCH EIN BISSCHEN KLEIN, UM ZÖPFE ZU MACHEN...
ENDE

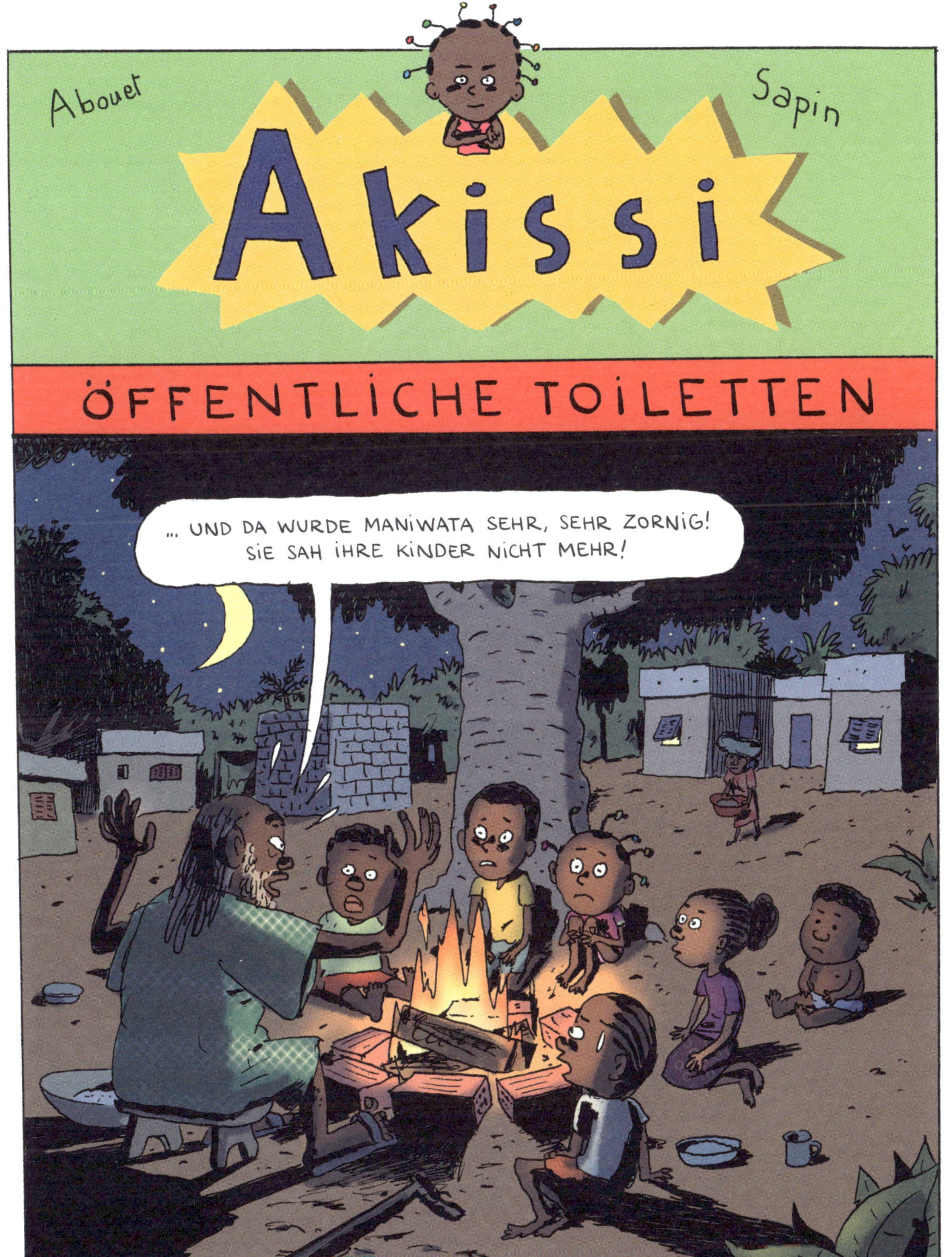
Abouet
Sapin
Akissi
ÖFFENTLICHE TOILETTEN
... UND DA WURDE MANIWATA SEHR, SEHR ZORNIG! SIE SAH IHRE KINDER NICHT MEHR!

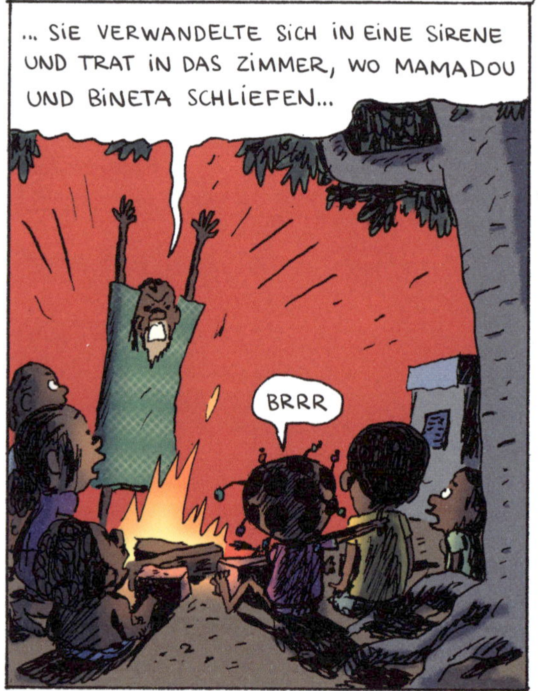
... SIE VERWANDELTE SICH IN EINE SIRENE UND TRAT IN DAS ZIMMER, WO MAMADOU UND BINETA SCHLIEFEN...
BRRR

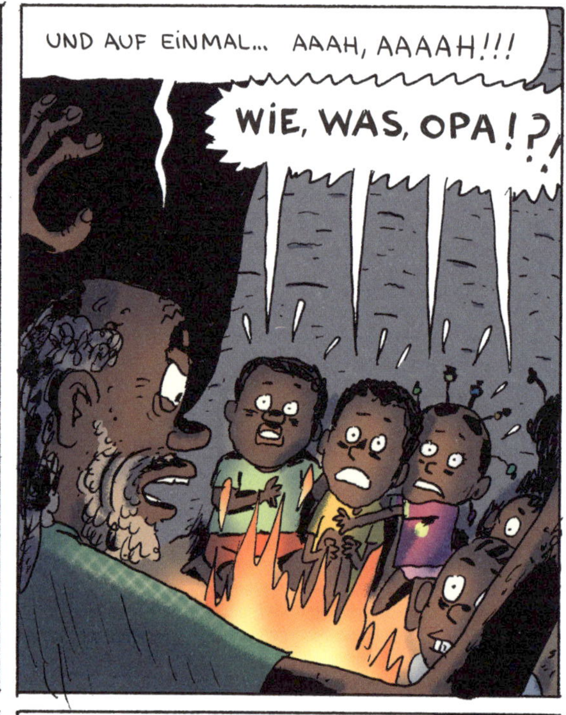
UND AUF EINMAL... AAAH, AAAAH!!!
WIE, WAS, OPA!?!

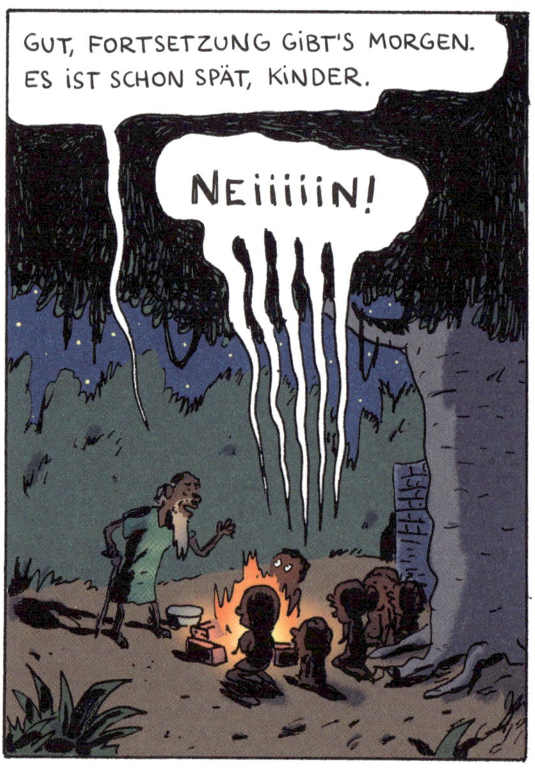
GUT, FORTSETZUNG GIBT'S MORGEN. ES IST SCHON SPÄT, KINDER.
NEiiiiiN!

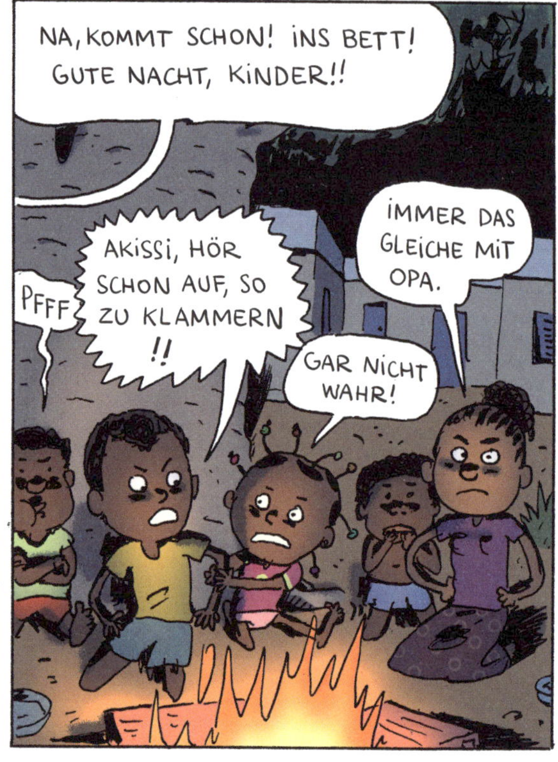
NA, KOMMT SCHON! INS BETT! GUTE NACHT, KINDER!!
PFFF
AKISSI, HÖR SCHON AUF, SO ZU KLAMMERN!!
IMMER DAS GLEICHE MIT OPA.
GAR NICHT WAHR!

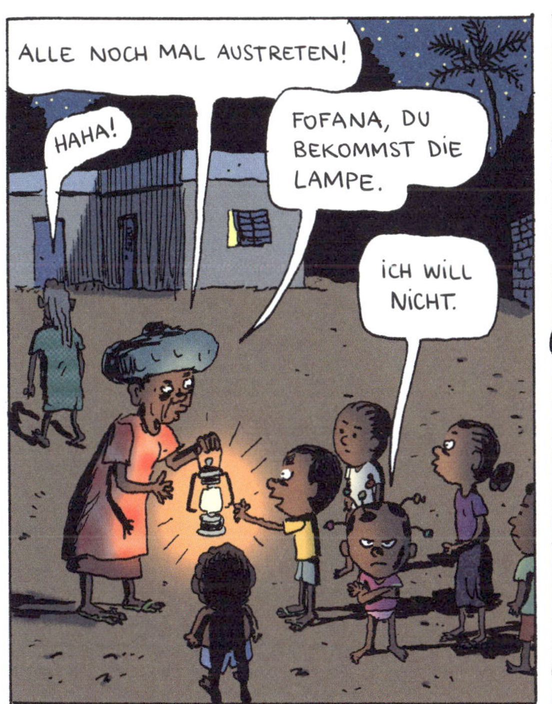
ALLE NOCH MAL AUSTRETEN!
HAHA!
FOFANA, DU BEKOMMST DIE LAMPE.
ICH WILL NICHT.

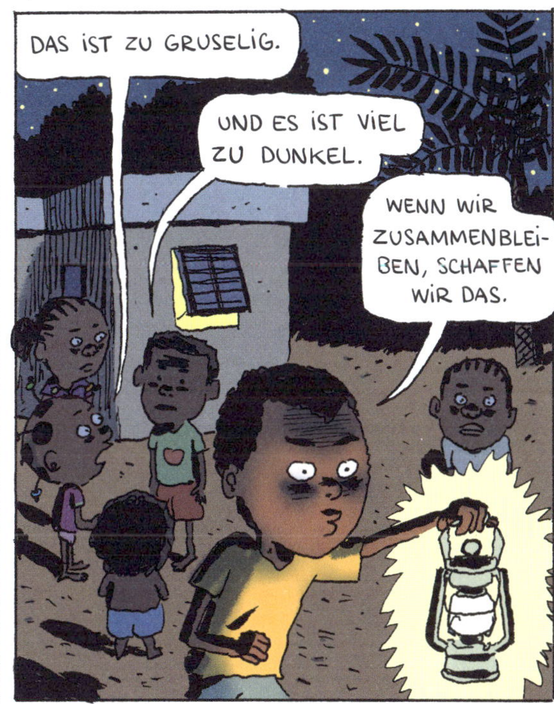
DAS IST ZU GRUSELIG.
UND ES IST VIEL ZU DUNKEL.
WENN WIR ZUSAMMENBLEI-BEN, SCHAFFEN WIR DAS.

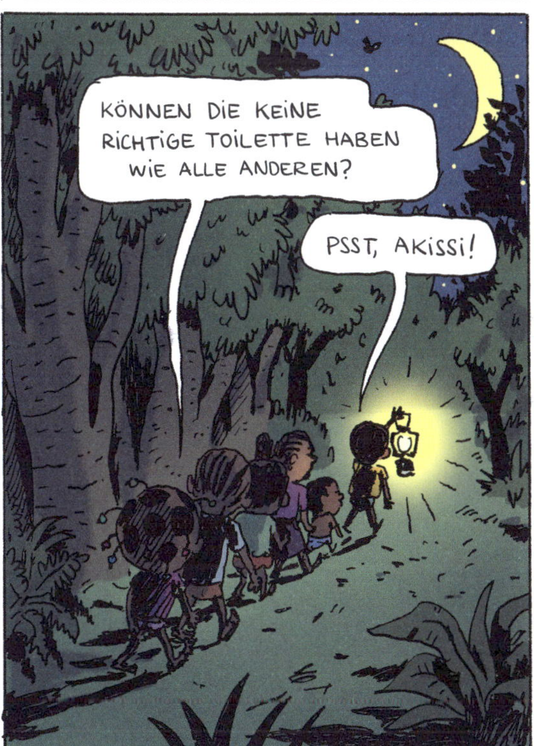
KÖNNEN DIE KEINE RICHTIGE TOILETTE HABEN WIE ALLE ANDEREN?
PSST, AKISSI!

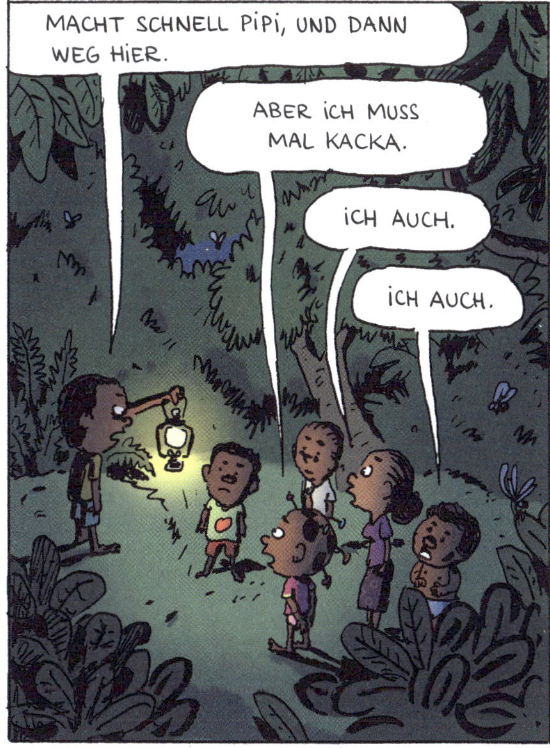
MACHT SCHNELL PIPI, UND DANN WEG HIER.
ABER ICH MUSS MAL KACKA.
ICH AUCH.
ICH AUCH.

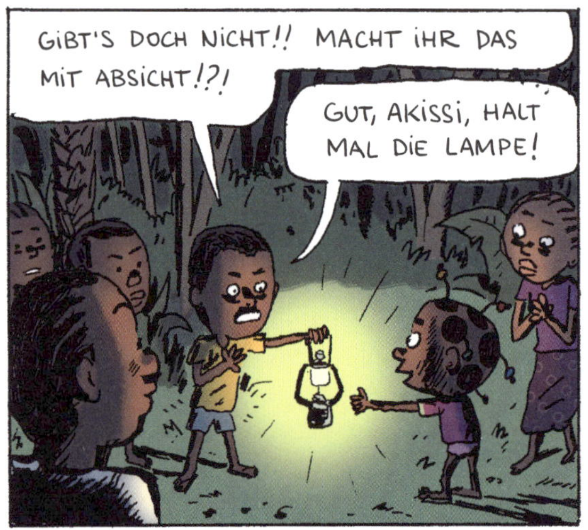
GIBT'S DOCH NICHT!! MACHT IHR DAS MIT ABSICHT!?!
GUT, AKISSI, HALT MAL DIE LAMPE!

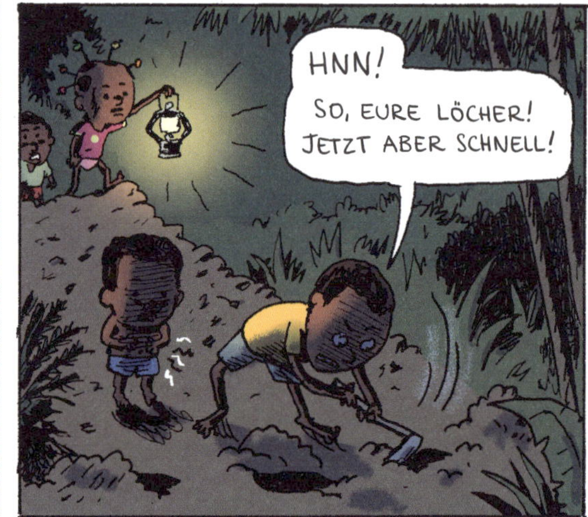
HNN!
SO, EURE LÖCHER! JETZT ABER SCHNELL!

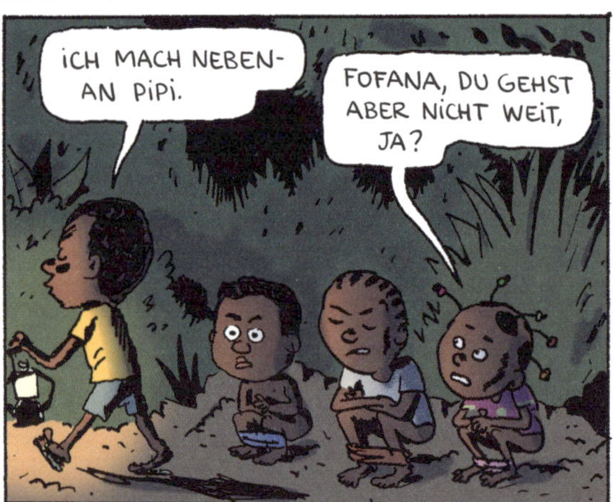
ICH MACH NEBEN-AN PIPI.
FOFANA, DU GEHST ABER NICHT WEIT, JA?

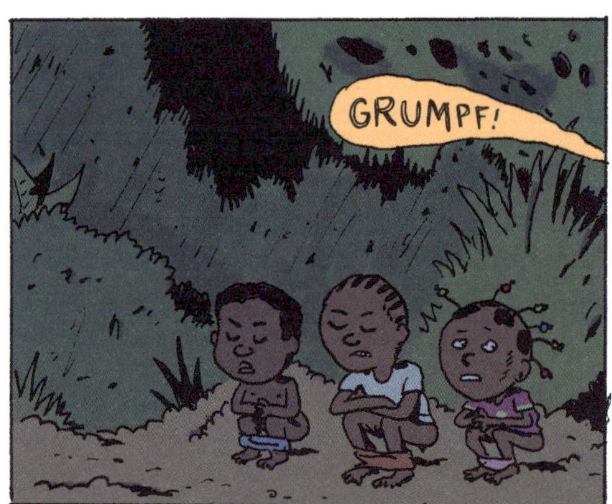
GRUMPF!

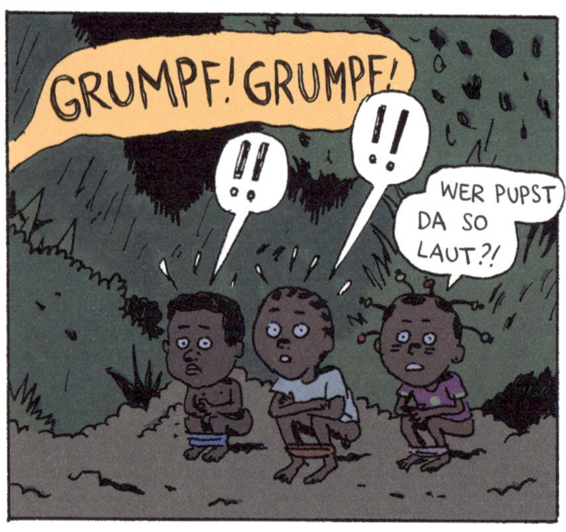
GRUMPF! GRUMPF!
!!
!!
WER PUPST DA SO LAUT?!

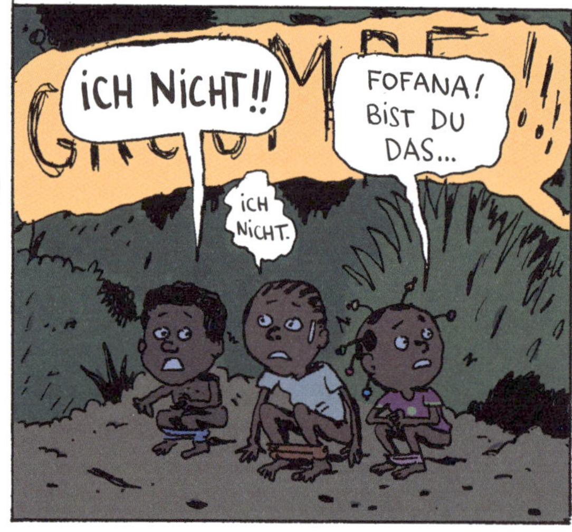
ICH NICHT!!
ICH NICHT.
FOFANA! BIST DU DAS...

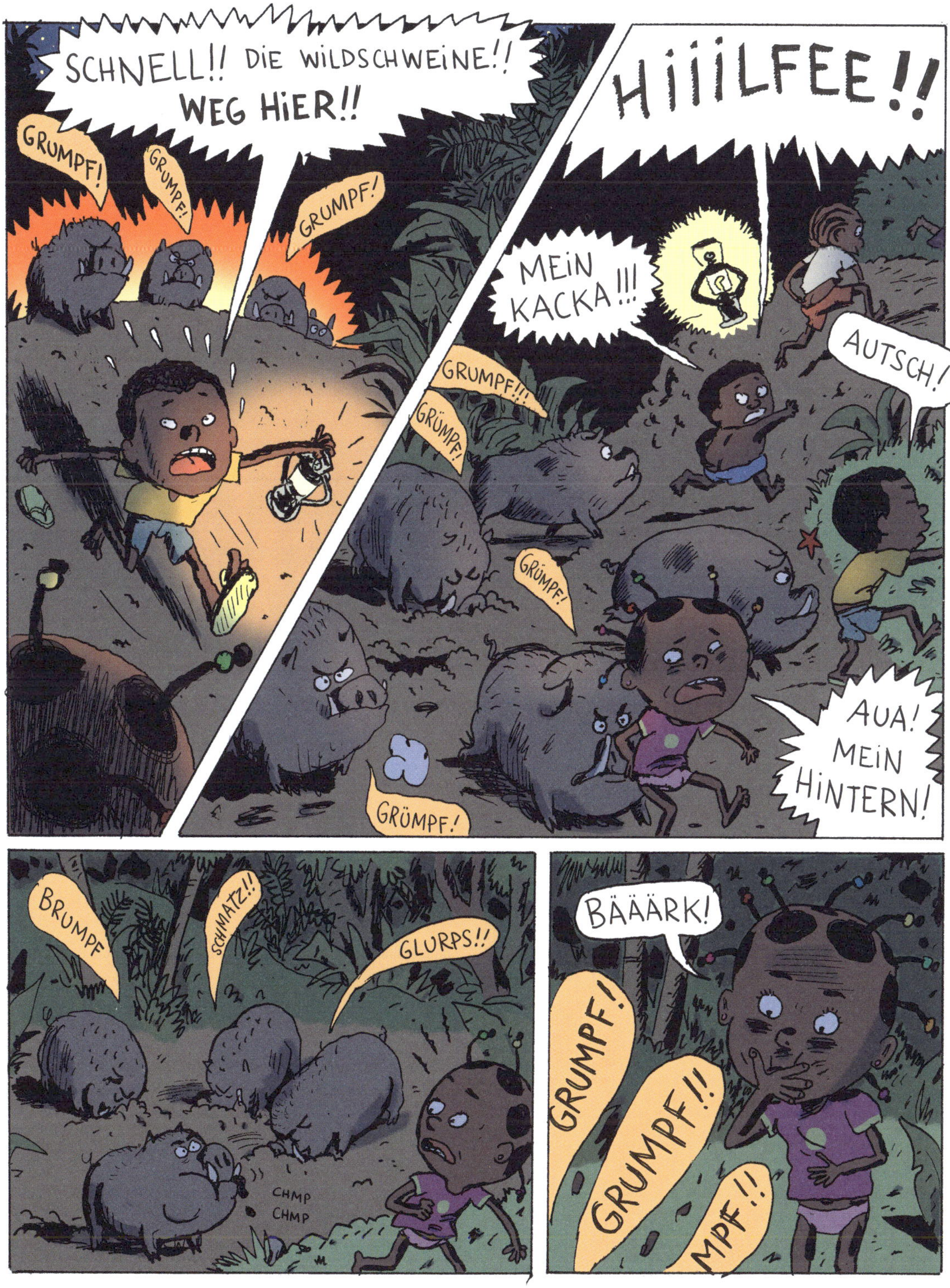

SCHNELL!! DIE WILDSCHWEINE!!
WEG HIER!!
GRUMPF!
GRUMPF!
GRUMPF!

HiiiLFEE!!
MEIN KACKA!!!
AUTSCH!
GRUMPF!!!
GRÜMPF!
GRÜMPF!
AUA! MEIN HINTERN!
GRÜMPF!

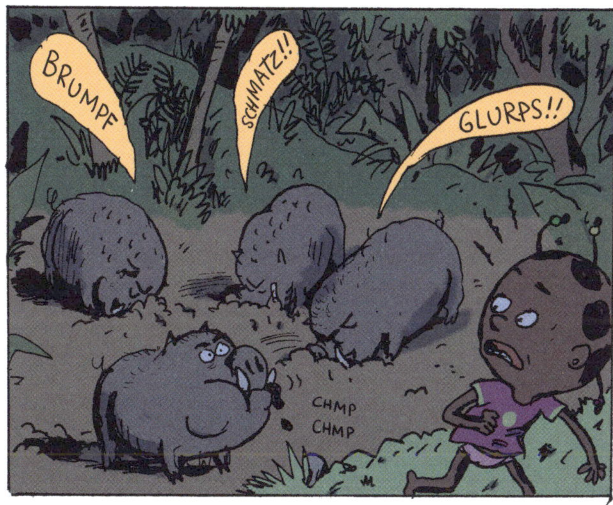

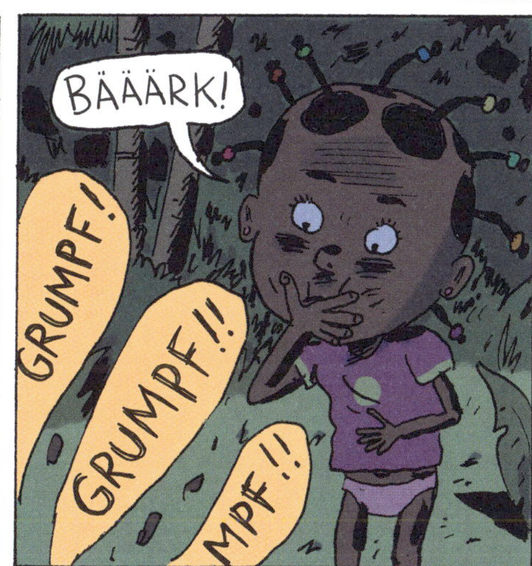

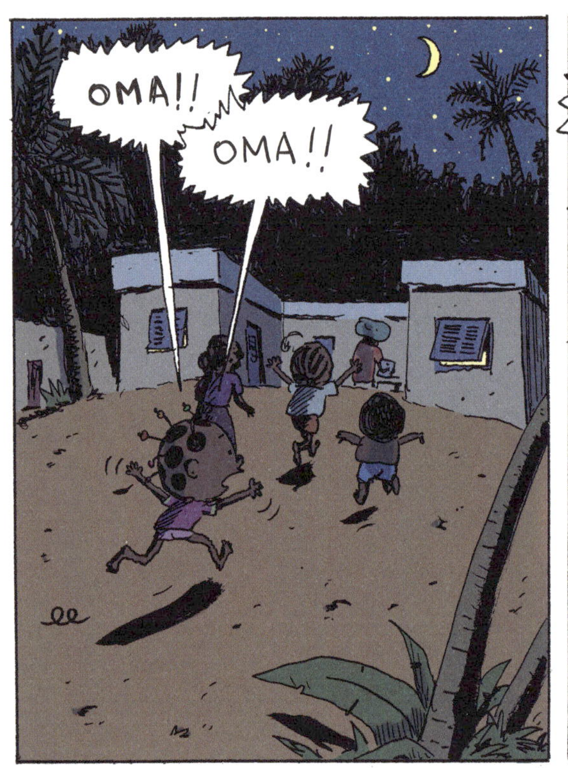
OMA!!
OMA!!

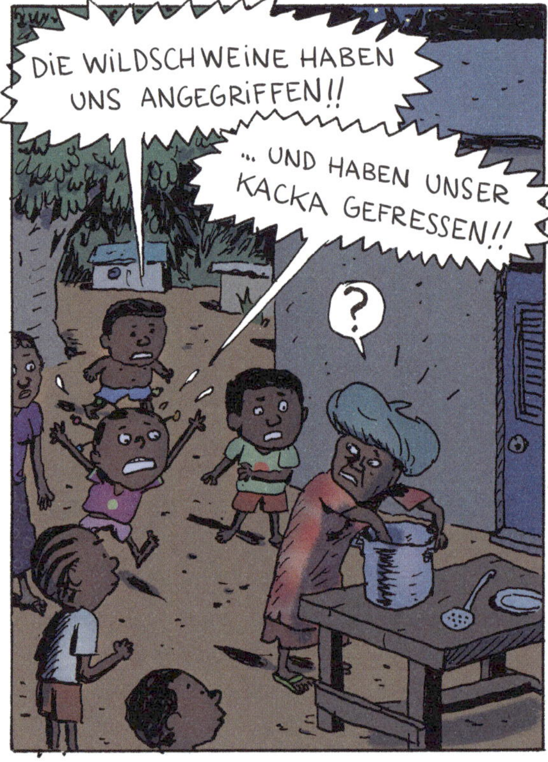
DIE WILDSCHWEINE HABEN UNS ANGEGRIFFEN!!
... UND HABEN UNSER KACKA GEFRESSEN!!
?

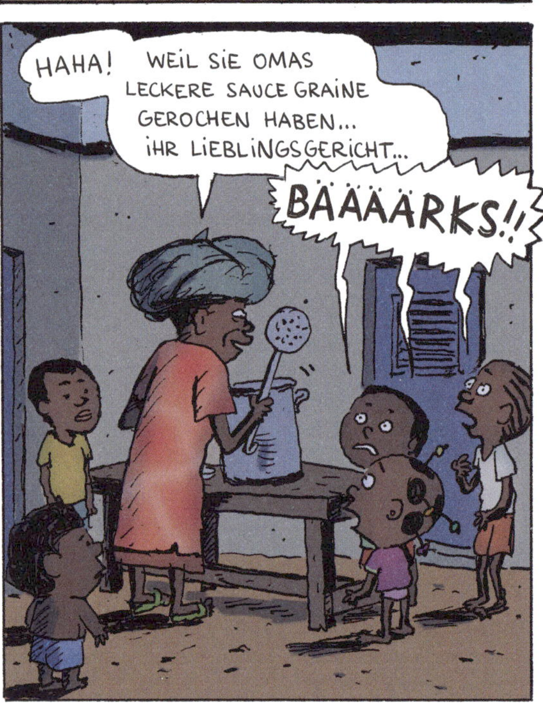
HAHA! WEIL SIE OMAS LECKERE SAUCE GRAINE GEROCHEN HABEN... IHR LIEBLINGSGERICHT...
BÄÄÄÄRKS!!

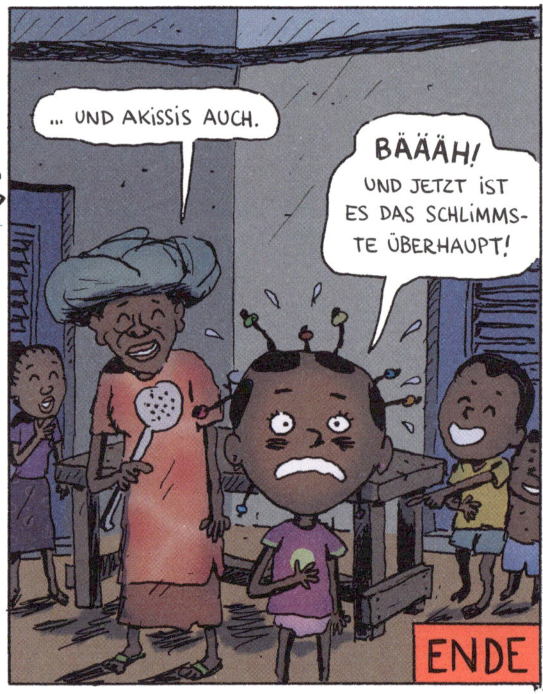
... UND AKISSIS AUCH.
BÄÄÄH! UND JETZT IST ES DAS SCHLIMMS-TE ÜBERHAUPT!
ENDE

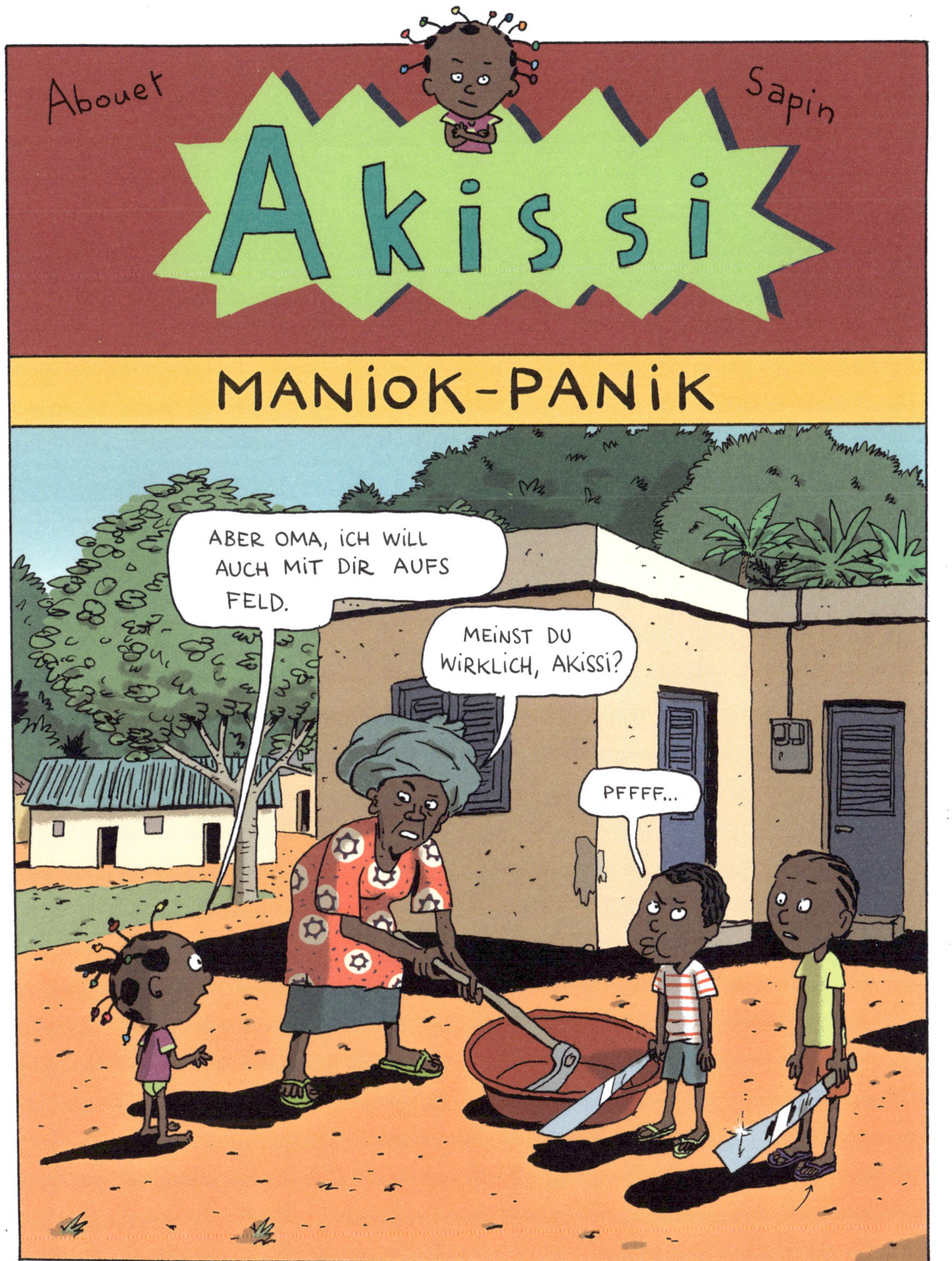
Abouet
Sapin
Akissi
MANiOK-PANiK
ABER OMA, iCH WiLL AUCH MIT DIR AUFS FELD.
MEiNST DU WiRKLICH, AKiSSi?
PFFFF...

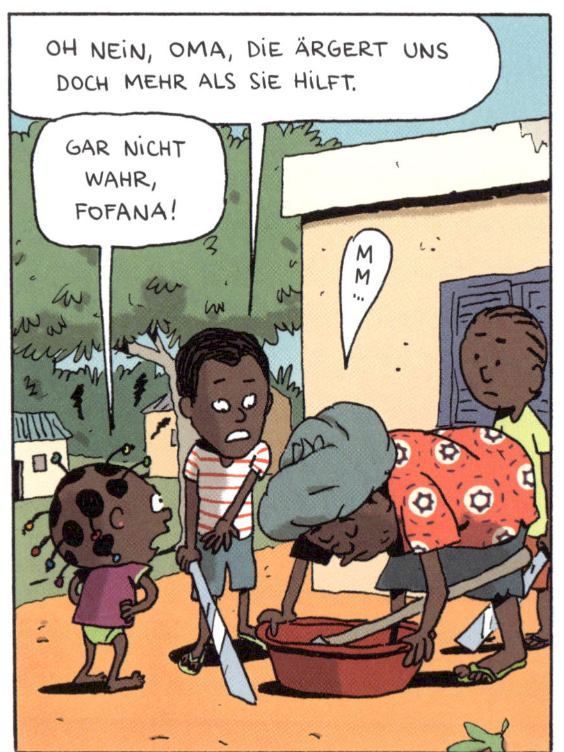
OH NEIN, OMA, DIE ÄRGERT UNS DOCH MEHR ALS SIE HILFT.
GAR NICHT WAHR, FOFANA!
MM...

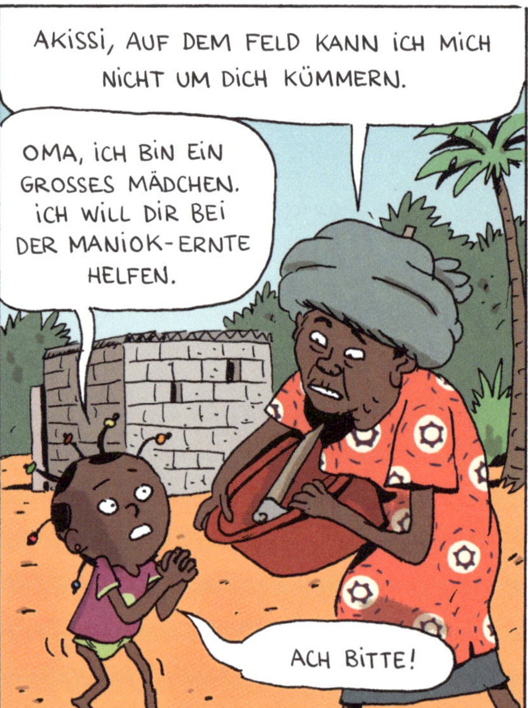
AKISSI, AUF DEM FELD KANN ICH MICH NICHT UM DICH KÜMMERN.
OMA, ICH BIN EIN GROSSES MÄDCHEN. ICH WILL DIR BEI DER MANIOK-ERNTE HELFEN.
ACH BITTE!

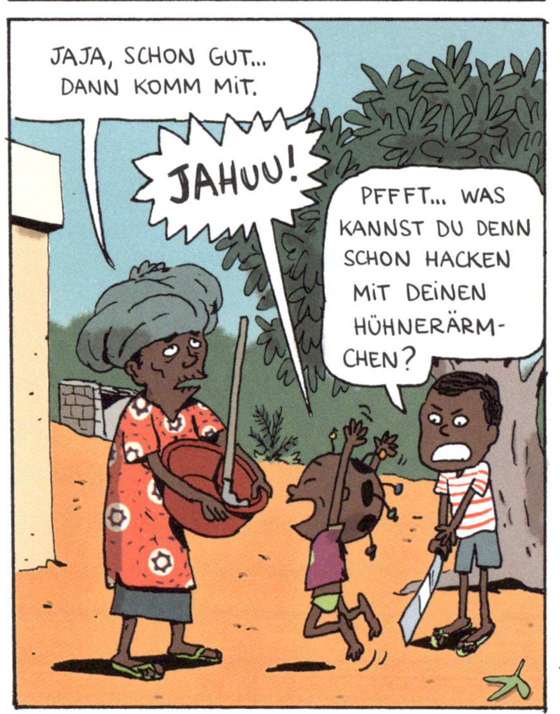
JAJA, SCHON GUT... DANN KOMM MIT.
JAHUU!
PFFFT... WAS KANNST DU DENN SCHON HACKEN MIT DEINEN HÜHNERÄRM-CHEN?

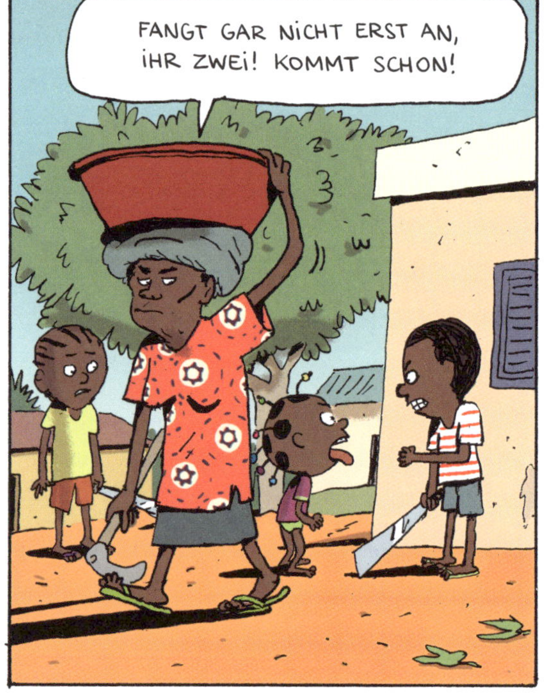
FANGT GAR NICHT ERST AN, IHR ZWEI! KOMMT SCHON!

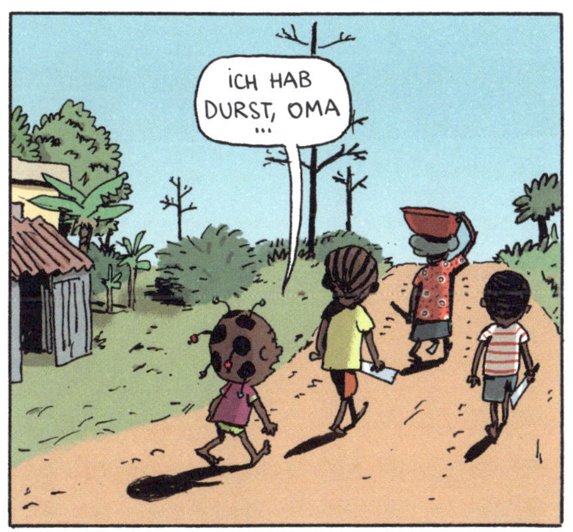
ICH HAB DURST, OMA ...

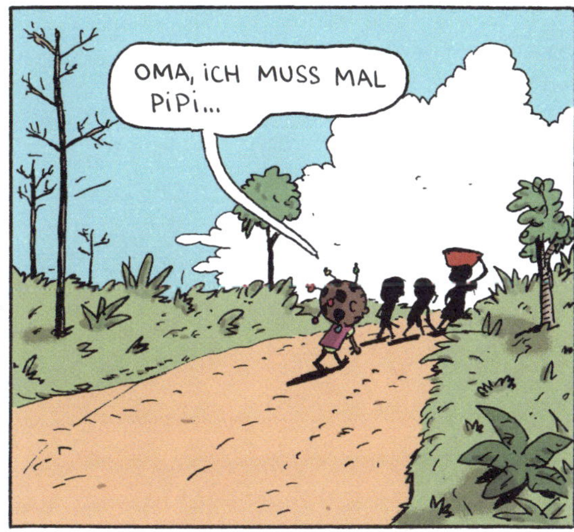
OMA, ICH MUSS MAL PIPI...

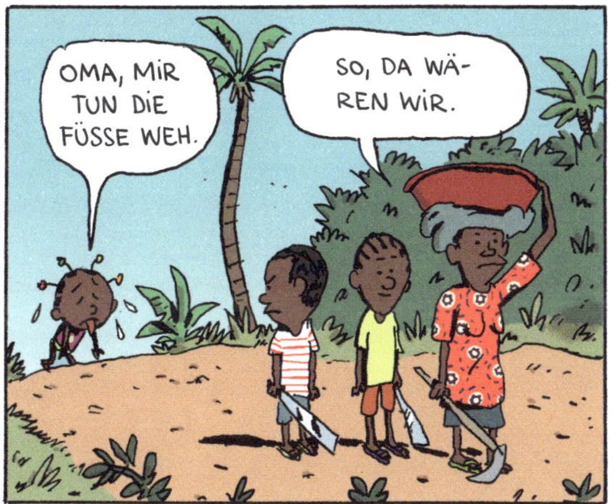
OMA, MIR TUN DIE FÜSSE WEH.
SO, DA WÄREN WIR.

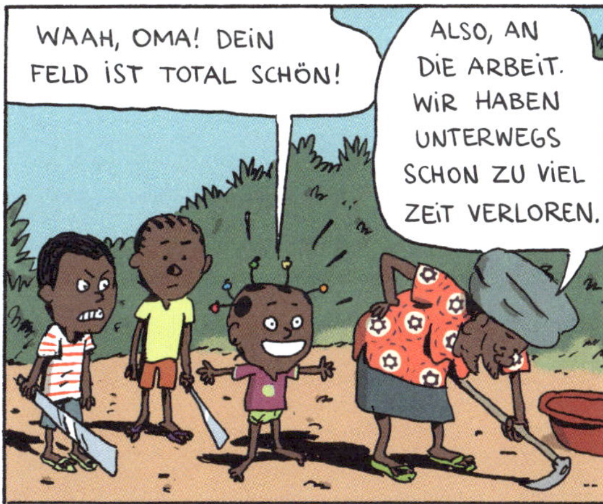
WAAH, OMA! DEIN FELD IST TOTAL SCHÖN!
ALSO, AN DIE ARBEIT. WIR HABEN UNTERWEGS SCHON ZU VIEL ZEIT VERLOREN.

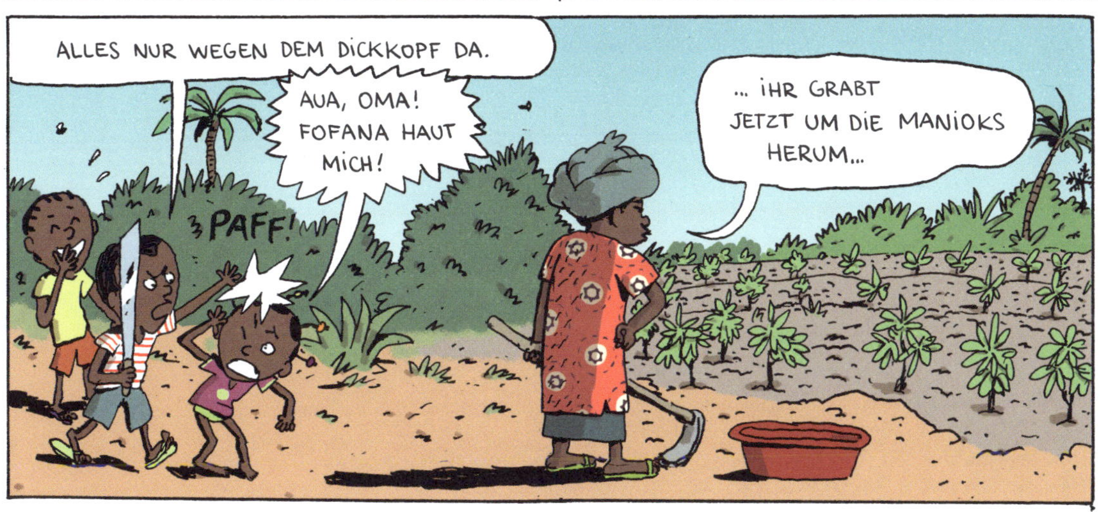
ALLES NUR WEGEN DEM DICKKOPF DA.
PAFF!
AUA, OMA! FOFANA HAUT MICH!
... IHR GRABT JETZT UM DIE MANIOKS HERUM...

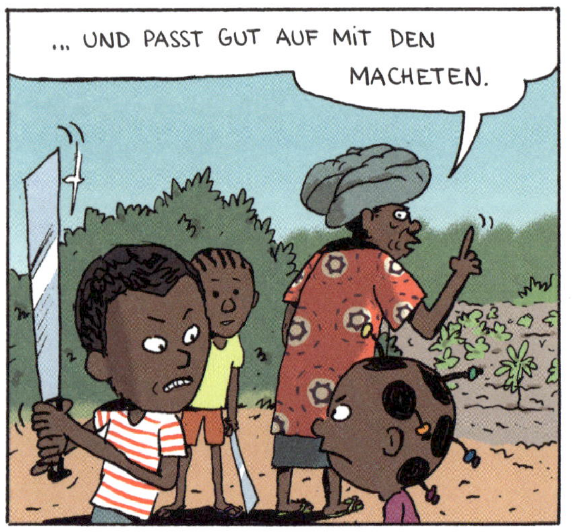
... UND PASST GUT AUF MIT DEN MACHETEN.

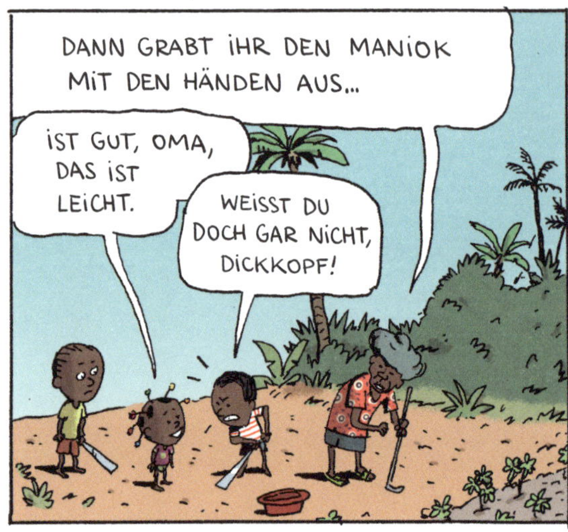
DANN GRABT IHR DEN MANIOK MIT DEN HÄNDEN AUS...
IST GUT, OMA, DAS IST LEICHT.
WEISST DU DOCH GAR NICHT, DICKKOPF!

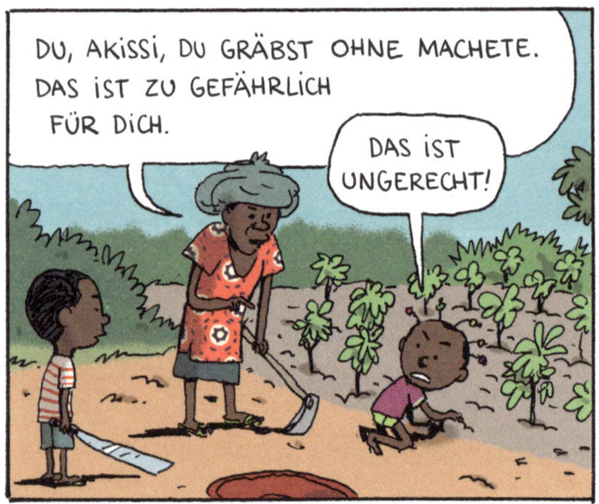
DU, AKISSI, DU GRÄBST OHNE MACHETE. DAS IST ZU GEFÄHRLICH FÜR DICH.
DAS IST UNGERECHT!

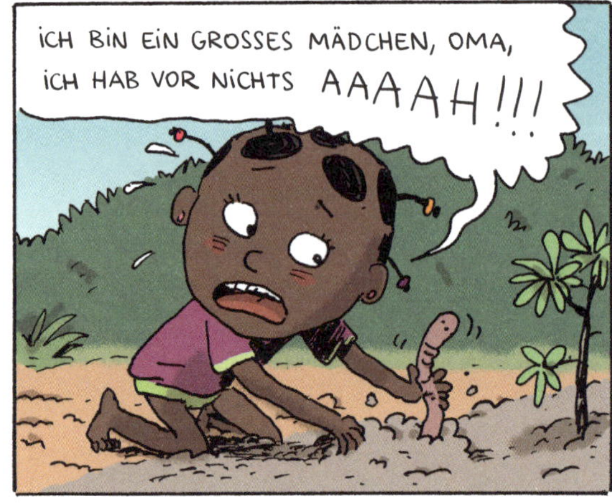
ICH BIN EIN GROSSES MÄDCHEN, OMA, ICH HAB VOR NICHTS AAAAH!!!!

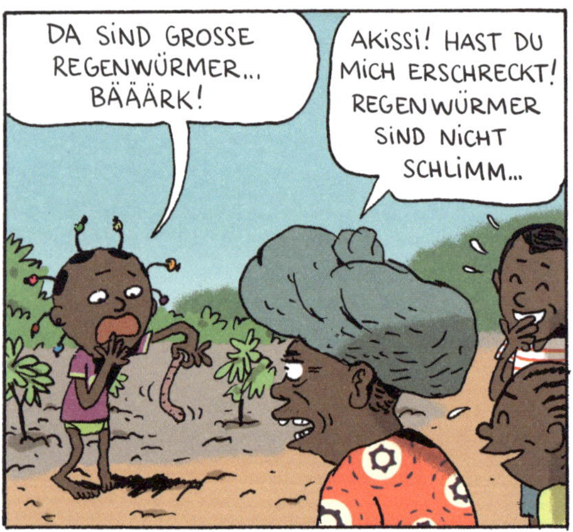
DA SIND GROSSE REGENWÜRMER... BÄÄÄRK!
AKISSI! HAST DU MICH ERSCHRECKT! REGENWÜRMER SIND NICHT SCHLIMM...

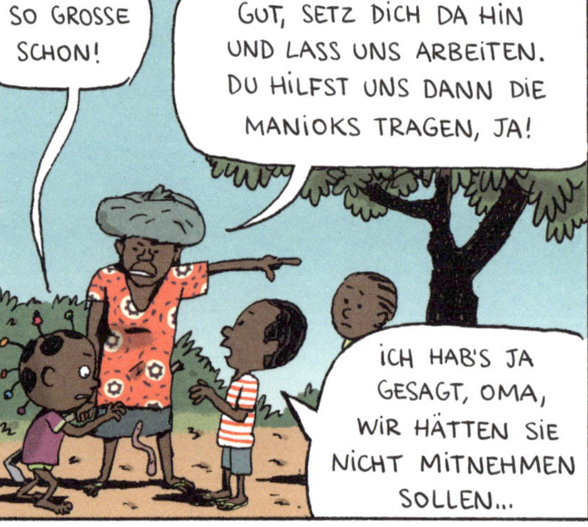
SO GROSSE SCHON!
GUT, SETZ DICH DA HIN UND LASS UNS ARBEITEN. DU HILFST UNS DANN DIE MANIOKS TRAGEN, JA!
ICH HAB'S JA GESAGT, OMA, WIR HÄTTEN SIE NICHT MITNEHMEN SOLLEN...

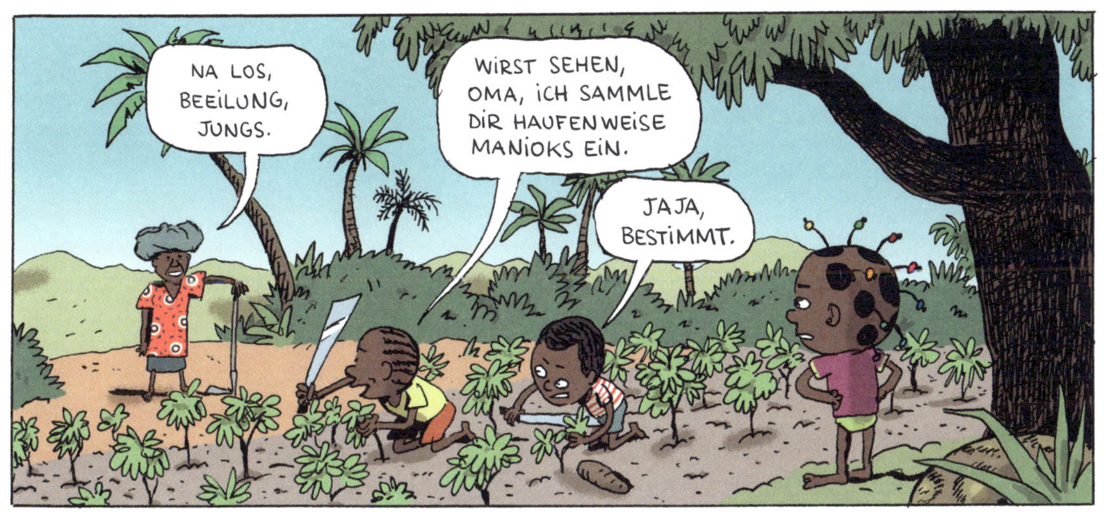
NA LOS, BEEILUNG, JUNGS.
WIRST SEHEN, OMA, ICH SAMMLE DIR HAUFENWEISE MANIOKS EIN.
JAJA, BESTIMMT.

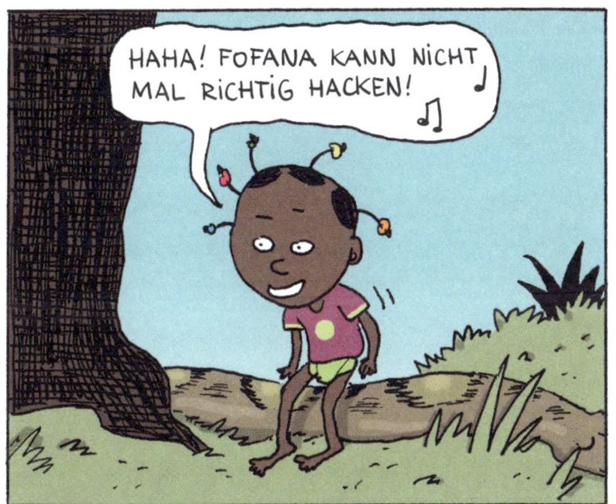
HAHA! FOFANA KANN NICHT MAL RICHTIG HACKEN! ♪ ♫

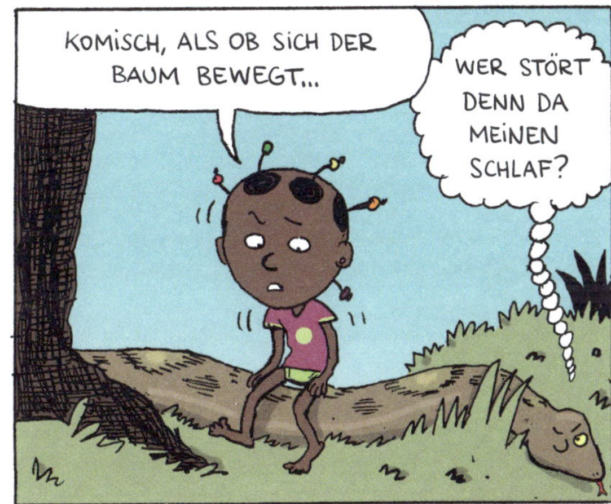
KOMISCH, ALS OB SICH DER BAUM BEWEGT...
WER STÖRT DENN DA MEINEN SCHLAF?

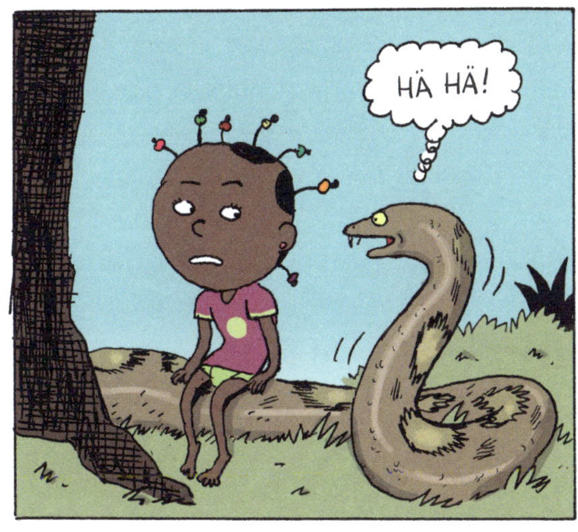
HÄ HÄ!

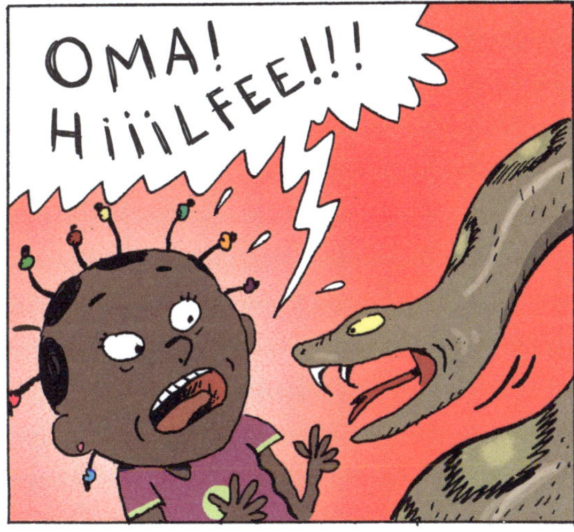
OMA! HiiiLFEE!!!

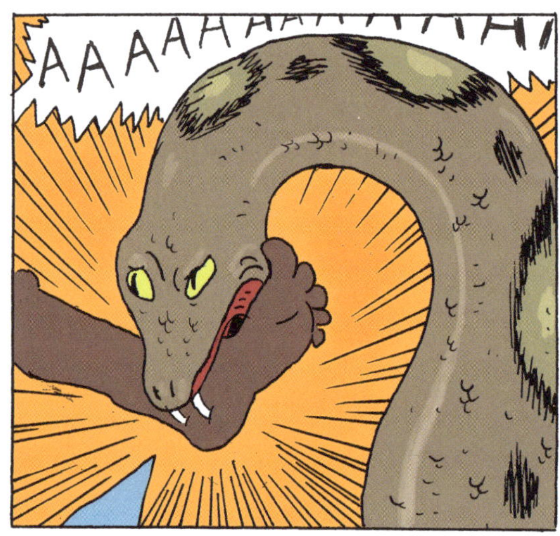
AAAAAAAAAAAAH!

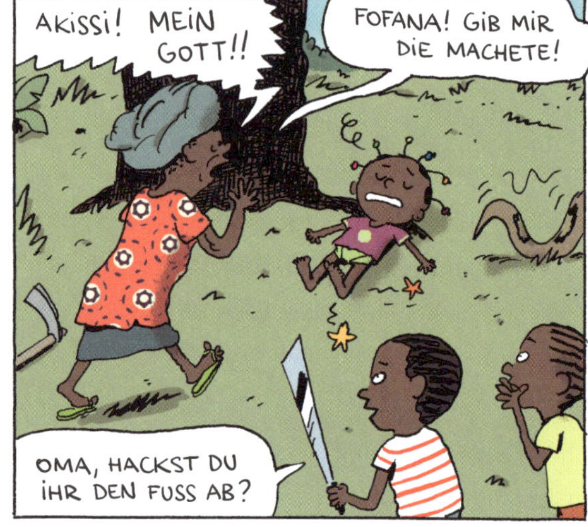
AKISSI! MEIN GOTT!!
FOFANA! GIB MIR DIE MACHETE!
OMA, HACKST DU IHR DEN FUSS AB?

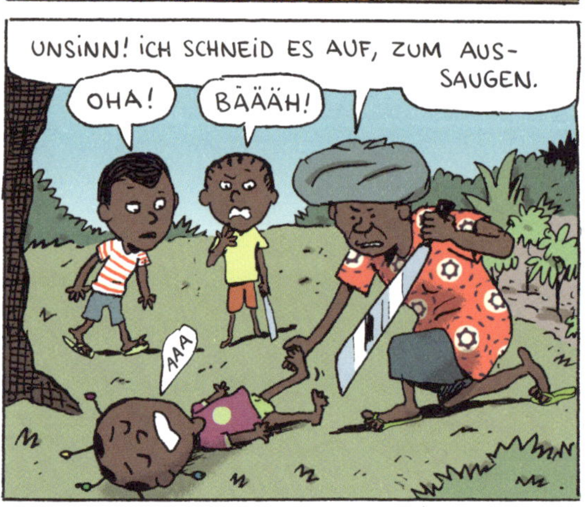
UNSINN! ICH SCHNEID ES AUF, ZUM AUS-SAUGEN.
OHA!
BÄÄÄH!
AAA

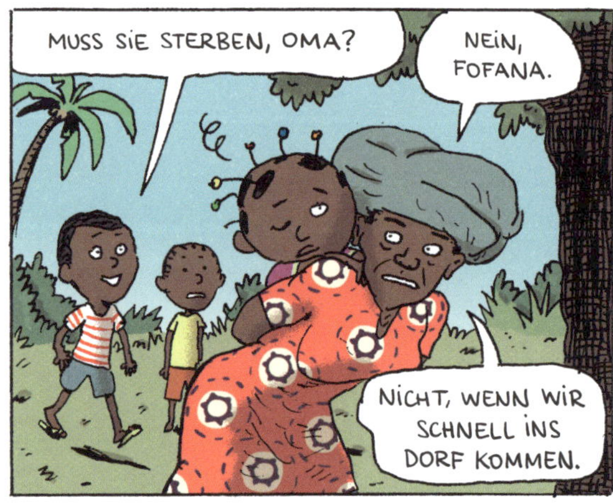
MUSS SIE STERBEN, OMA?
NEIN, FOFANA.
NICHT, WENN WIR SCHNELL INS DORF KOMMEN.

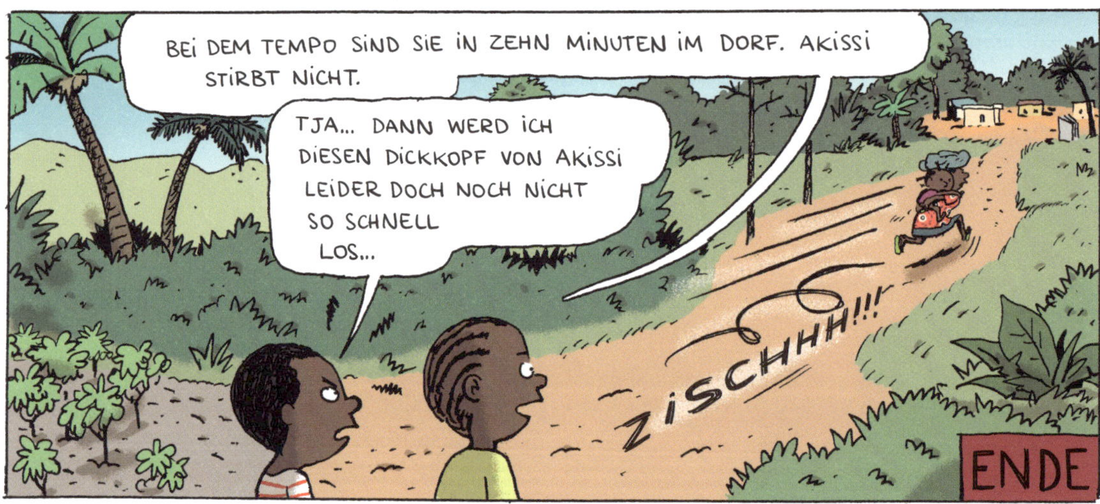
BEI DEM TEMPO SIND SIE IN ZEHN MINUTEN IM DORF. AKISSI STIRBT NICHT.
TJA... DANN WERD ICH DIESEN DICKKOPF VON AKISSI LEIDER DOCH NOCH NICHT SO SCHNELL LOS...
ZISCHHH!!!
ENDE

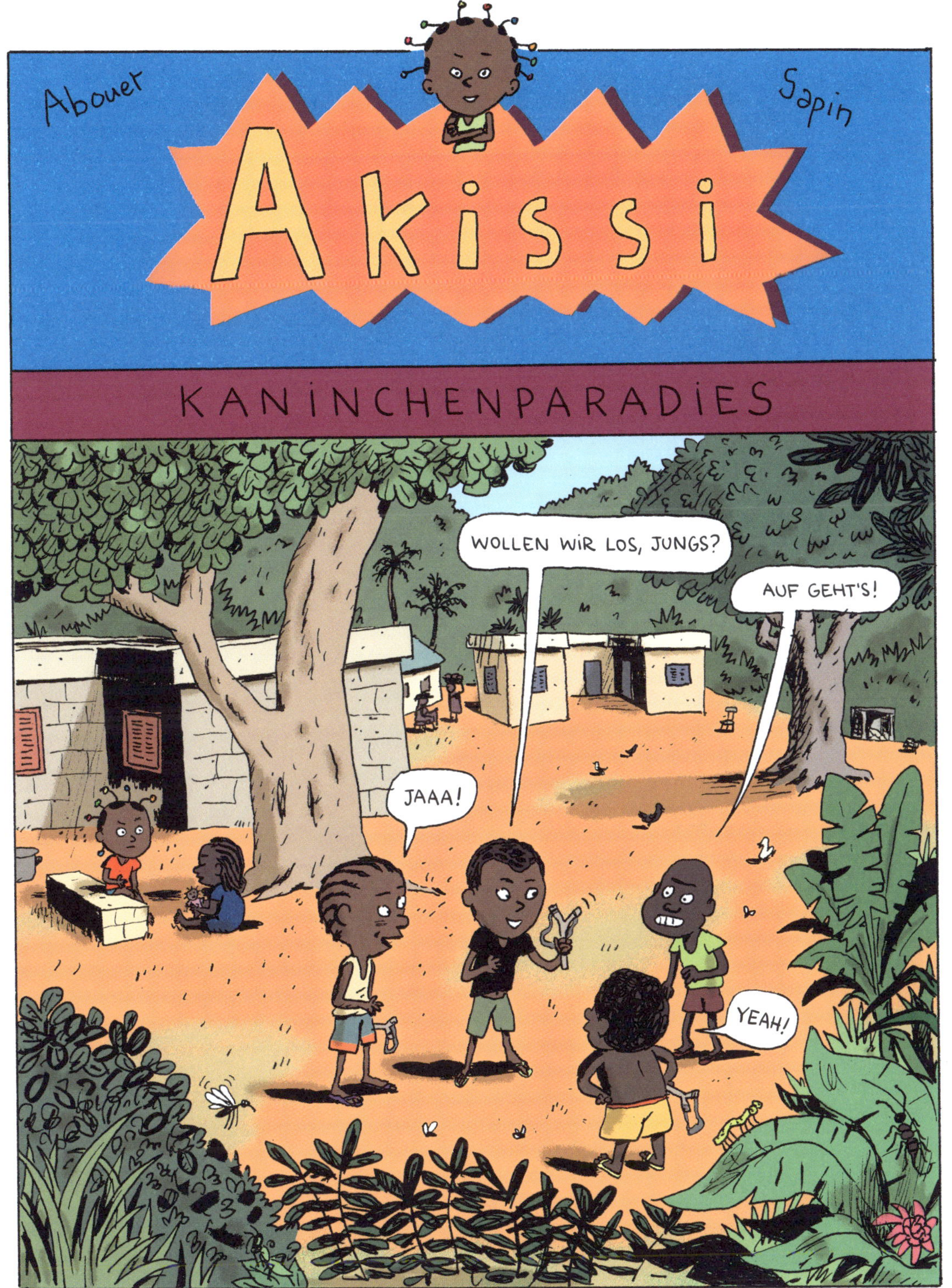
Abouer
Akissi
Sapin
KANINCHENPARADIES
WOLLEN WIR LOS, JUNGS?
JAAA!
AUF GEHT'S!
YEAH!

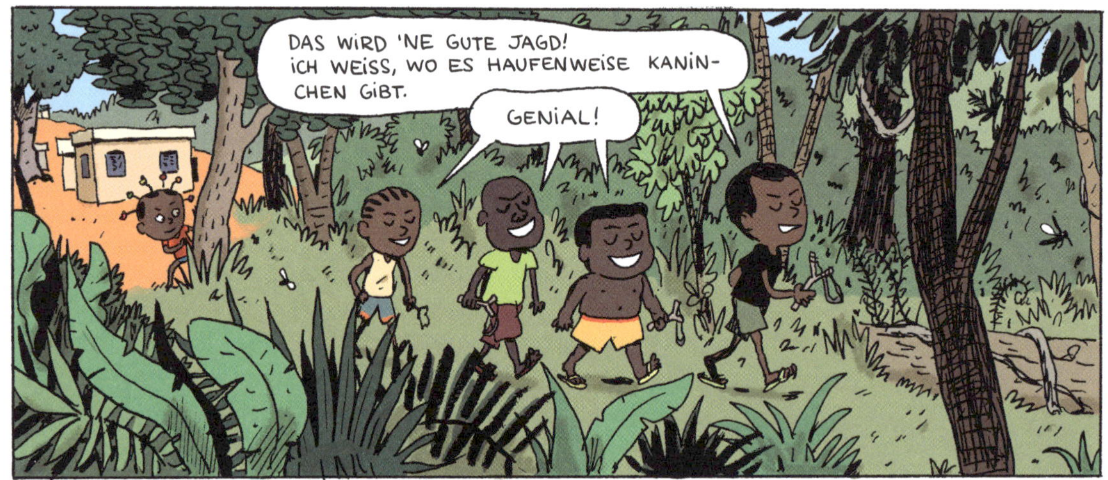
DAS WIRD 'NE GUTE JAGD!
ICH WEISS, WO ES HAUFENWEISE KANINCHEN GIBT.
GENIAL!

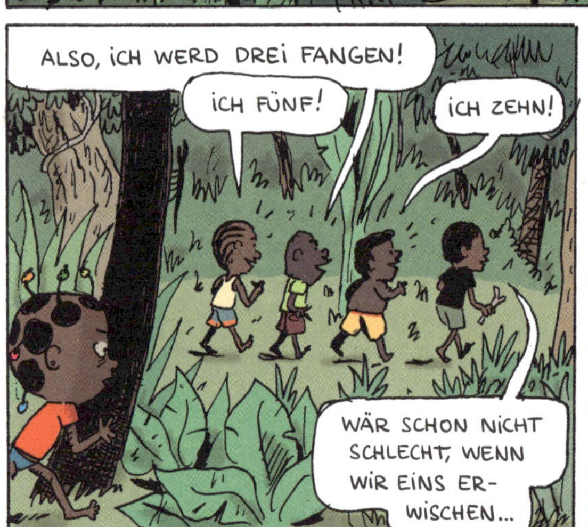
ALSO, ICH WERD DREI FANGEN!
ICH FÜNF!
ICH ZEHN!
WÄR SCHON NICHT SCHLECHT, WENN WIR EINS ERWISCHEN...

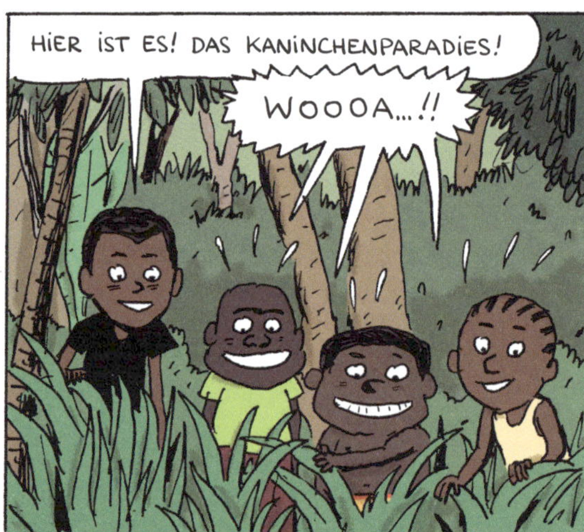
HIER IST ES! DAS KANINCHENPARADIES!
WOOOA...!!

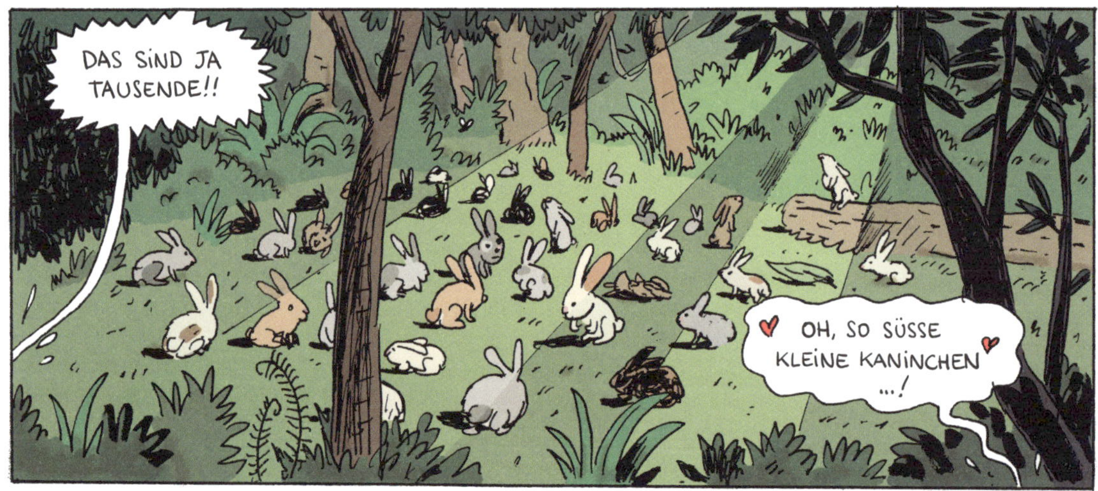
DAS SIND JA TAUSENDE!!
OH, SO SÜSSE KLEINE KANINCHEN ...!

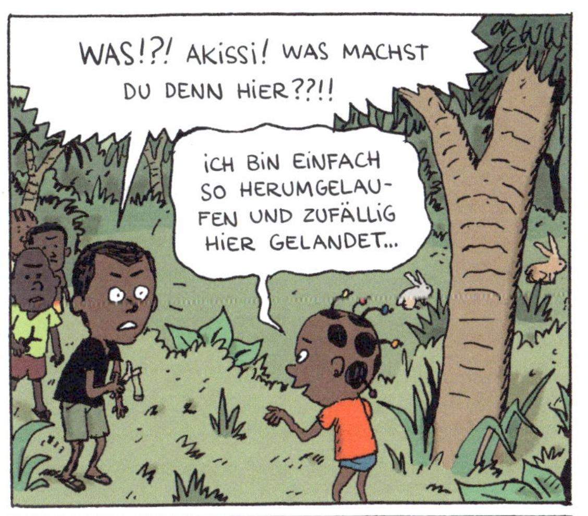
WAS!?! AKISSI! WAS MACHST DU DENN HIER??!!
ICH BIN EINFACH SO HERUMGELAUFEN UND ZUFÄLLIG HIER GELANDET...

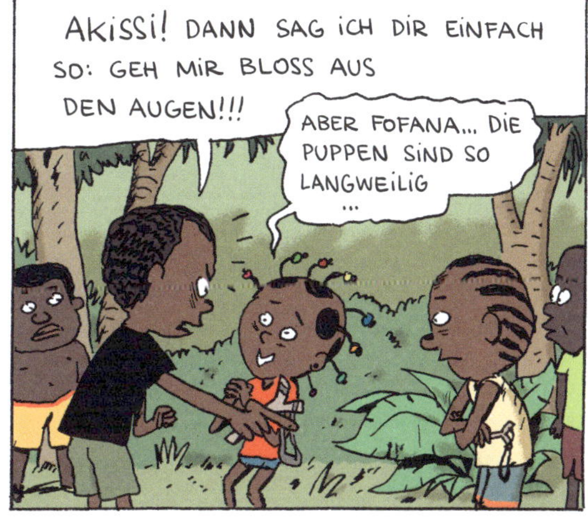
AKISSI! DANN SAG ICH DIR EINFACH SO: GEH MIR BLOSS AUS DEN AUGEN!!!
ABER FOFANA... DIE PUPPEN SIND SO LANGWEILIG ...

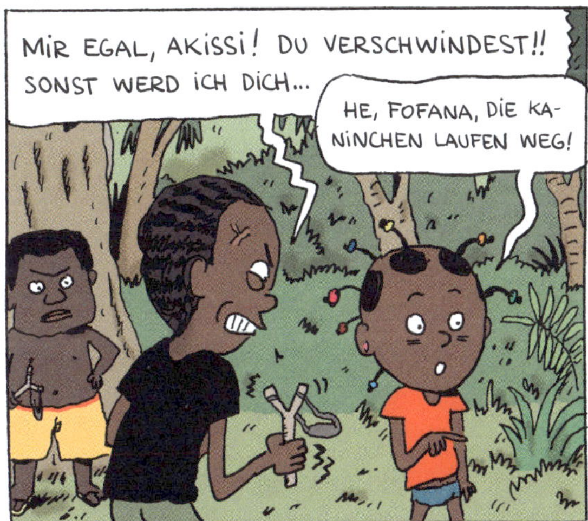
MIR EGAL, AKISSI! DU VERSCHWINDEST!! SONST WERD ICH DICH...
HE, FOFANA, DIE KANINCHEN LAUFEN WEG!

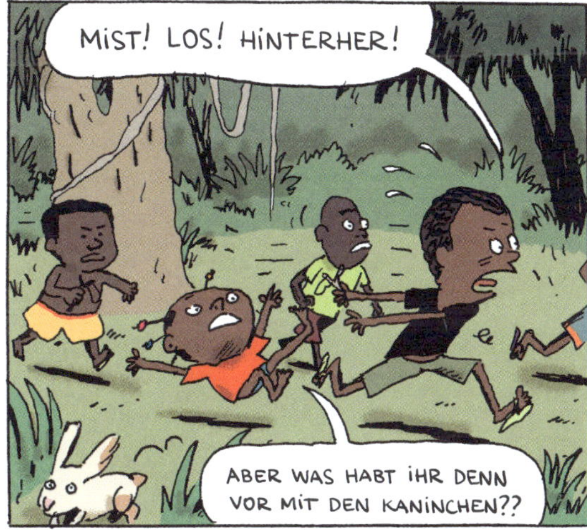
MIST! LOS! HINTERHER!
ABER WAS HABT IHR DENN VOR MIT DEN KANINCHEN??

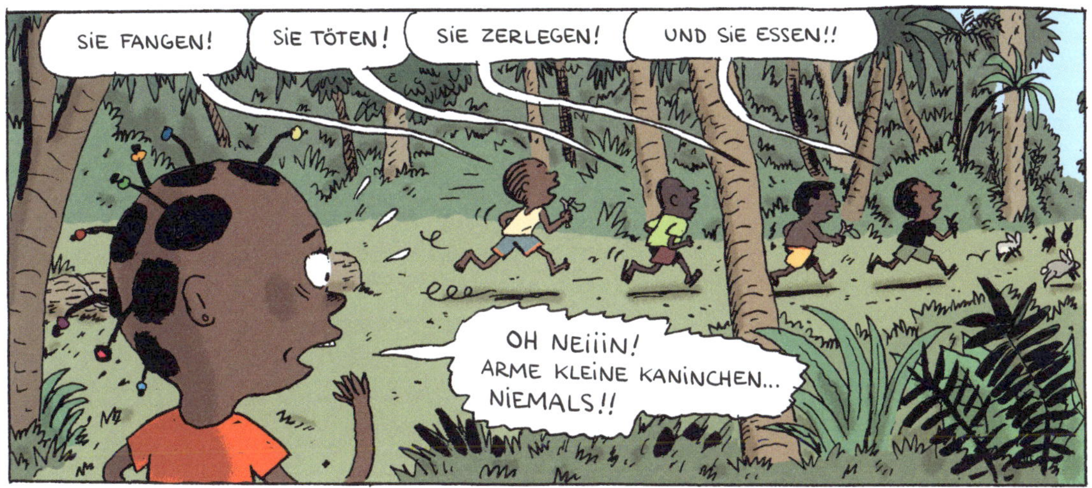
SIE FANGEN!
SIE TÖTEN!
SIE ZERLEGEN!
UND SIE ESSEN!!
OH NEIIIN! ARME KLEINE KANINCHEN... NIEMALS!!

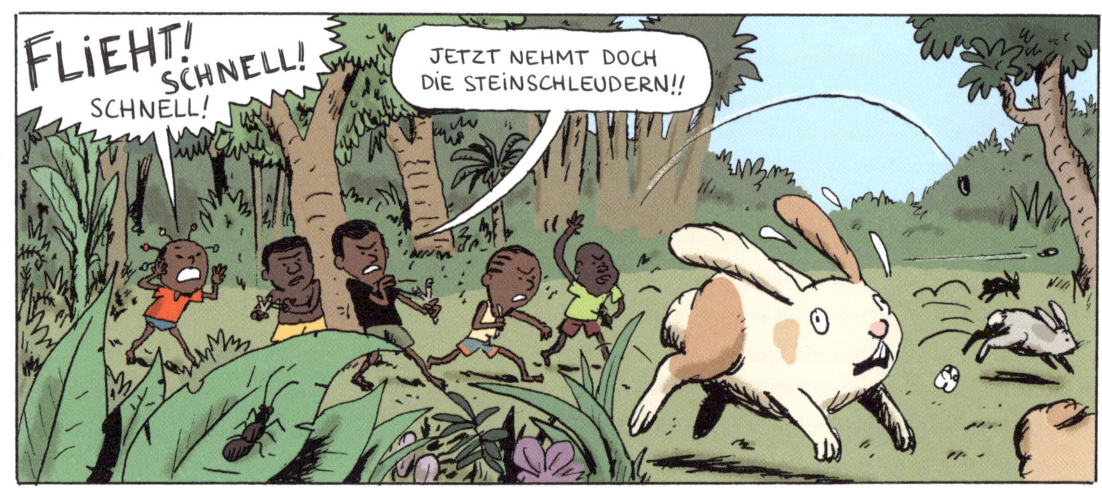
FLIEHT!
SCHNELL!
SCHNELL!
JETZT NEHMT DOCH DIE STEINSCHLEUDERN!!

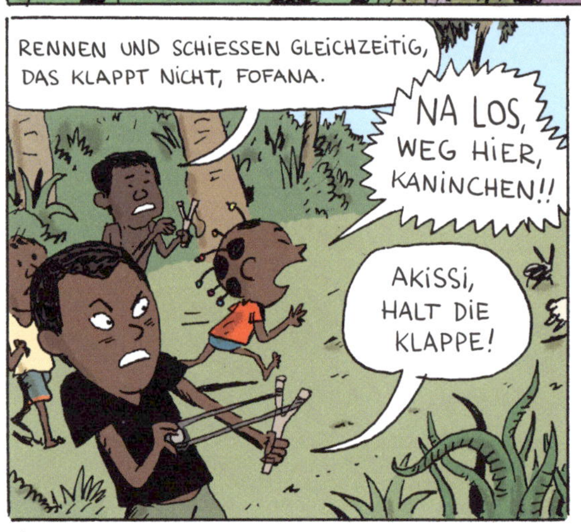
RENNEN UND SCHIESSEN GLEICHZEITIG, DAS KLAPPT NICHT, FOFANA.
NA LOS, WEG HIER, KANINCHEN!!
AKISSI, HALT DIE KLAPPE!

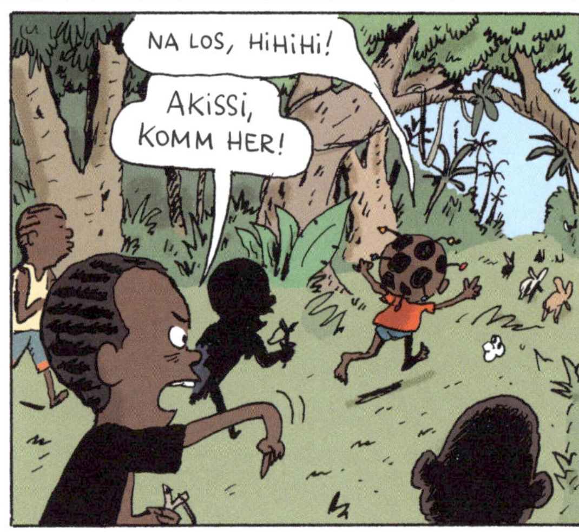
NA LOS, HIHIHI!
AKISSI, KOMM HER!

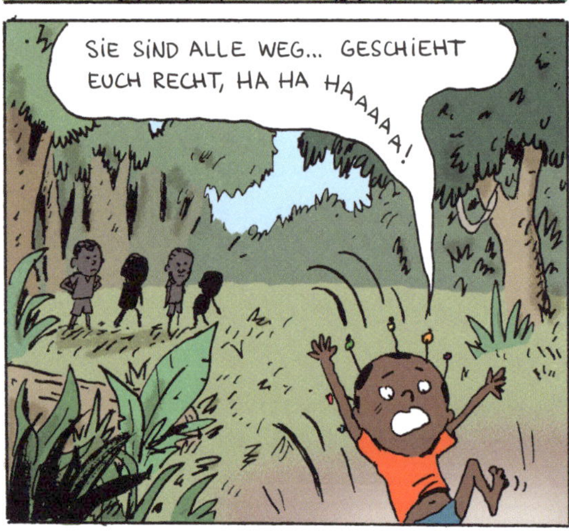
SIE SIND ALLE WEG... GESCHIEHT EUCH RECHT, HA HA HAAAAAA!

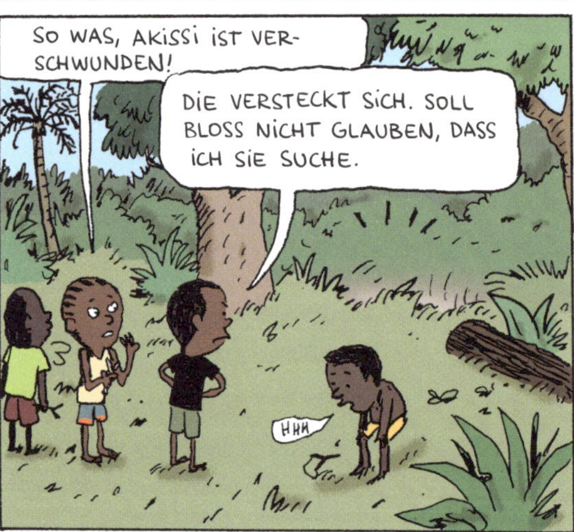
SO WAS, AKISSI IST VERSCHWUNDEN!
DIE VERSTECKT SICH. SOLL BLOSS NICHT GLAUBEN, DASS ICH SIE SUCHE.
HHH

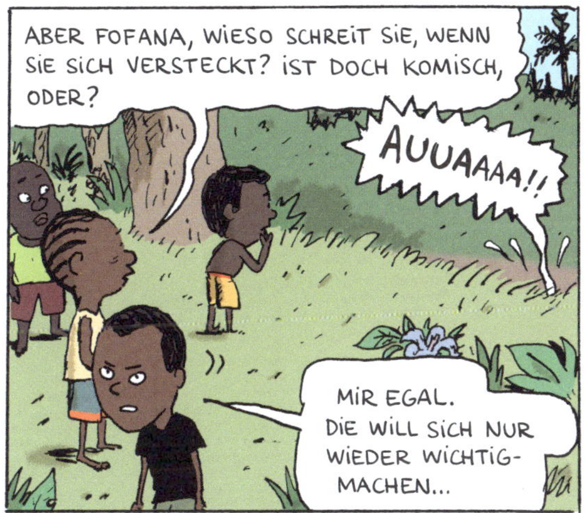
ABER FOFANA, WIESO SCHREIT SIE, WENN SIE SICH VERSTECKT? IST DOCH KOMISCH, ODER?
AUUAAAA!!
MIR EGAL. DIE WILL SICH NUR WIEDER WICHTIG-MACHEN...

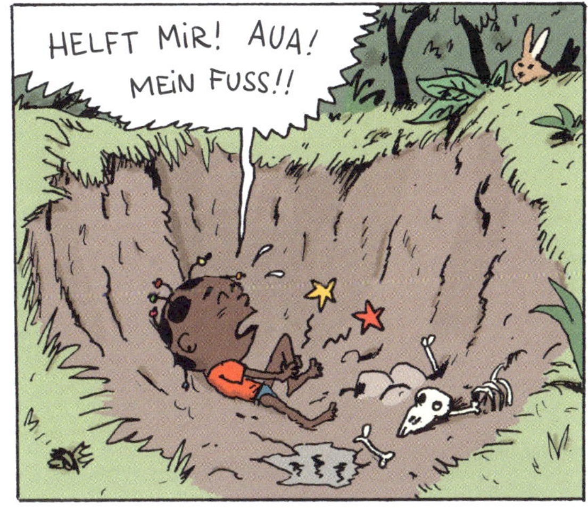
HELFT MIR! AUA! MEIN FUSS!!

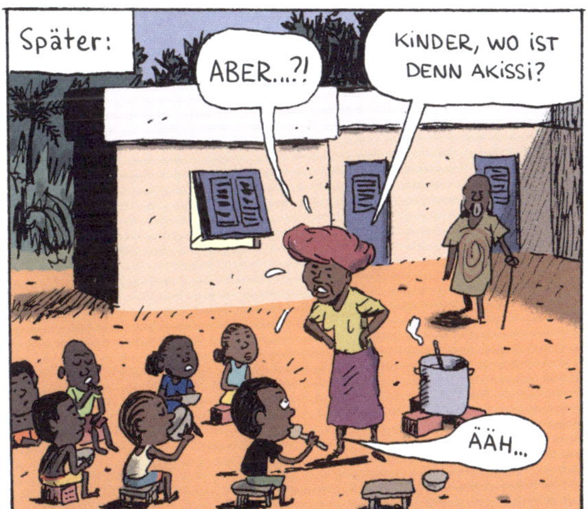
Später:
ABER...?!
KINDER, WO IST DENN AKISSI?
ÄÄH...

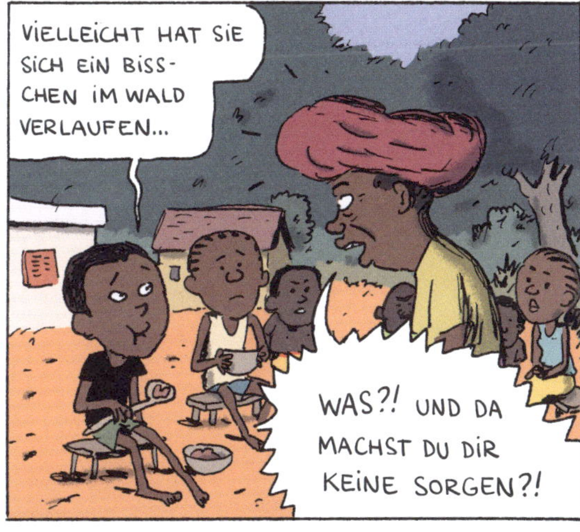
VIELLEICHT HAT SIE SICH EIN BISS-CHEN IM WALD VERLAUFEN...
WAS?! UND DA MACHST DU DIR KEINE SORGEN?!

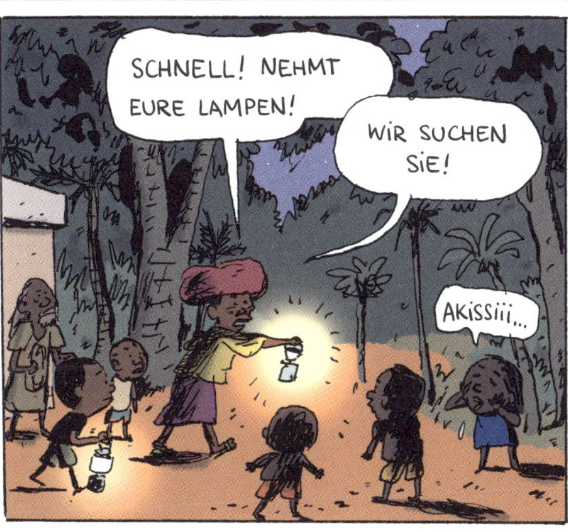
SCHNELL! NEHMT EURE LAMPEN!
WIR SUCHEN SIE!
AKISSIII...

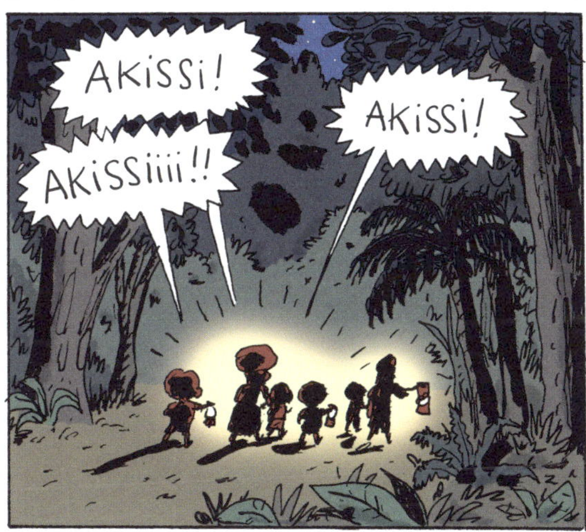
AKISSI!
AKISSIIII!!
AKISSI!

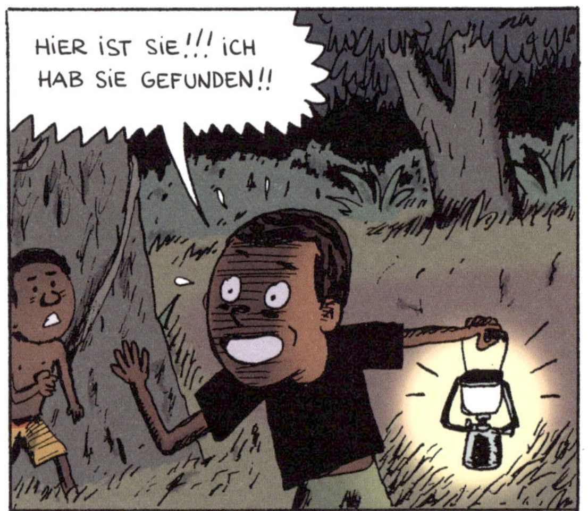
HIER IST SIE!!! ICH HAB SIE GEFUNDEN!!

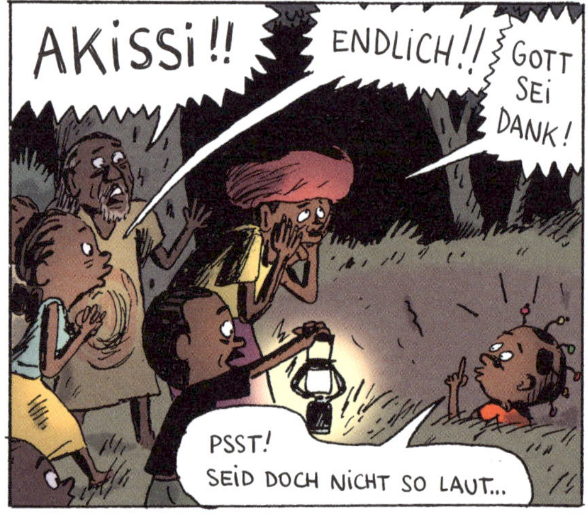
AKISSI!!
ENDLICH!!
GOTT SEI DANK!
PSST! SEID DOCH NICHT SO LAUT...

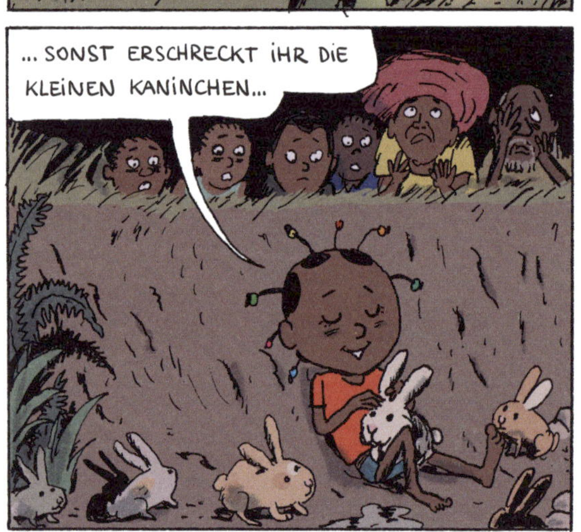
... SONST ERSCHRECKT IHR DIE KLEINEN KANINCHEN...

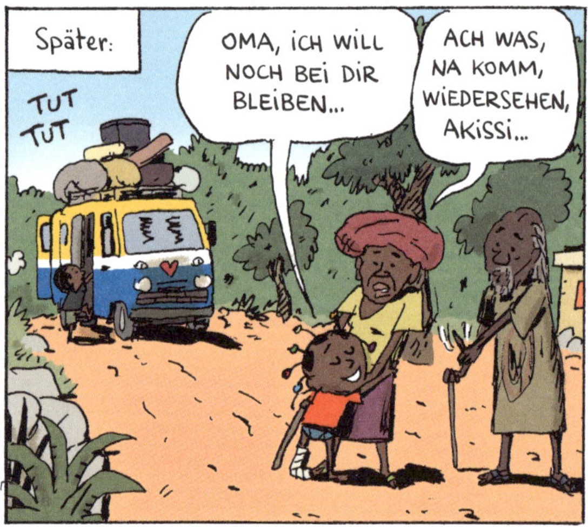
Später:
TUT TUT
OMA, ICH WILL NOCH BEI DIR BLEIBEN...
ACH WAS, NA KOMM, WIEDERSEHEN, AKISSI...

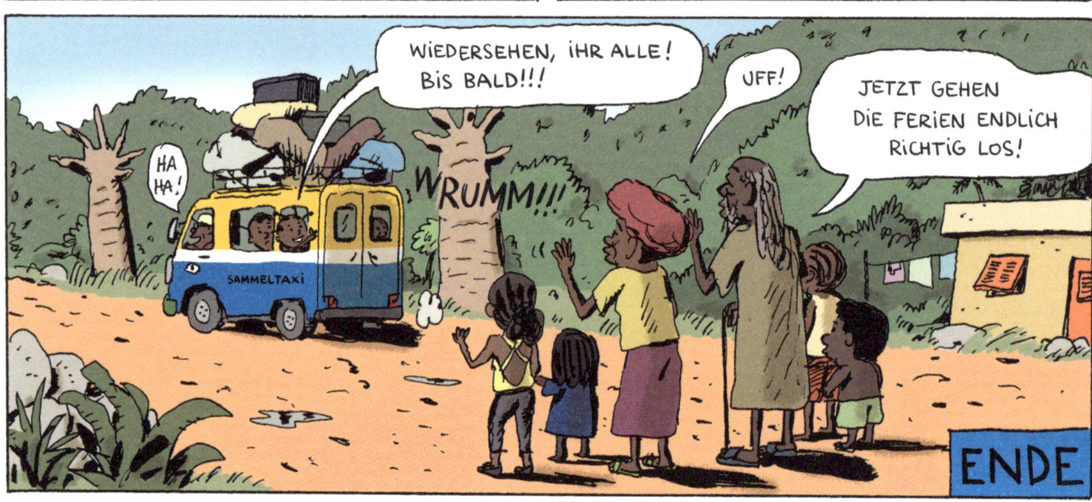
HA HA!
WIEDERSEHEN, IHR ALLE! BIS BALD!!!
SAMMELTAXI
WRUMM!!!
UFF!
JETZT GEHEN DIE FERIEN ENDLICH RICHTIG LOS!
ENDE

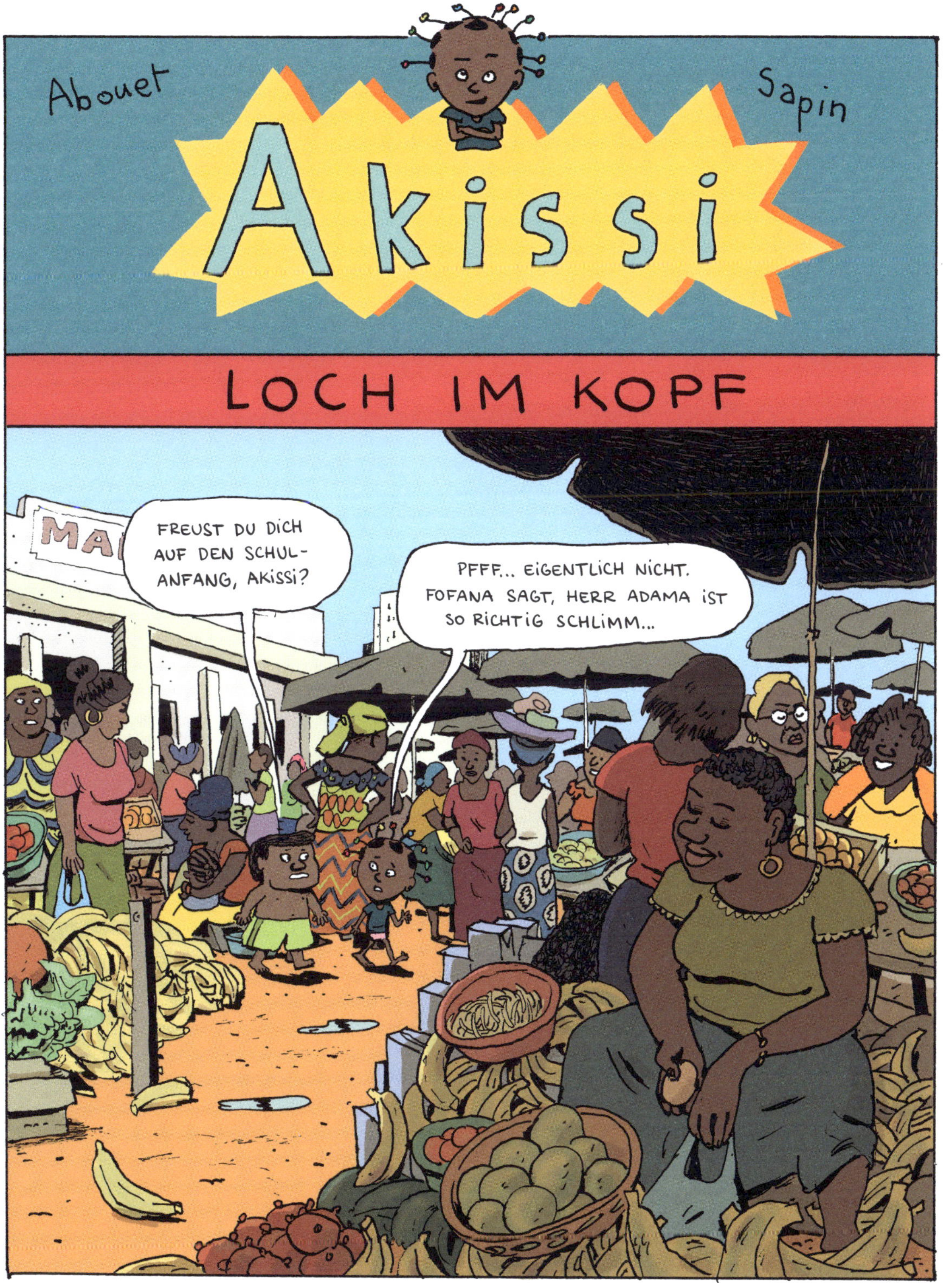
Abouet
Sapin
Akissi
LOCH IM KOPF
FREUST DU DICH AUF DEN SCHUL-ANFANG, AKISSI?
PFFF... EIGENTLICH NICHT. FOFANA SAGT, HERR ADAMA IST SO RICHTIG SCHLIMM...

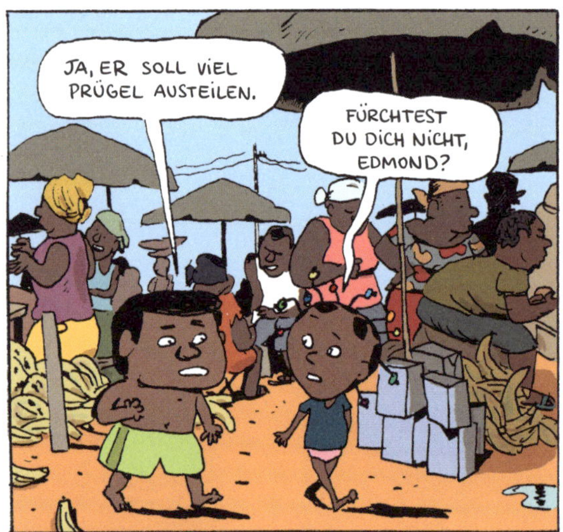
JA, ER SOLL VIEL PRÜGEL AUSTEILEN.
FÜRCHTEST DU DICH NICHT, EDMOND?

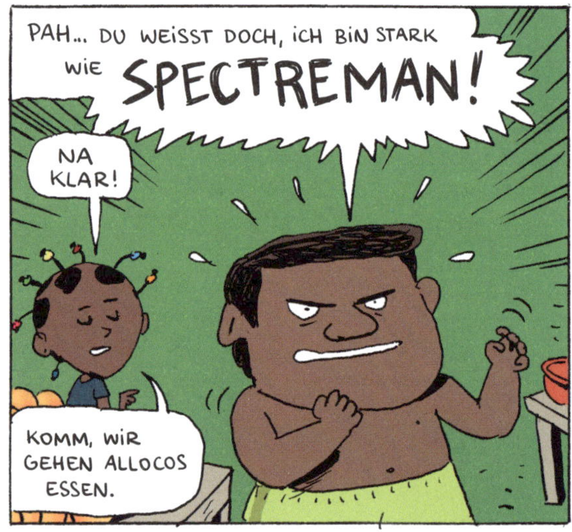
PAH... DU WEISST DOCH, ICH BIN STARK WIE SPECTREMAN!
NA KLAR!
KOMM, WIR GEHEN ALLOCOS ESSEN.

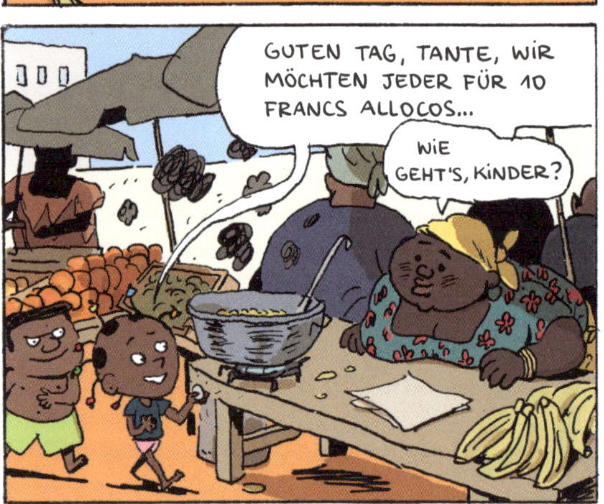
GUTEN TAG, TANTE, WIR MÖCHTEN JEDER FÜR 10 FRANCS ALLOCOS...
WIE GEHT'S, KINDER?

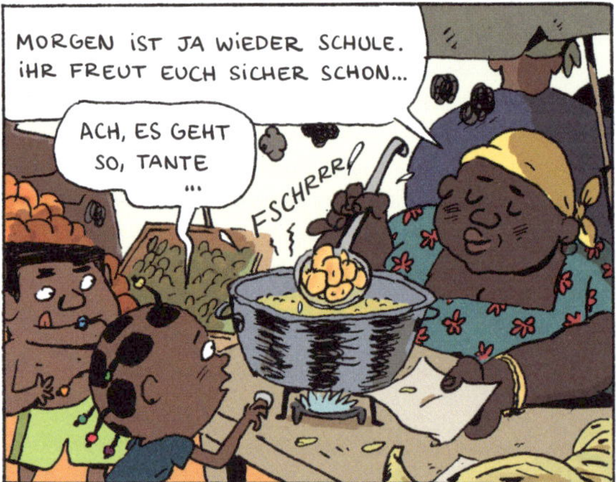
MORGEN IST JA WIEDER SCHULE. IHR FREUT EUCH SICHER SCHON...
ACH, ES GEHT SO, TANTE ...
FSCHRRR

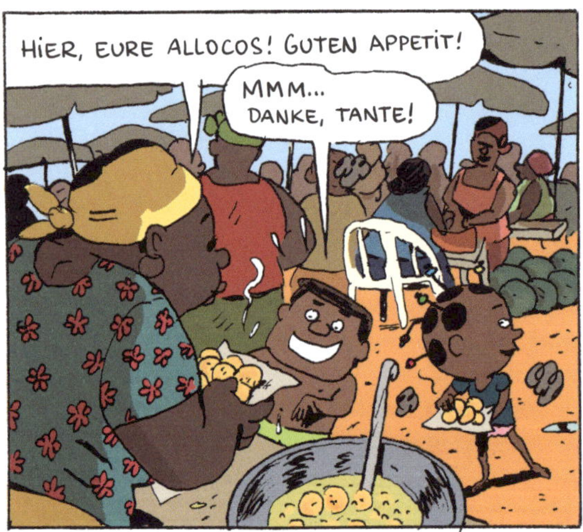
HIER, EURE ALLOCOS! GUTEN APPETIT!
MMM... DANKE, TANTE!

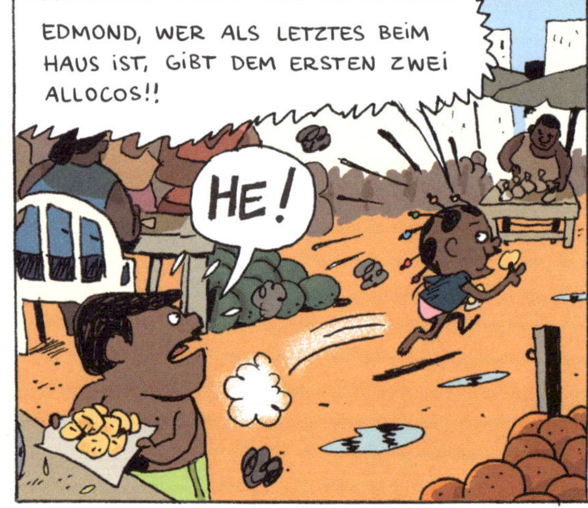
EDMOND, WER ALS LETZTES BEIM HAUS IST, GIBT DEM ERSTEN ZWEI ALLOCOS!!
HE!

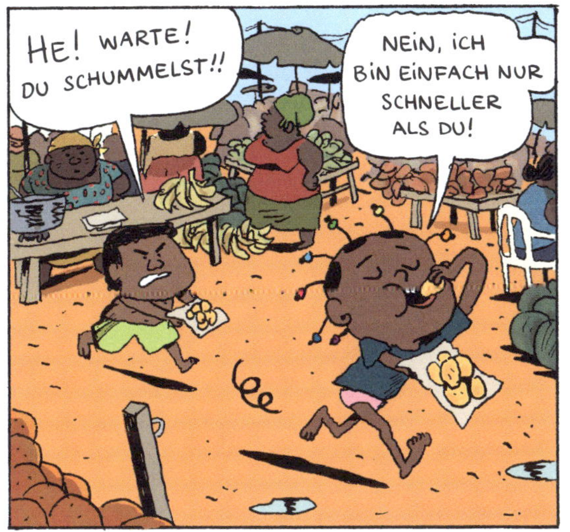
HE! WARTE! DU SCHUMMELST!!
NEIN, ICH BIN EINFACH NUR SCHNELLER ALS DU!

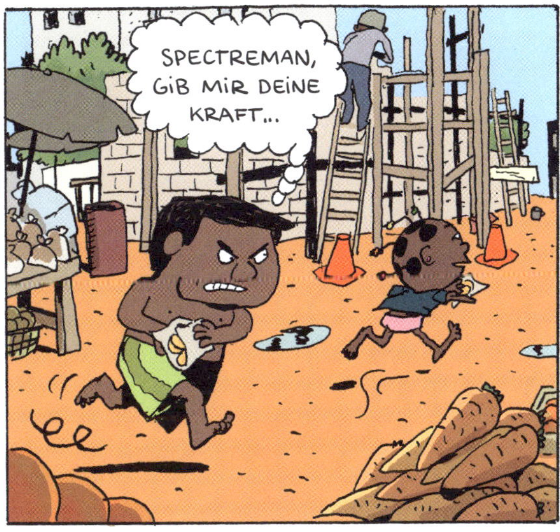
SPECTREMAN, GIB MIR DEINE KRAFT...

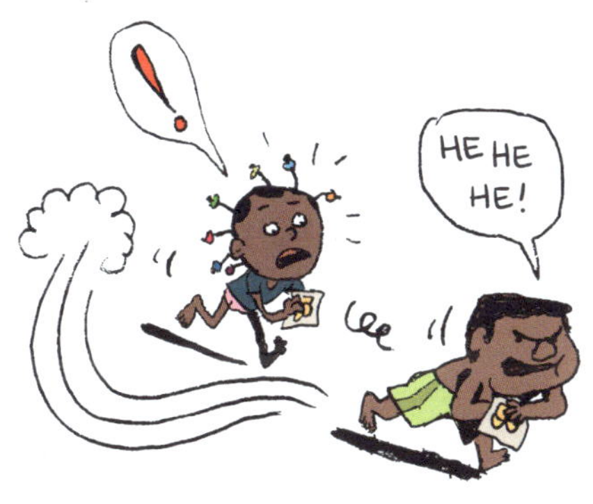
!
HE HE HE!

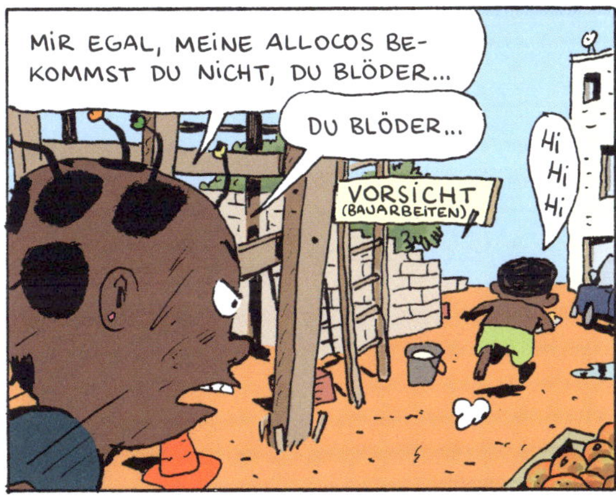
MIR EGAL, MEINE ALLOCOS BEKOMMST DU NICHT, DU BLÖDER...
DU BLÖDER...
Hi Hi Hi
VORSICHT (BAUARBEITEN)

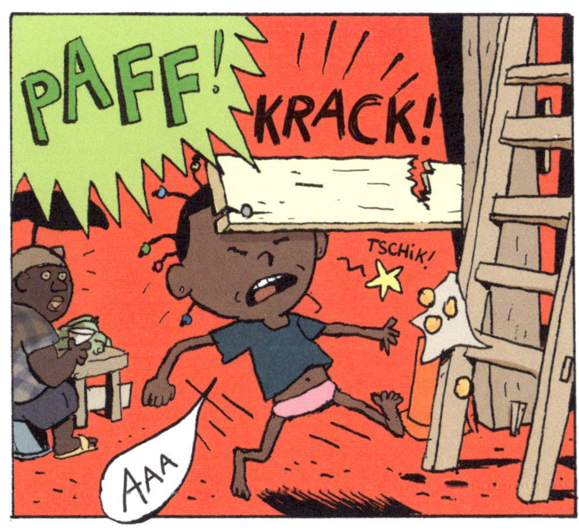
PAFF!
KRACK!
TSCHIK!
AAA

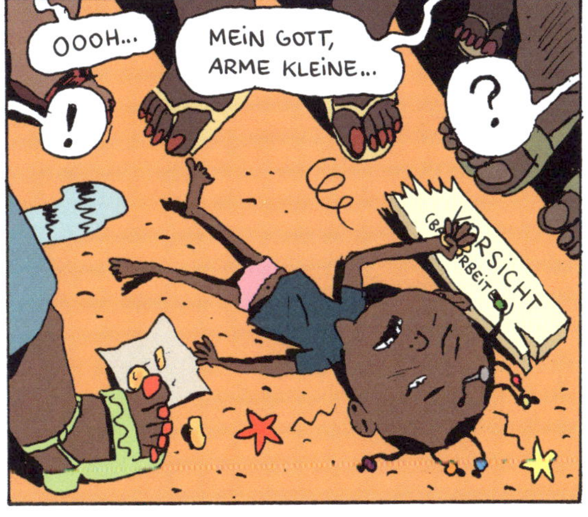
OOOH...
MEIN GOTT, ARME KLEINE...
!
?
VORSICHT

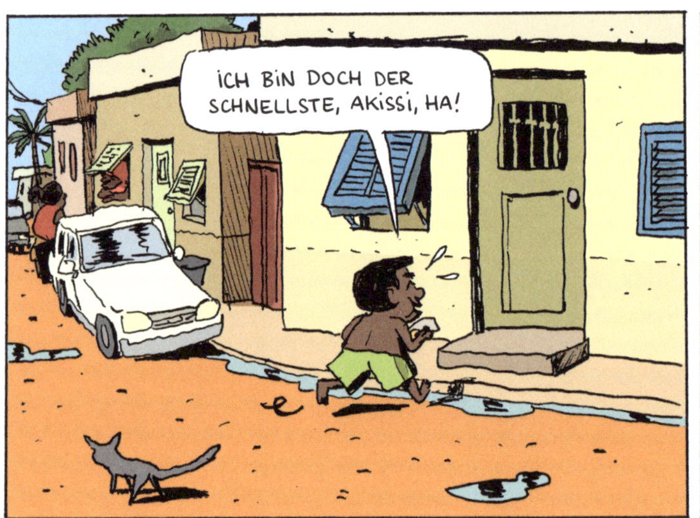
ICH BIN DOCH DER SCHNELLSTE, AKISSI, HA!

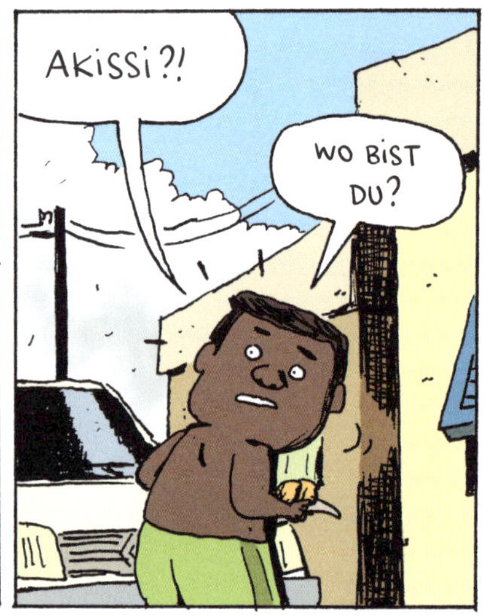
AKISSI?!
WO BIST DU?

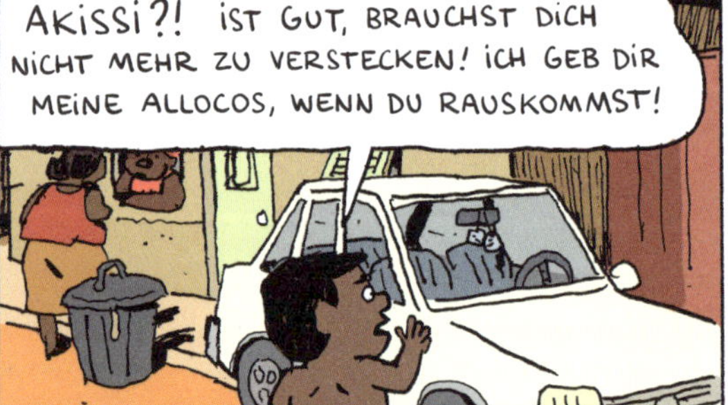
AKISSI?! IST GUT, BRAUCHST DICH NICHT MEHR ZU VERSTECKEN! ICH GEB DIR MEINE ALLOCOS, WENN DU RAUSKOMMST!

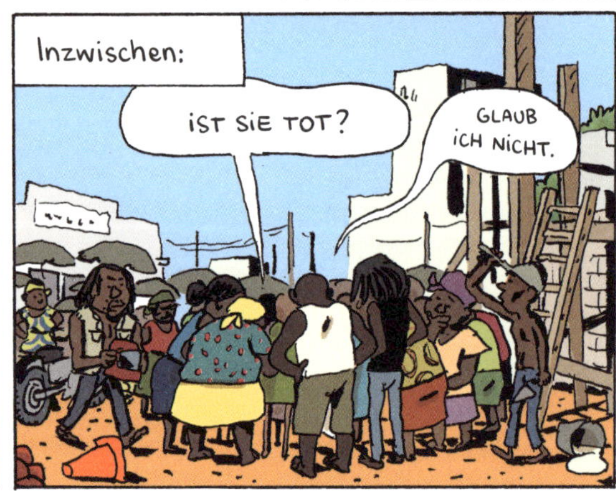
Inzwischen:
IST SIE TOT?
GLAUB ICH NICHT.

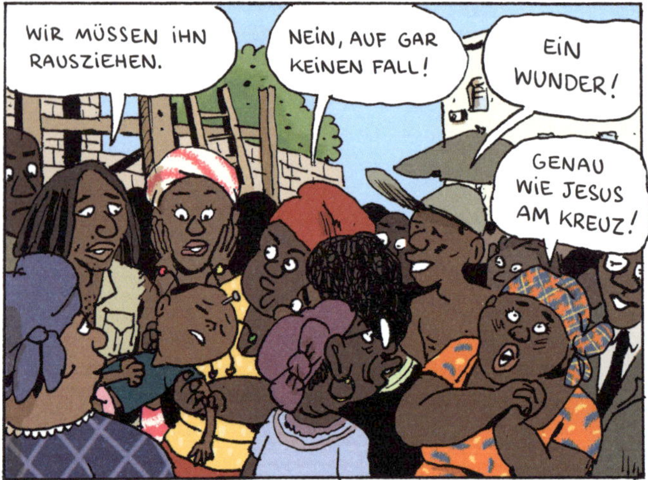
WIR MÜSSEN IHN RAUSZIEHEN.
NEIN, AUF GAR KEINEN FALL!
EIN WUNDER!
GENAU WIE JESUS AM KREUZ!

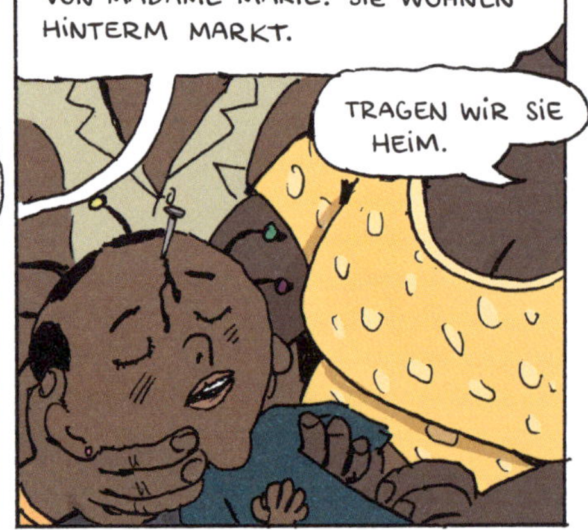
ICH KENNE SIE. DAS IST DIE TOCHTER VON MADAME MARIE. SIE WOHNEN HINTERM MARKT.
TRAGEN WIR SIE HEIM.

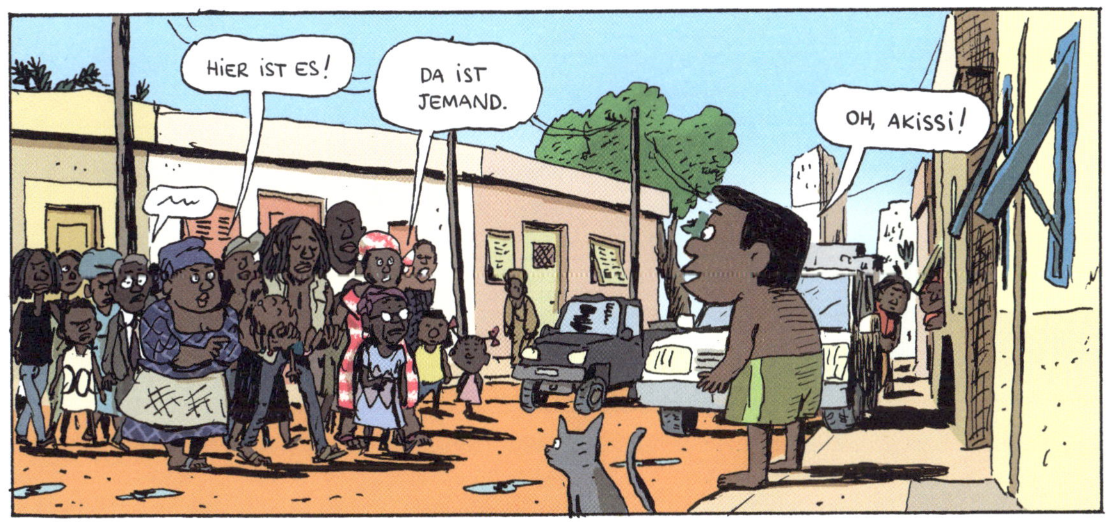
HIER IST ES!
DA IST JEMAND.
OH, AKISSI!

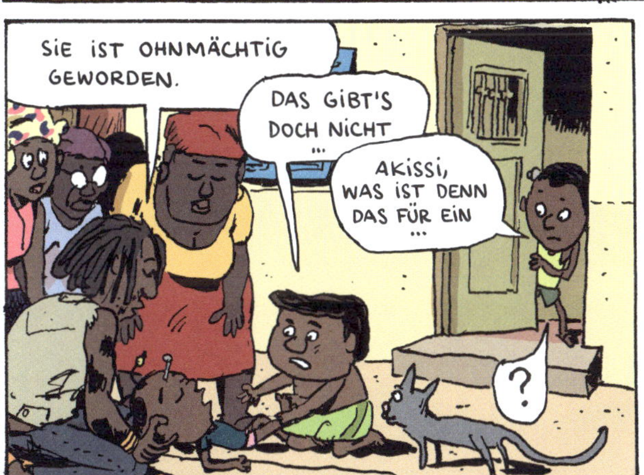
SIE IST OHNMÄCHTIG GEWORDEN.
DAS GIBT'S DOCH NICHT ...
AKISSI, WAS IST DENN DAS FÜR EIN ...
?

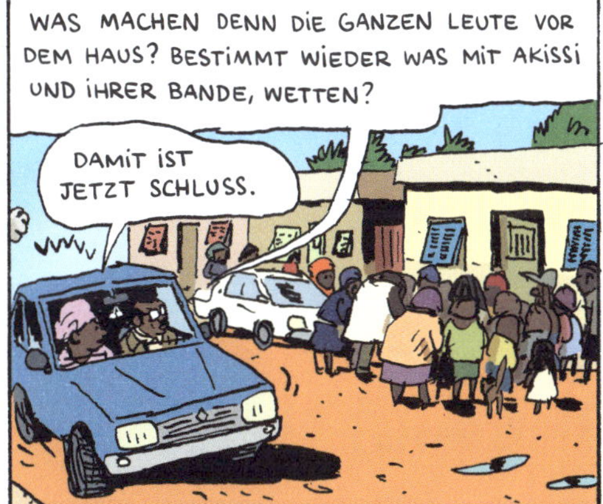
WAS MACHEN DENN DIE GANZEN LEUTE VOR DEM HAUS? BESTIMMT WIEDER WAS MIT AKISSI UND IHRER BANDE, WETTEN?
DAMIT IST JETZT SCHLUSS.

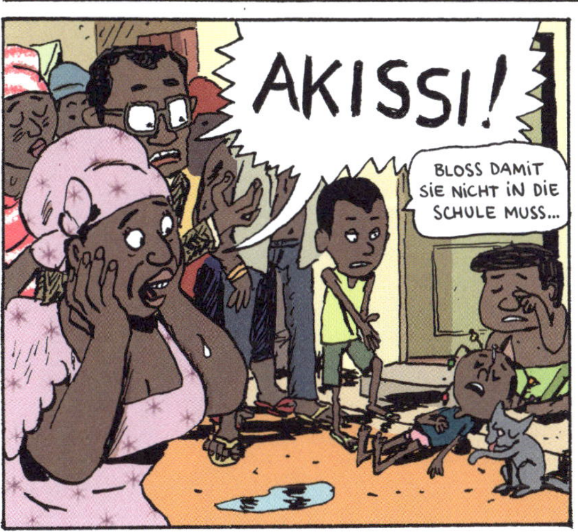
AKISSI!
BLOSS DAMIT SIE NICHT IN DIE SCHULE MUSS...

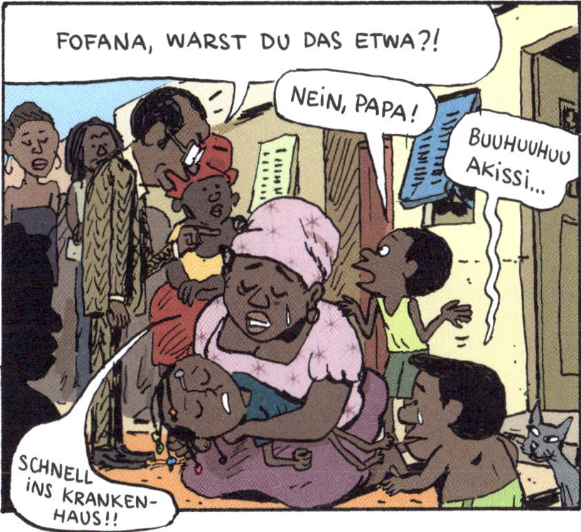
FOFANA, WARST DU DAS ETWA?!
NEIN, PAPA!
BUUHUUHUU AKISSI...
SCHNELL INS KRANKENHAUS!!

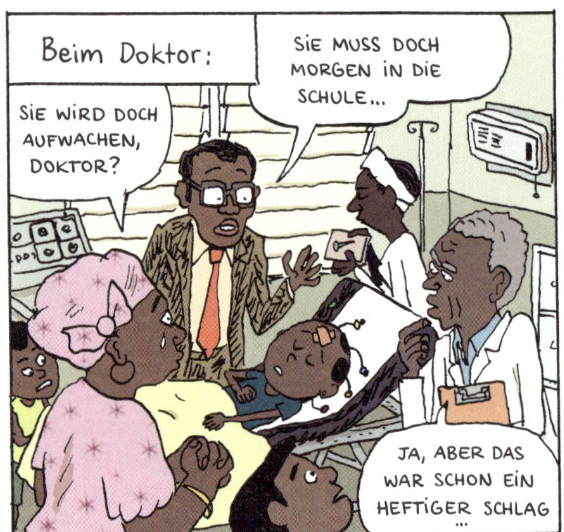
Beim Doktor:
SIE MUSS DOCH MORGEN IN DIE SCHULE...
SIE WIRD DOCH AUFWACHEN, DOKTOR?
JA, ABER DAS WAR SCHON EIN HEFTIGER SCHLAG ...

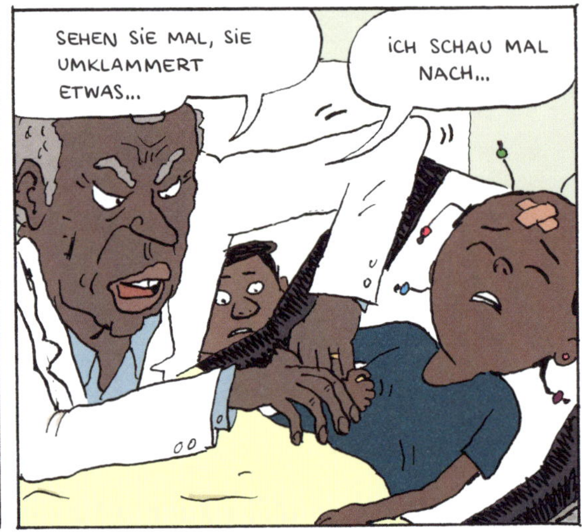
SEHEN SIE MAL, SIE UMKLAMMERT ETWAS...
ICH SCHAU MAL NACH...

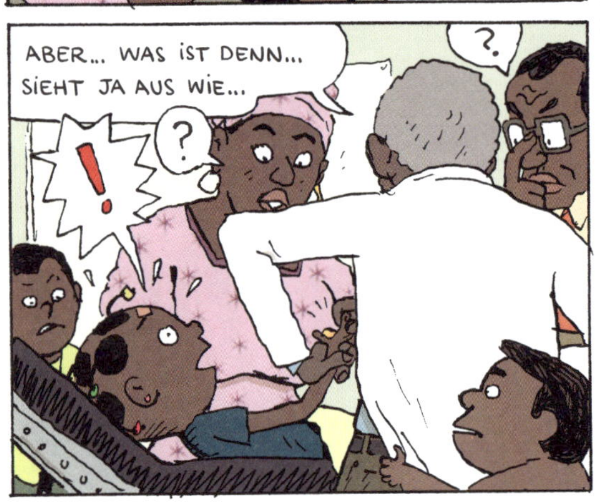
ABER... WAS IST DENN... SIEHT JA AUS WIE...
?
?
!

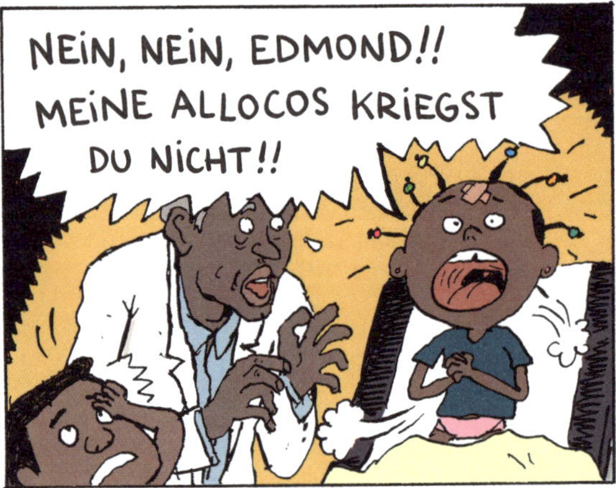
NEIN, NEIN, EDMOND!! MEINE ALLOCOS KRIEGST DU NICHT!!

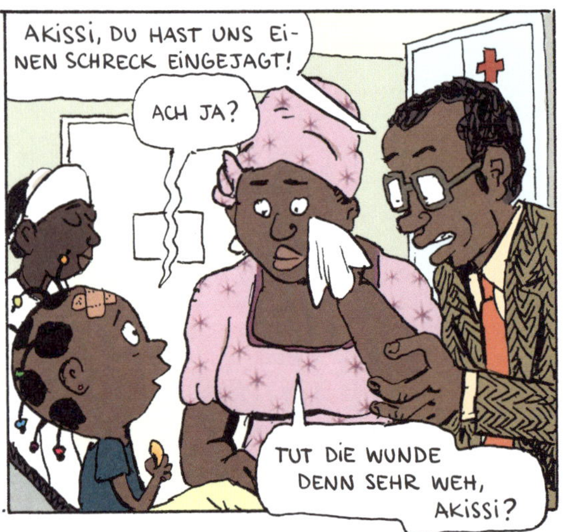
AKISSI, DU HAST UNS EINEN SCHRECK EINGEJAGT!
ACH JA?
TUT DIE WUNDE DENN SEHR WEH, AKISSI?

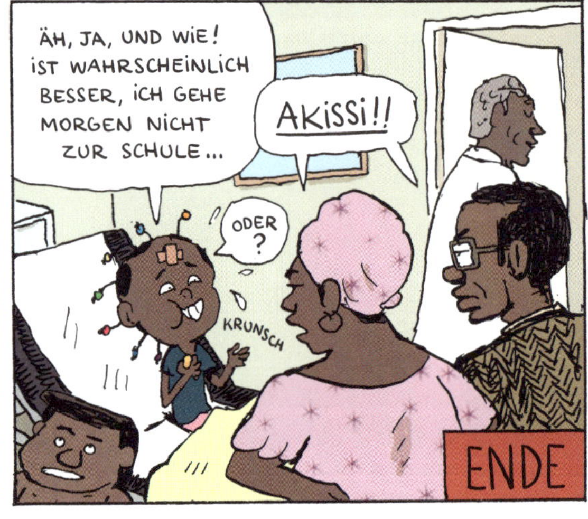
ÄH, JA, UND WIE! IST WAHRSCHEINLICH BESSER, ICH GEHE MORGEN NICHT ZUR SCHULE...
AKISSI!!
ODER ?
KRUNSCH
ENDE

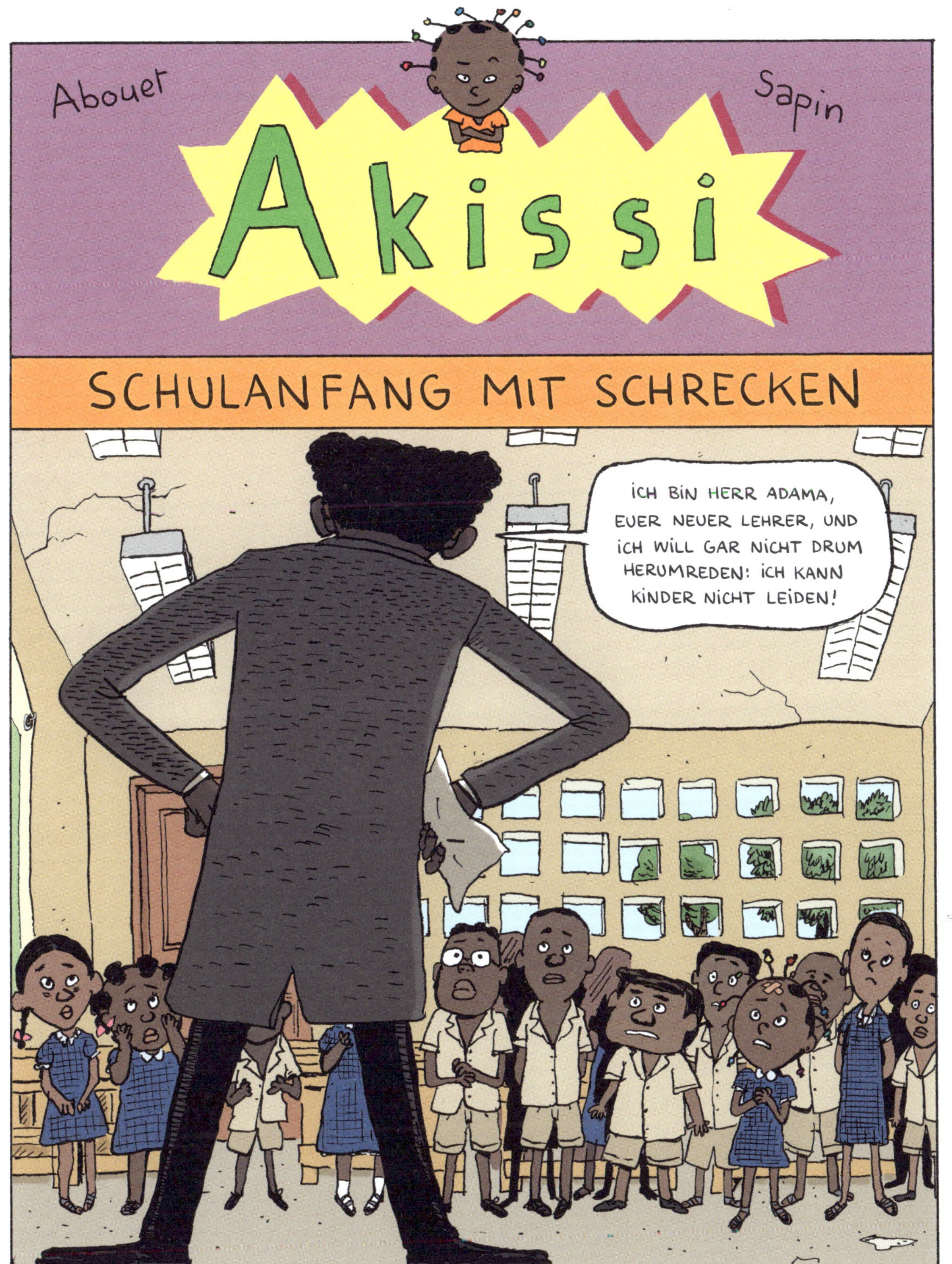
Abouet
Sapin
Akissi
SCHULANFANG MIT SCHRECKEN
ICH BIN HERR ADAMA, EUER NEUER LEHRER, UND ICH WILL GAR NICHT DRUM HERUMREDEN: ICH KANN KINDER NICHT LEIDEN!

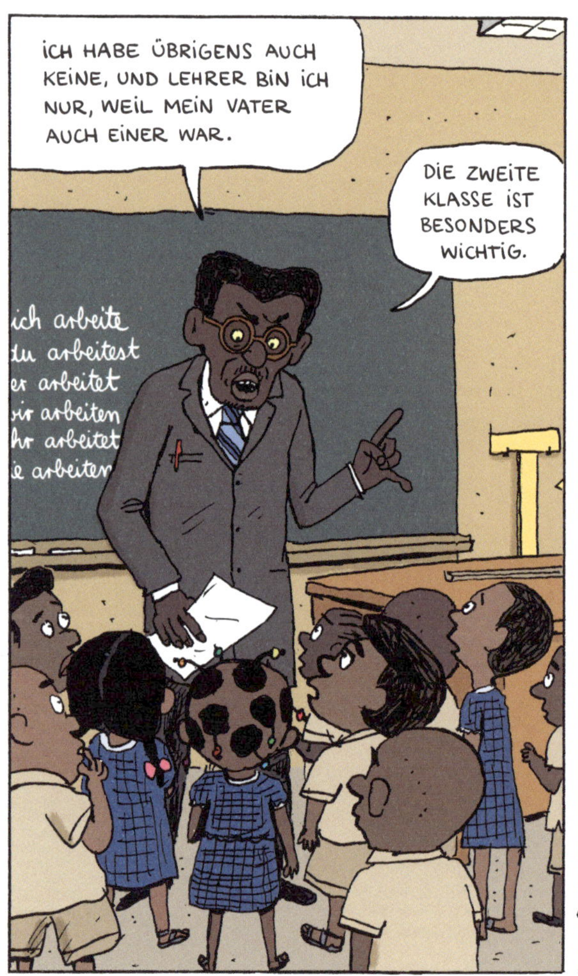
ICH HABE ÜBRIGENS AUCH KEINE, UND LEHRER BIN ICH NUR, WEIL MEIN VATER AUCH EINER WAR.
DIE ZWEITE KLASSE IST BESONDERS WICHTIG.

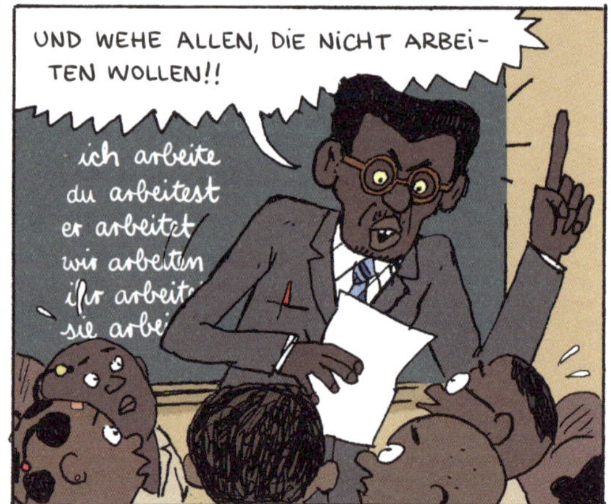
SCHLUSS MIT FUTTERN, FUSSBALL, MALEN ODER ZEICHNEN. IHR SEID JETZT GROSSE! ICH WILL ARBEIT SEHEN. NICHTS ALS ARBEIT. ICH BIN ANSPRUCHSVOLL, NUR DASS IHR'S WISST.
UND WEHE ALLEN, DIE NICHT ARBEITEN WOLLEN!!
ich arbeite
du arbeitest
er arbeitet
wir arbeiten

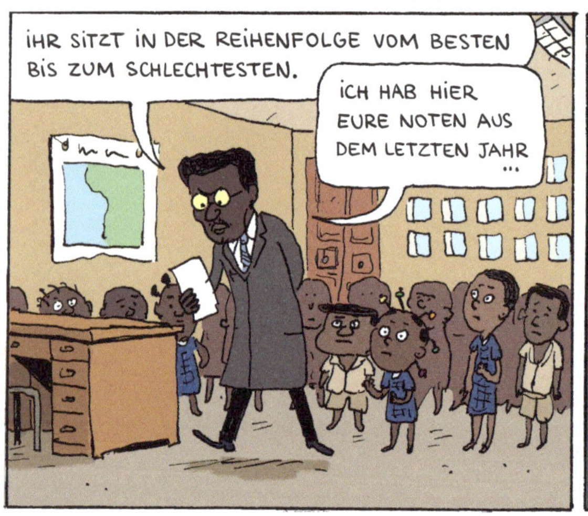
IHR SITZT IN DER REIHENFOLGE VOM BESTEN BIS ZUM SCHLECHTESTEN.
ICH HAB HIER EURE NOTEN AUS DEM LETZTEN JAHR ...

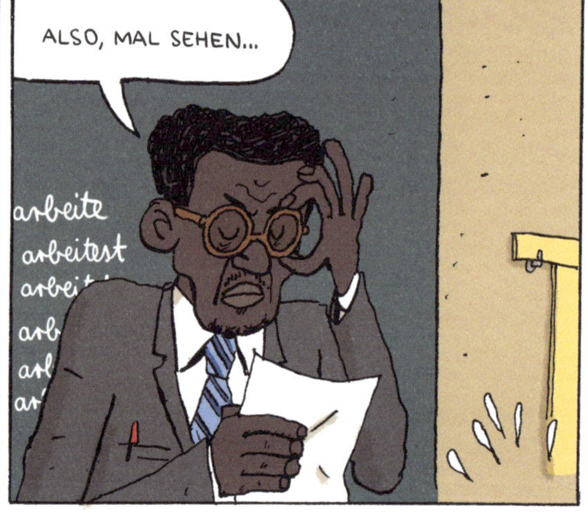
ALSO, MAL SEHEN...

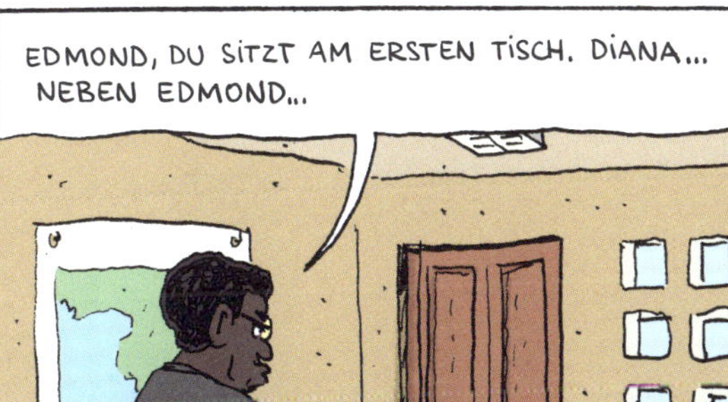
EDMOND, DU SITZT AM ERSTEN TISCH. DIANA...
NEBEN EDMOND...

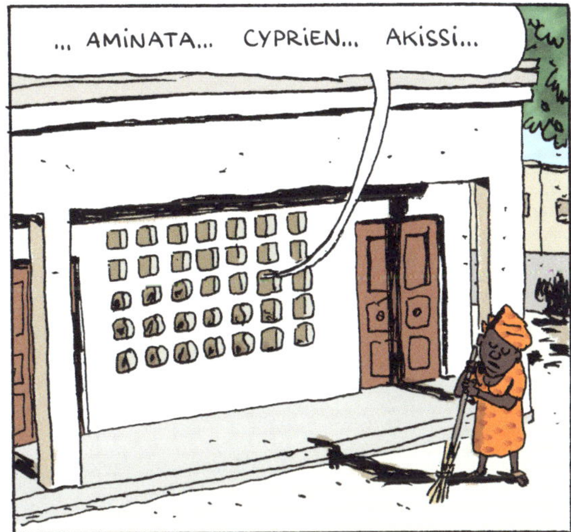
... AMINATA... CYPRIEN... AKISSI...

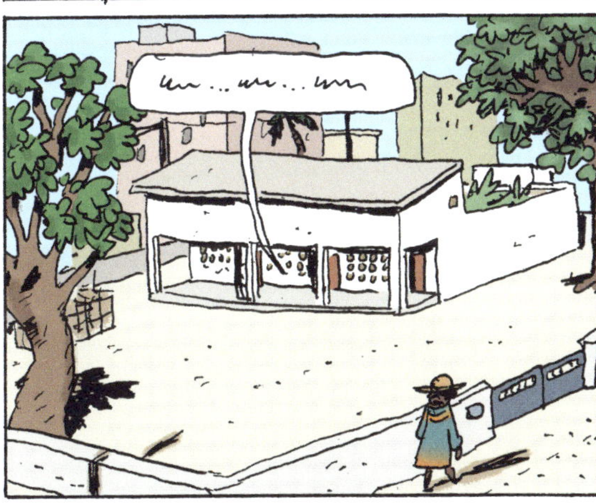

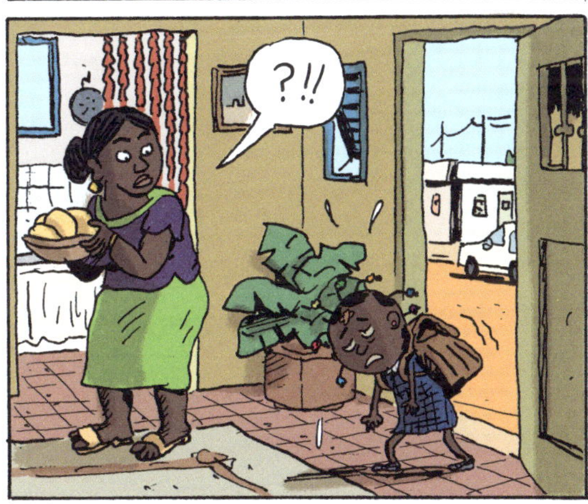
?!!

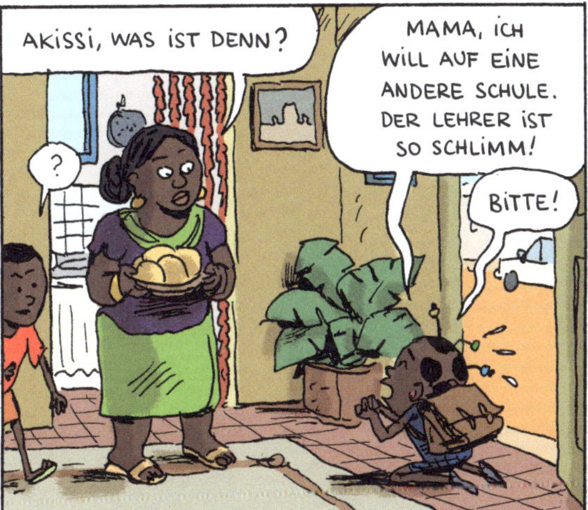
AKISSI, WAS IST DENN?
?
MAMA, ICH WILL AUF EINE ANDERE SCHULE. DER LEHRER IST SO SCHLIMM!
BITTE!

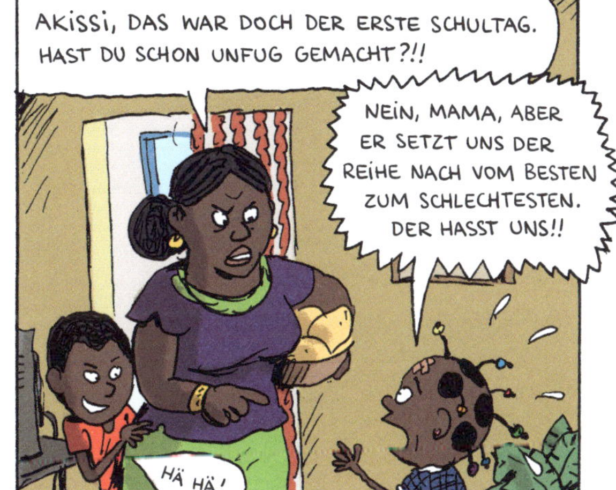
AKISSI, DAS WAR DOCH DER ERSTE SCHULTAG. HAST DU SCHON UNFUG GEMACHT?!!
NEIN, MAMA, ABER ER SETZT UNS DER REIHE NACH VOM BESTEN ZUM SCHLECHTESTEN. DER HASST UNS!!
HÄ HÄ!

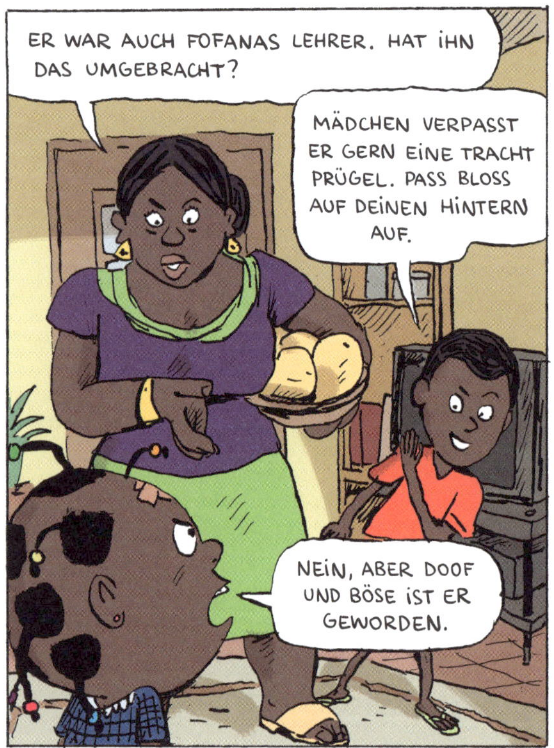
ER WAR AUCH FOFANAS LEHRER. HAT IHN DAS UMGEBRACHT?
MÄDCHEN VERPASST ER GERN EINE TRACHT PRÜGEL. PASS BLOSS AUF DEINEN HINTERN AUF.
NEIN, ABER DOOF UND BÖSE IST ER GEWORDEN.

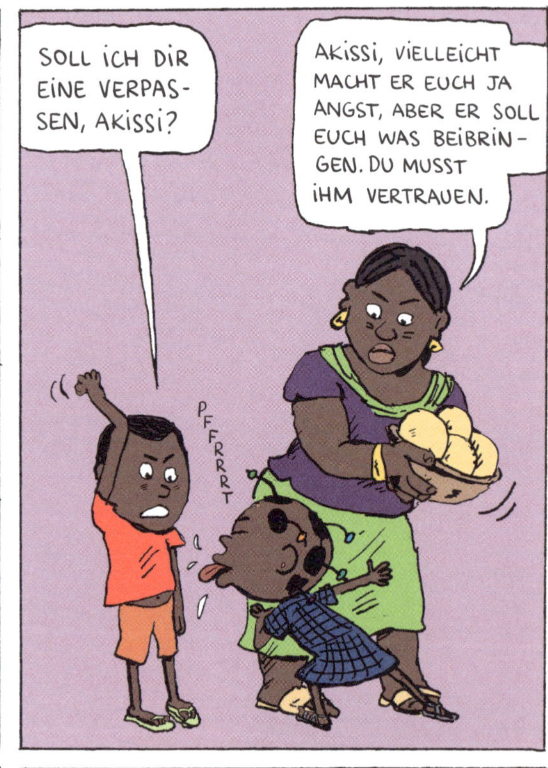
SOLL ICH DIR EINE VERPASSEN, AKISSI?
AKISSI, VIELLEICHT MACHT ER EUCH JA ANGST, ABER ER SOLL EUCH WAS BEIBRINGEN. DU MUSST IHM VERTRAUEN.
PFFRRRT

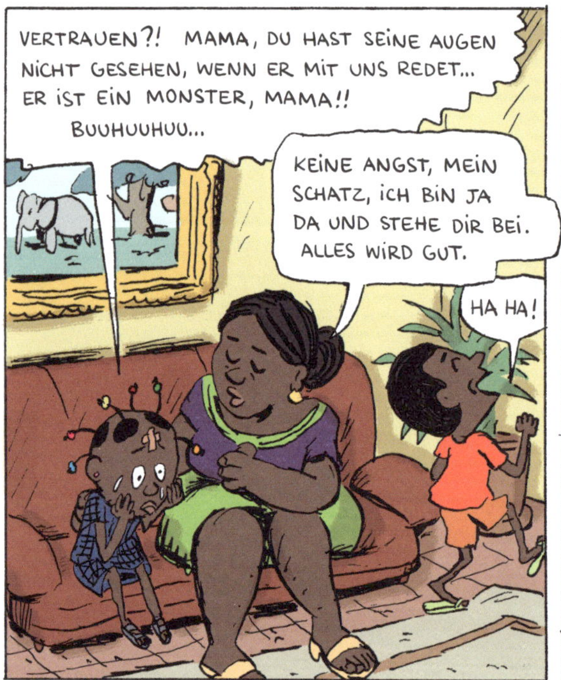
VERTRAUEN?! MAMA, DU HAST SEINE AUGEN NICHT GESEHEN, WENN ER MIT UNS REDET... ER IST EIN MONSTER, MAMA!!
BUUHUUHUU...
KEINE ANGST, MEIN SCHATZ, ICH BIN JA DA UND STEHE DIR BEI. ALLES WIRD GUT.
HA HA!

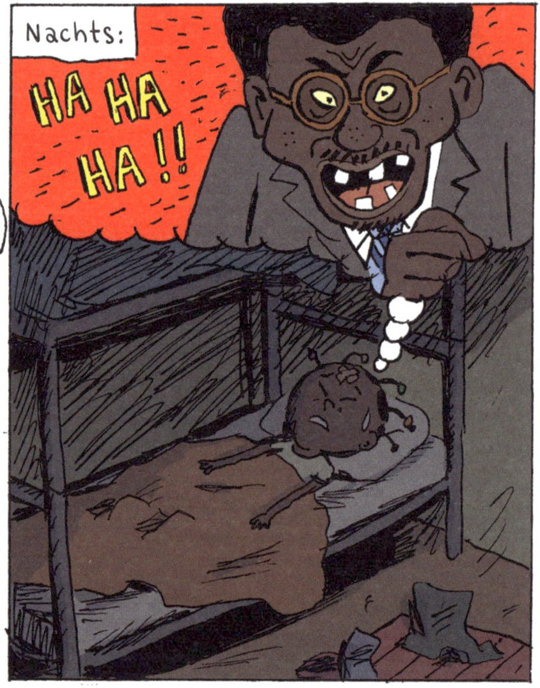
Nachts:
HA HA HA!!

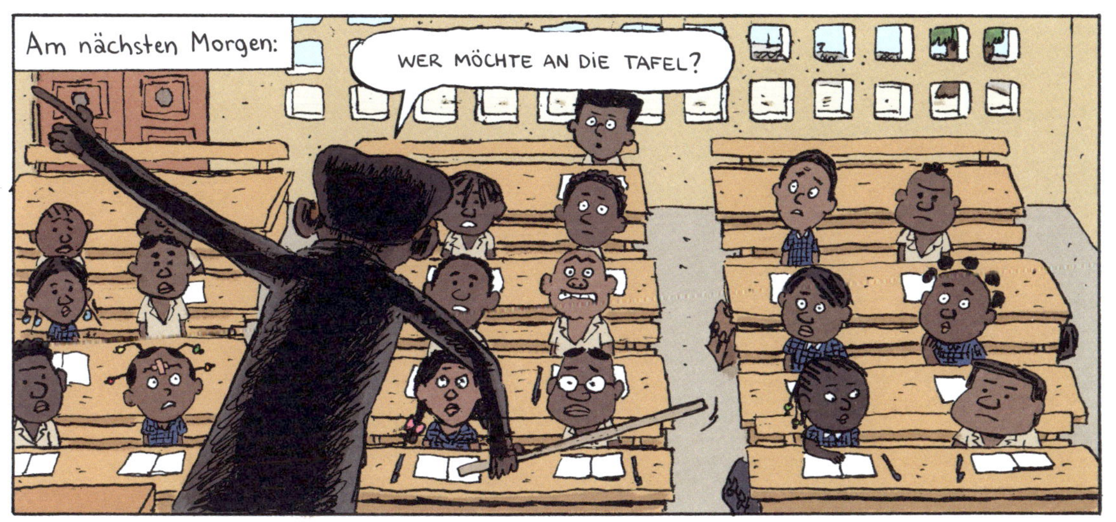
Am nächsten Morgen:
WER MÖCHTE AN DIE TAFEL?

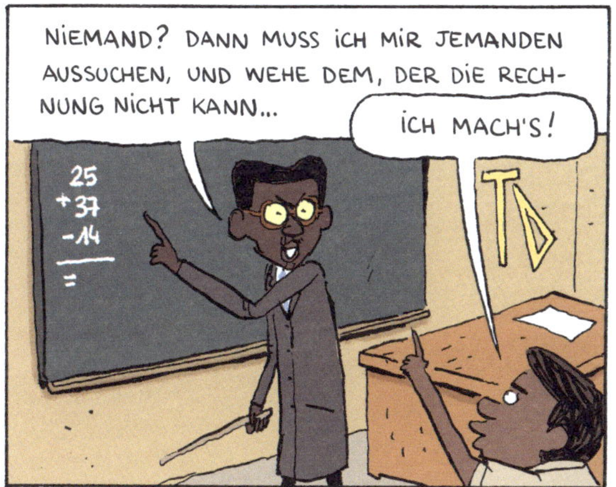
NIEMAND? DANN MUSS ICH MIR JEMANDEN AUSSUCHEN, UND WEHE DEM, DER DIE RECHNUNG NICHT KANN...
ICH MACH'S!
25
+37
-14
=

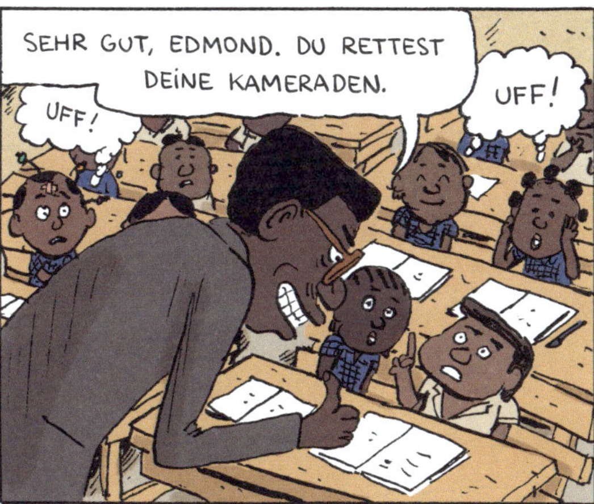
SEHR GUT, EDMOND. DU RETTEST DEINE KAMERADEN.
UFF!
UFF!

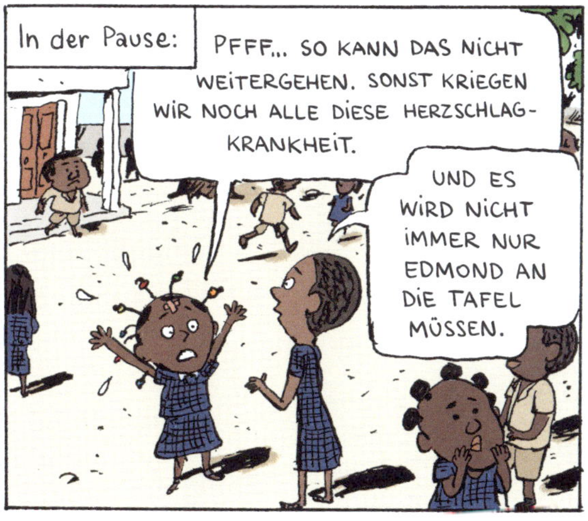
In der Pause:
PFFF... SO KANN DAS NICHT WEITERGEHEN. SONST KRIEGEN WIR NOCH ALLE DIESE HERZSCHLAG-KRANKHEIT.
UND ES WIRD NICHT IMMER NUR EDMOND AN DIE TAFEL MÜSSEN.

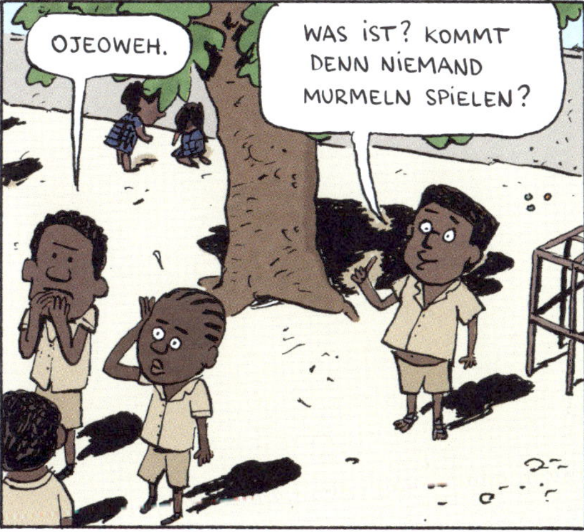
OJEOWEH.
WAS IST? KOMMT DENN NIEMAND MURMELN SPIELEN?

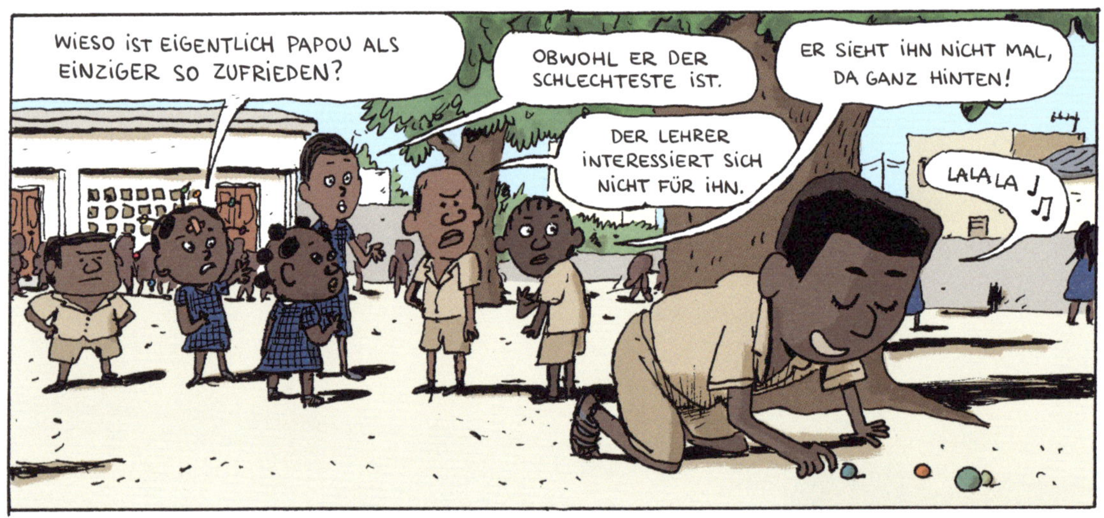
WIESO IST EIGENTLICH PAPOU ALS EINZIGER SO ZUFRIEDEN?
OBWOHL ER DER SCHLECHTESTE IST.
ER SIEHT IHN NICHT MAL, DA GANZ HINTEN!
DER LEHRER INTERESSIERT SICH NICHT FÜR IHN.
LALALA

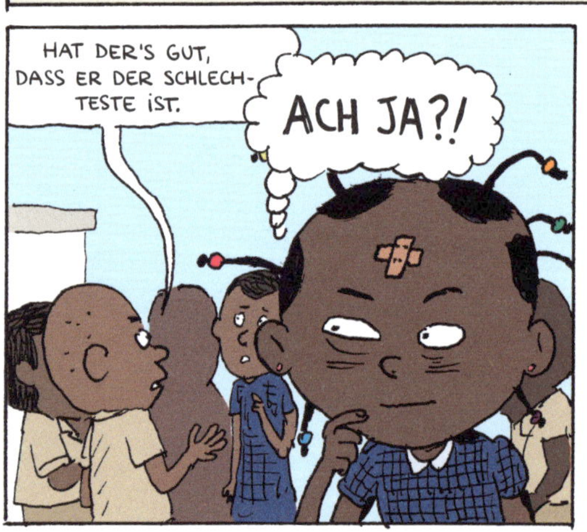
HAT DER'S GUT, DASS ER DER SCHLECHTESTE IST.
ACH JA?!

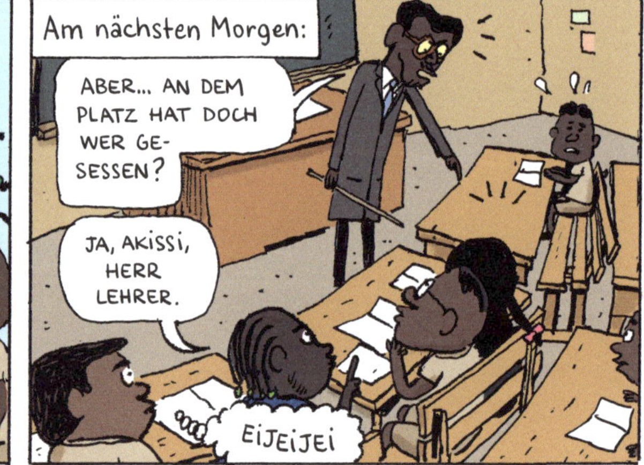
Am nächsten Morgen:
ABER... AN DEM PLATZ HAT DOCH WER GESESSEN?
JA, AKISSI, HERR LEHRER.
EIJEIJEI

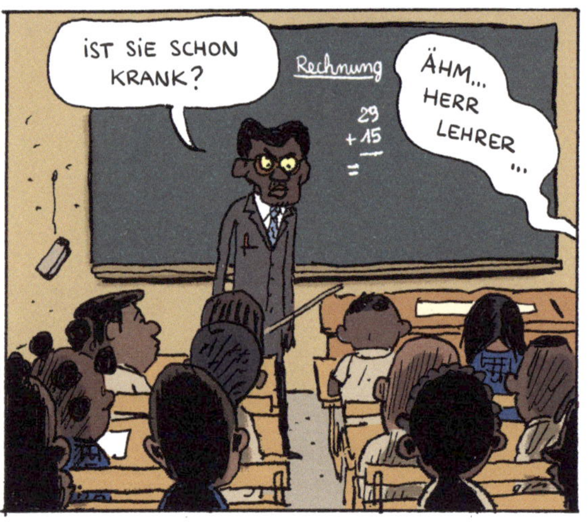
IST SIE SCHON KRANK?
Rechnung
29
+ 15
=
ÄHM... HERR LEHRER ...

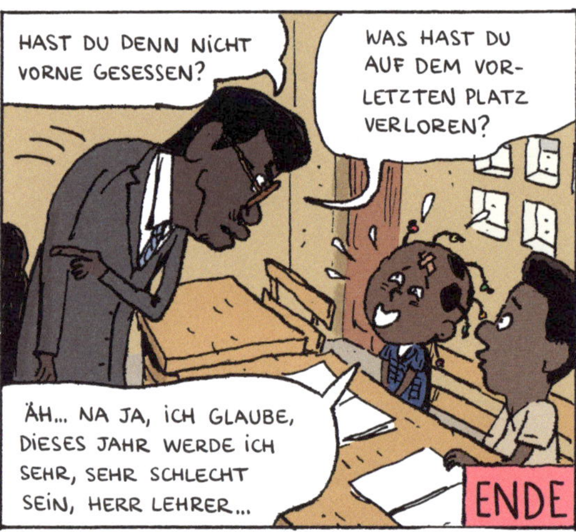
HAST DU DENN NICHT VORNE GESESSEN?
WAS HAST DU AUF DEM VORLETZTEN PLATZ VERLOREN?
ÄH... NA JA, ICH GLAUBE, DIESES JAHR WERDE ICH SEHR, SEHR SCHLECHT SEIN, HERR LEHRER...
ENDE

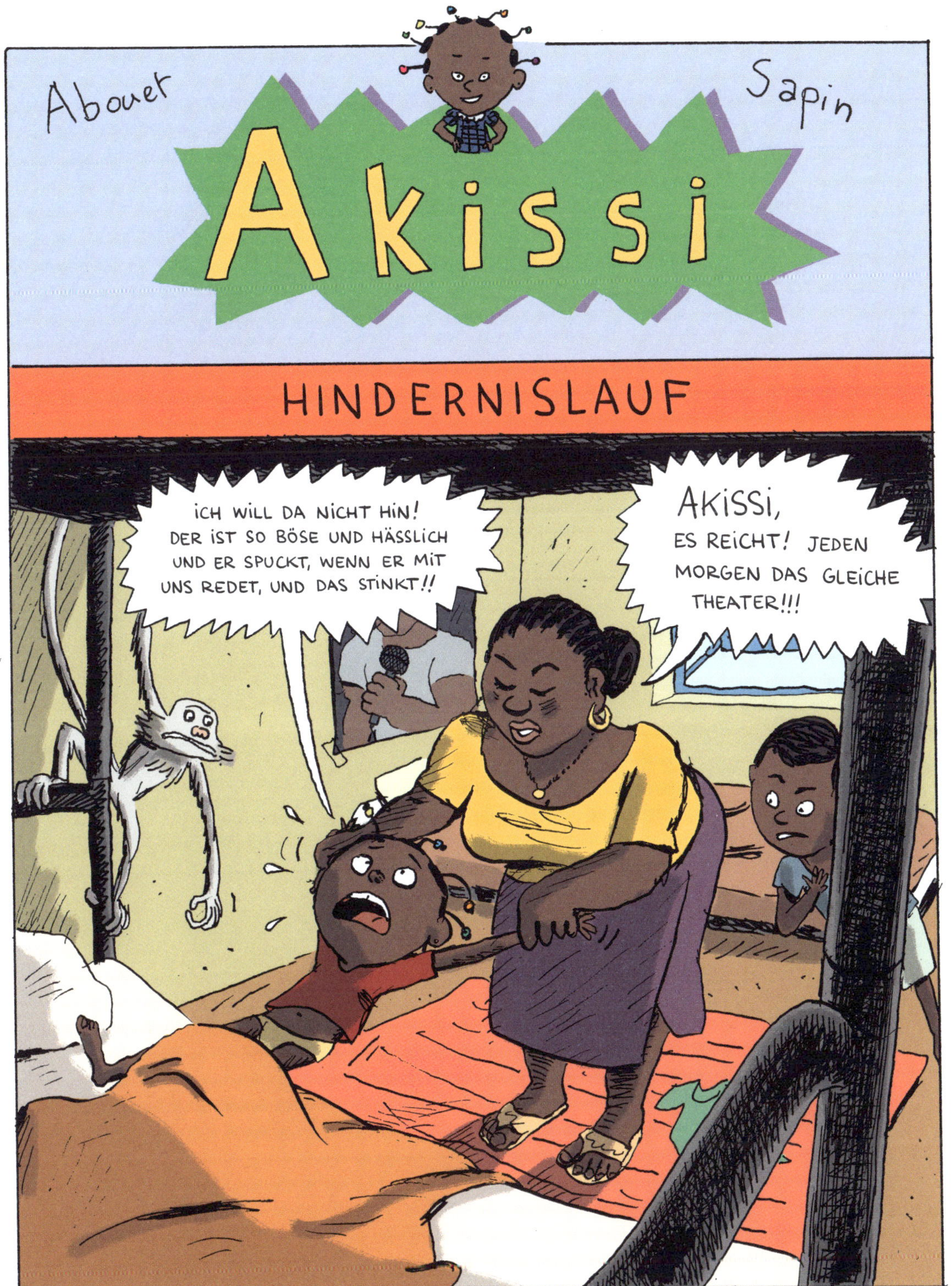
Abouet
Sapin
Akissi
HINDERNISLAUF
ICH WILL DA NICHT HIN! DER IST SO BÖSE UND HÄSSLICH UND ER SPUCKT, WENN ER MIT UNS REDET, UND DAS STINKT!!
AKISSI, ES REICHT! JEDEN MORGEN DAS GLEICHE THEATER!!!

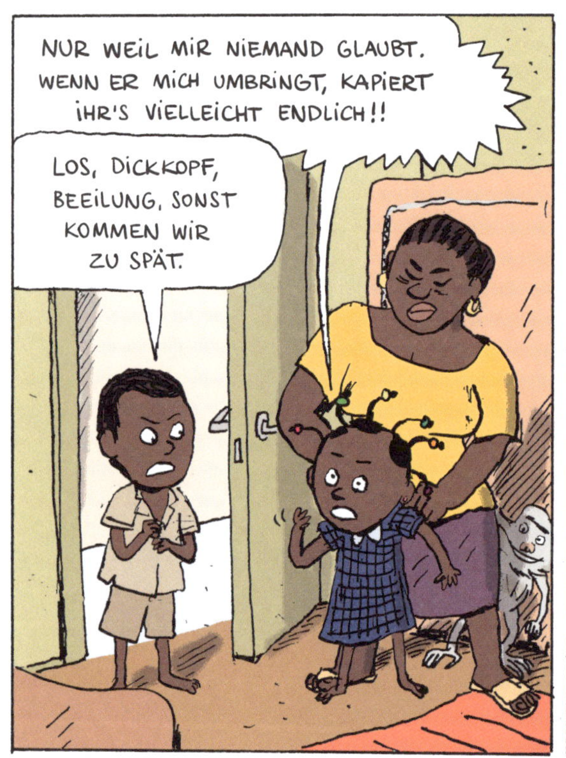
NUR WEIL MIR NIEMAND GLAUBT. WENN ER MICH UMBRINGT, KAPIERT IHR'S VIELLEICHT ENDLICH!!
LOS, DICKKOPF, BEEILUNG, SONST KOMMEN WIR ZU SPÄT.

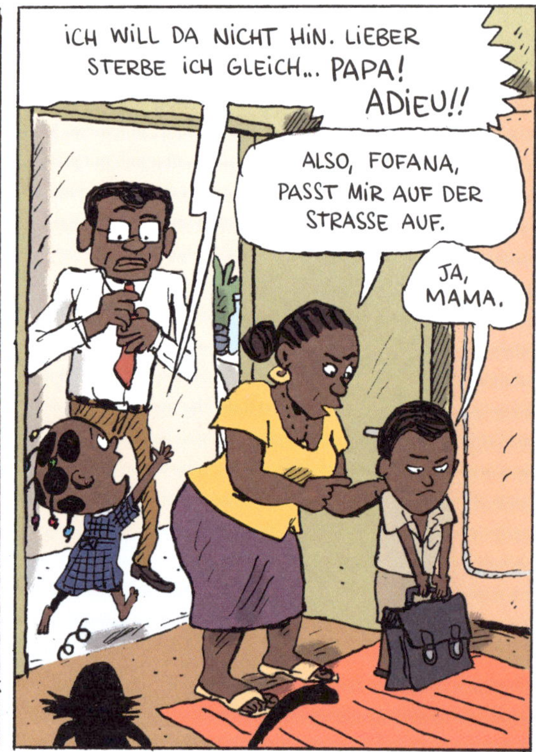
ICH WILL DA NICHT HIN. LIEBER STERBE ICH GLEICH... PAPA! ADIEU!!
ALSO, FOFANA, PASST MIR AUF DER STRASSE AUF.
JA, MAMA.

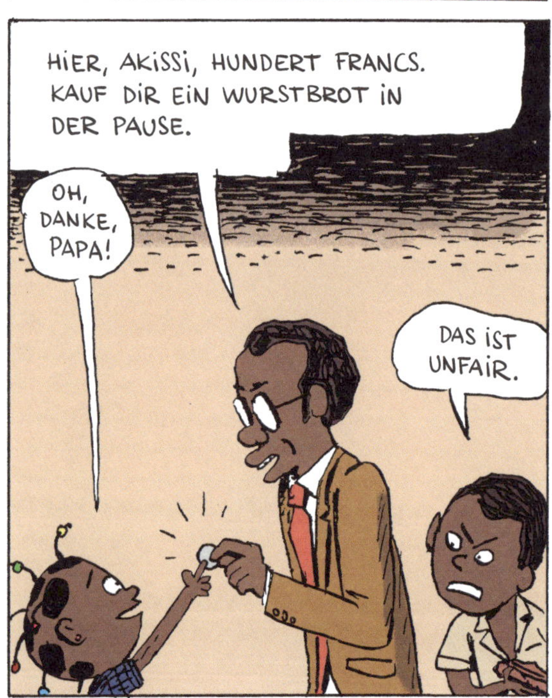
HIER, AKISSI, HUNDERT FRANCS. KAUF DIR EIN WURSTBROT IN DER PAUSE.
OH, DANKE, PAPA!
DAS IST UNFAIR.

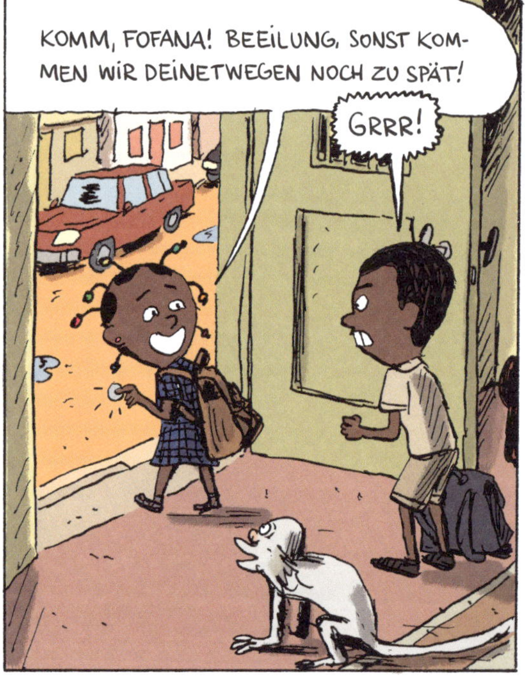
KOMM, FOFANA! BEEILUNG, SONST KOMMEN WIR DEINETWEGEN NOCH ZU SPÄT!
GRRR!

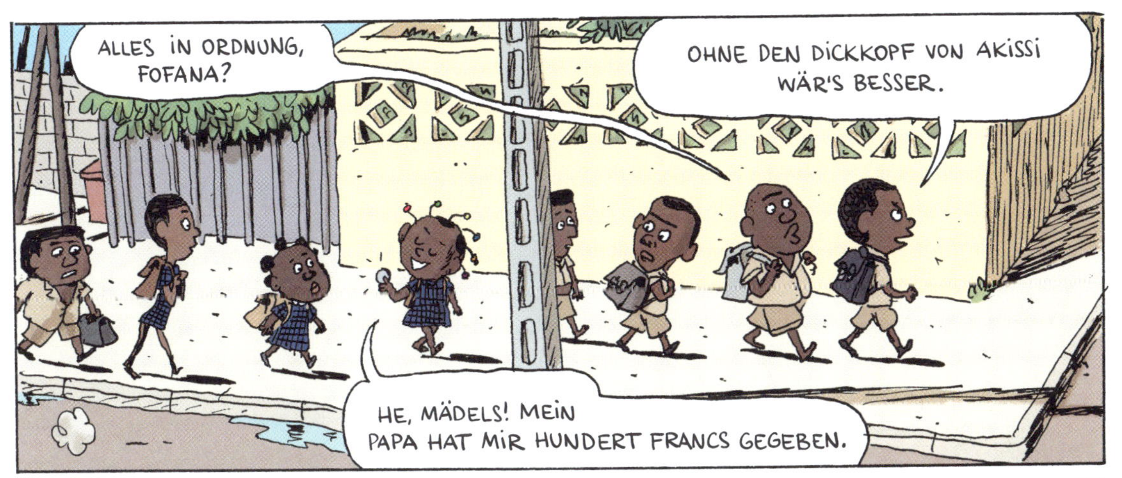
ALLES IN ORDNUNG, FOFANA?
OHNE DEN DICKKOPF VON AKISSI WÄR'S BESSER.
HE, MÄDELS! MEIN PAPA HAT MIR HUNDERT FRANCS GEGEBEN.

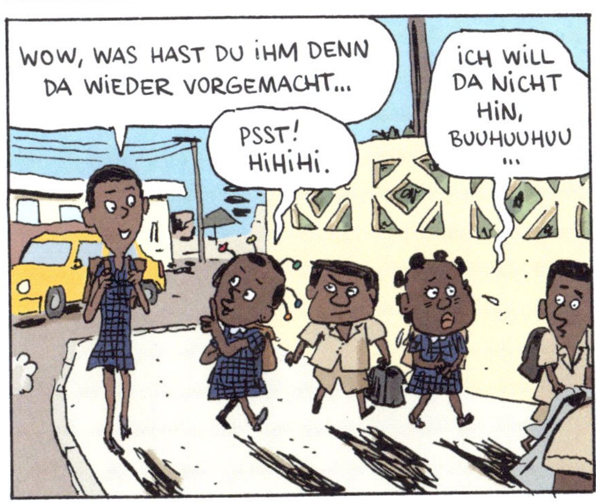
WOW, WAS HAST DU IHM DENN DA WIEDER VORGEMACHT...
PSST! HIHIHI.
ICH WILL DA NICHT HIN, BUUHUUHUU ...

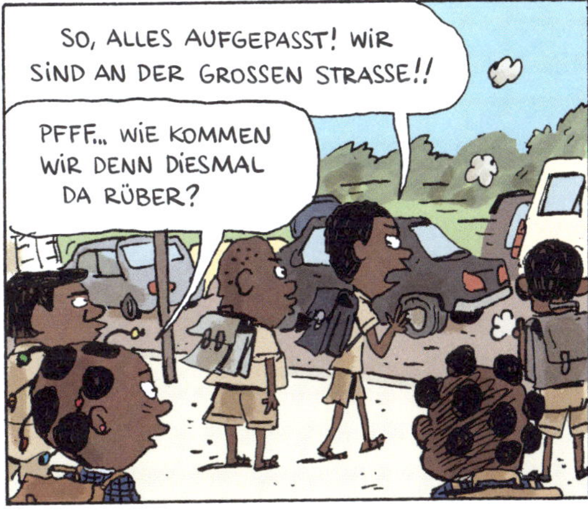
SO, ALLES AUFGEPASST! WIR SIND AN DER GROSSEN STRASSE!!
PFFF... WIE KOMMEN WIR DENN DIESMAL DA RÜBER?

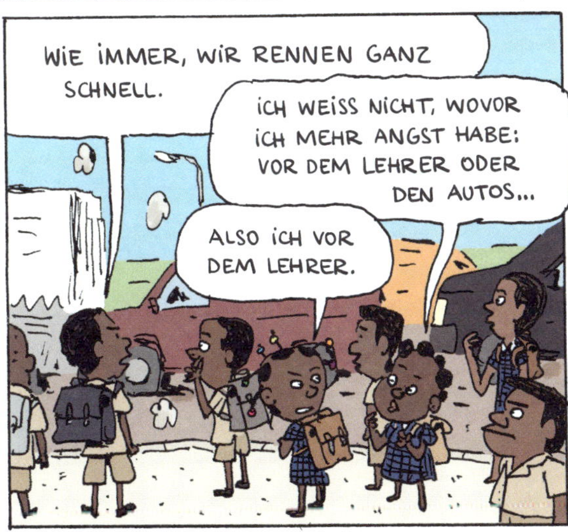
WIE IMMER, WIR RENNEN GANZ SCHNELL.
ICH WEISS NICHT, WOVOR ICH MEHR ANGST HABE: VOR DEM LEHRER ODER DEN AUTOS...
ALSO ICH VOR DEM LEHRER.

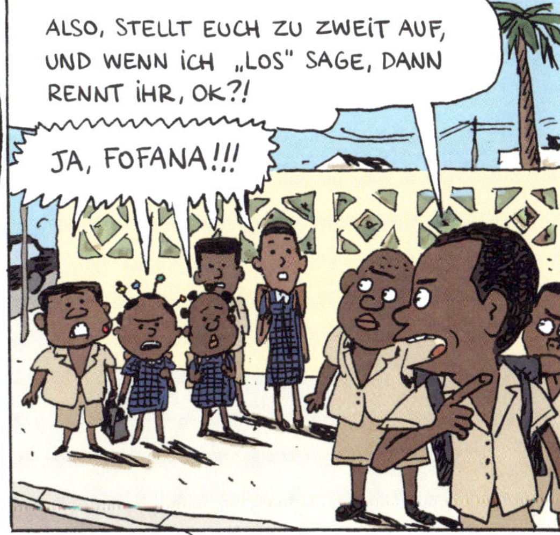
ALSO, STELLT EUCH ZU ZWEIT AUF, UND WENN ICH „LOS" SAGE, DANN RENNT IHR, OK?!
JA, FOFANA!!!

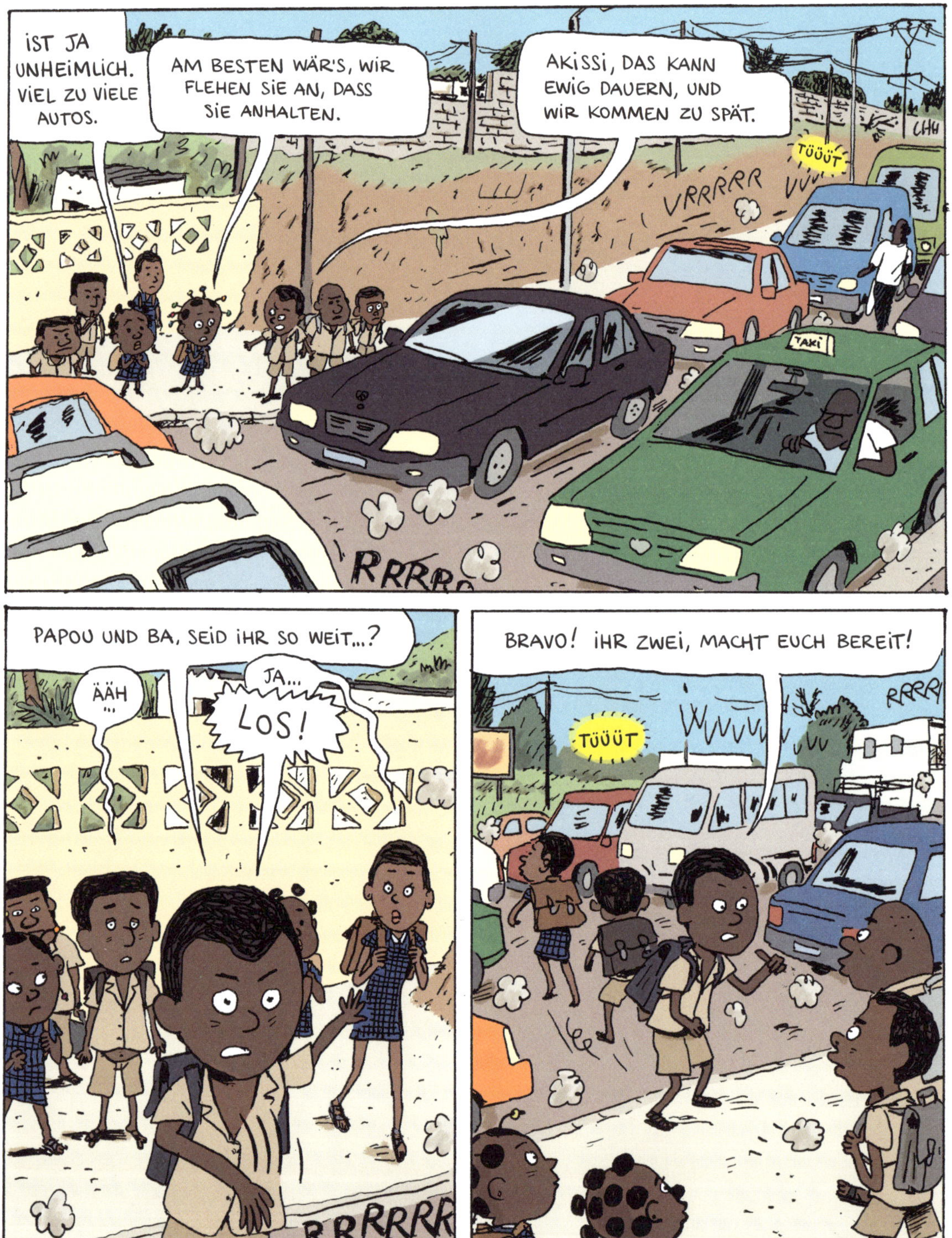

IST JA UNHEIMLICH. VIEL ZU VIELE AUTOS.
AM BESTEN WÄR'S, WIR FLEHEN SIE AN, DASS SIE ANHALTEN.
AKISSI, DAS KANN EWIG DAUERN, UND WIR KOMMEN ZU SPÄT.
TÜÜÜT
VRRRRR
TAXI
RRRRR

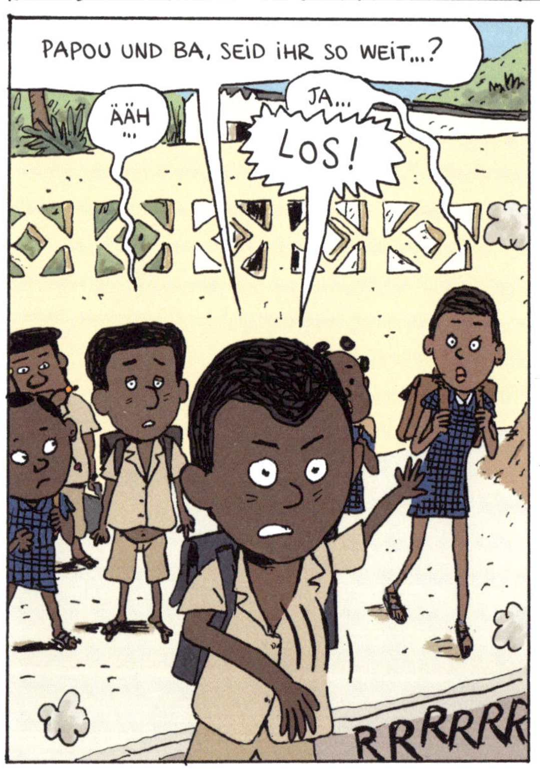
PAPOU UND BA, SEID IHR SO WEIT...?
ÄÄH ...
JA...
LOS!
RRRRRR

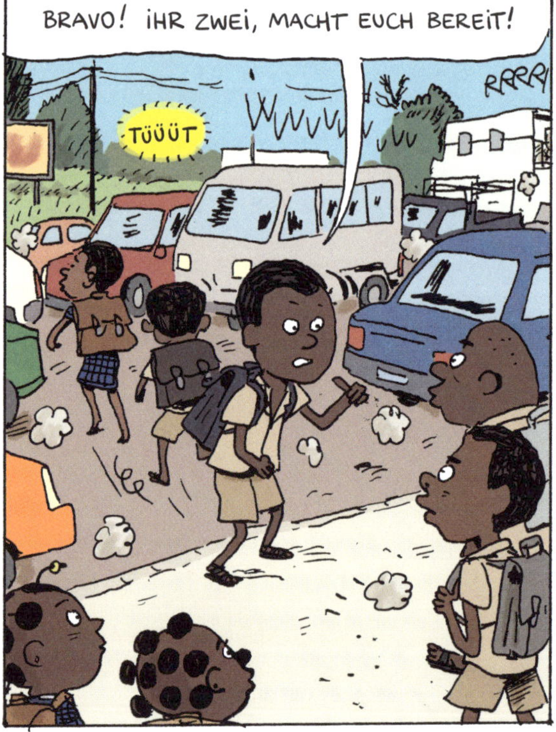
BRAVO! IHR ZWEI, MACHT EUCH BEREIT!
RRRR
TÜÜÜT
VVVVVV

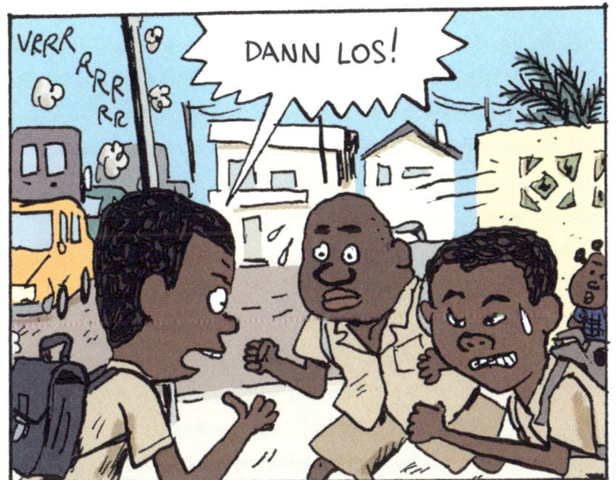
VRRR RRR RR
DANN LOS!

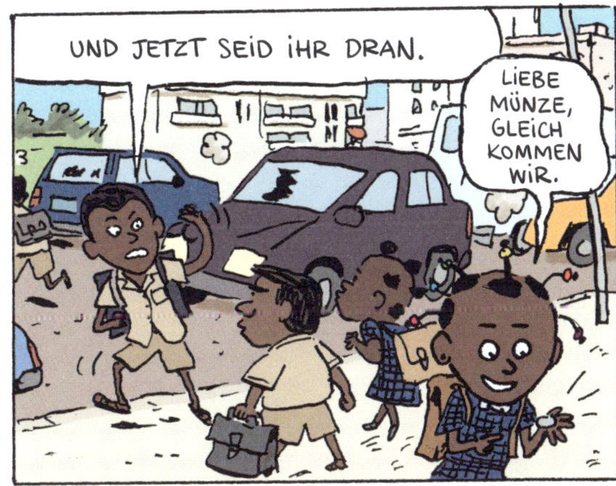
UND JETZT SEID IHR DRAN.
LIEBE MÜNZE, GLEICH KOMMEN WIR.

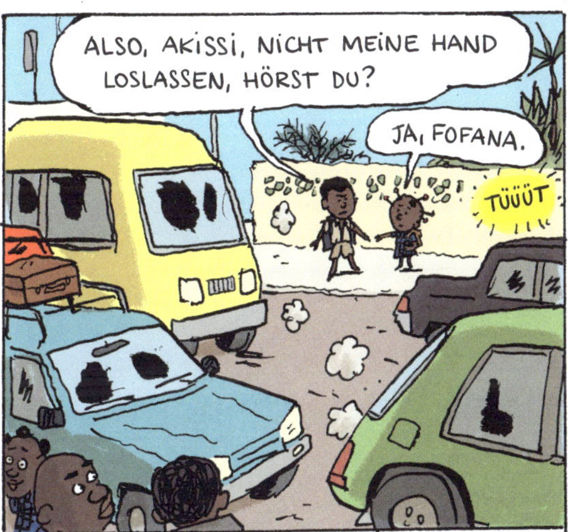
ALSO, AKISSI, NICHT MEINE HAND LOSLASSEN, HÖRST DU?
JA, FOFANA.
TÜÜÜT

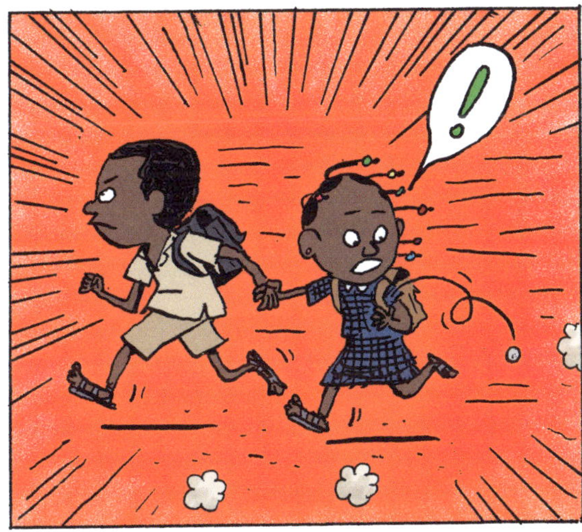
!

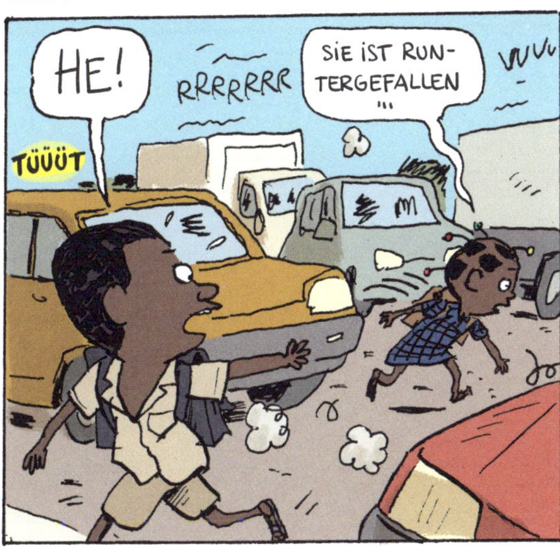
HE!
RRRRRRR
SIE IST RUN-TERGEFALLEN ...
TÜÜÜT

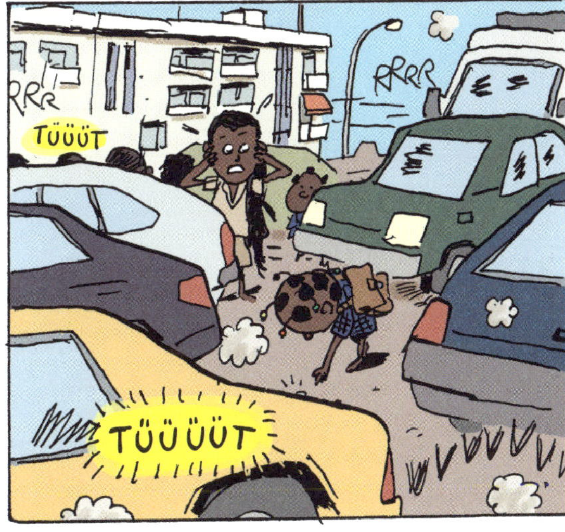
RRR
RRRR
TÜÜÜT
TÜÜÜÜT

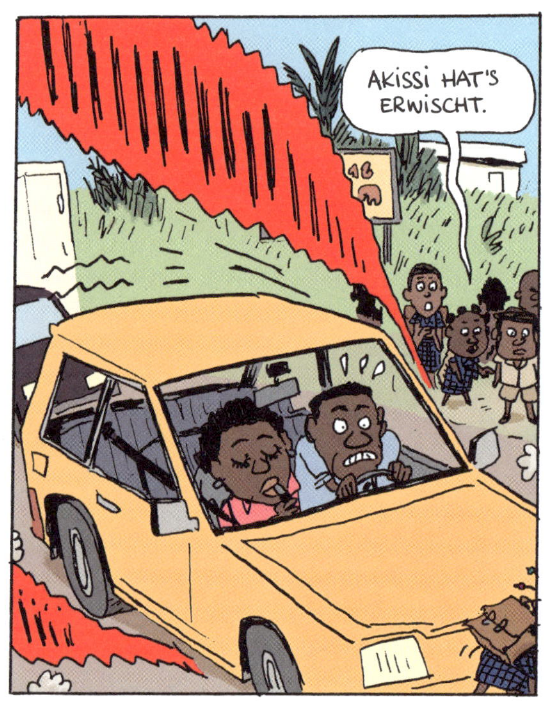
AKISSI HAT'S ERWISCHT.

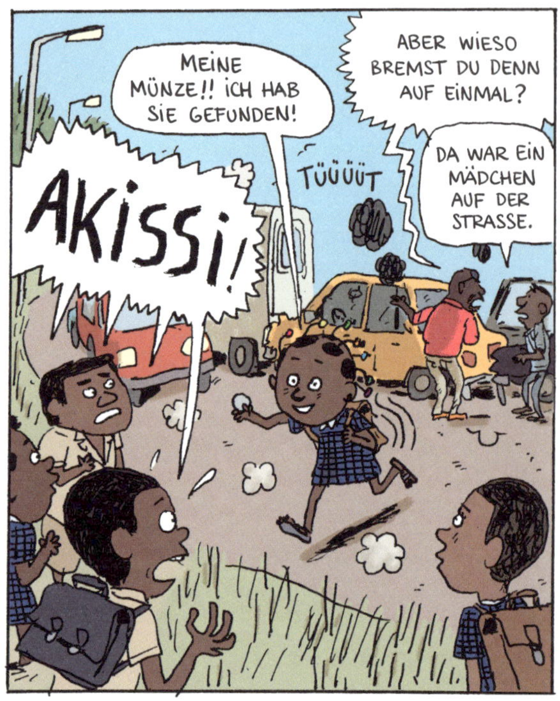
AKISSI!
MEINE MÜNZE!! ICH HAB SIE GEFUNDEN!
TÜÜÜÜT
ABER WIESO BREMST DU DENN AUF EINMAL?
DA WAR EIN MÄDCHEN AUF DER STRASSE.

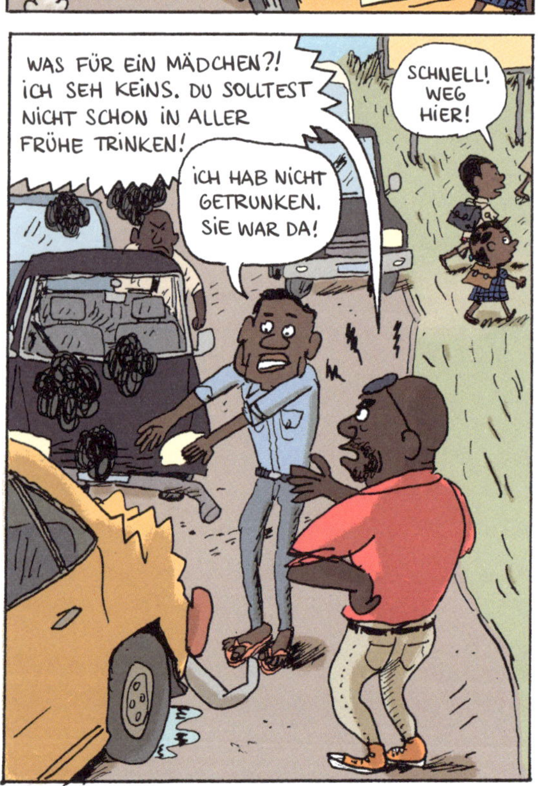
WAS FÜR EIN MÄDCHEN?! ICH SEH KEINS. DU SOLLTEST NICHT SCHON IN ALLER FRÜHE TRINKEN!
ICH HAB NICHT GETRUNKEN. SIE WAR DA!
SCHNELL! WEG HIER!

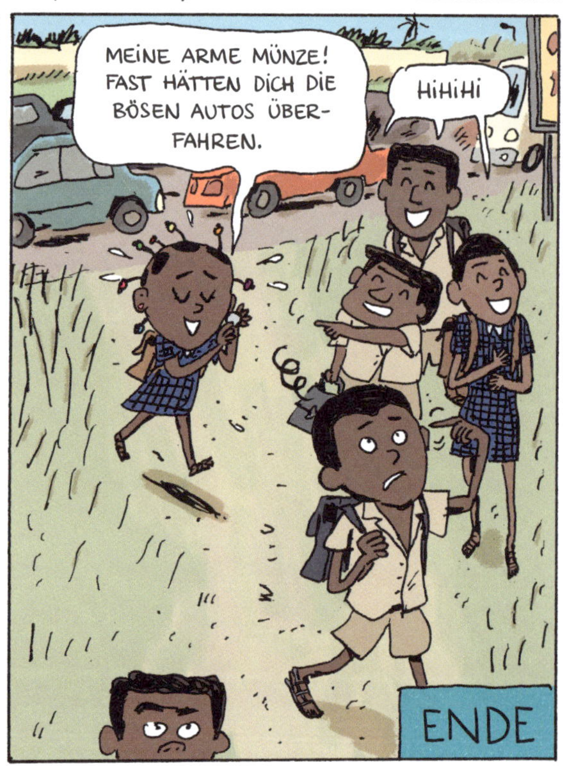
MEINE ARME MÜNZE! FAST HÄTTEN DICH DIE BÖSEN AUTOS ÜBER-FAHREN.
HIHIHI
ENDE

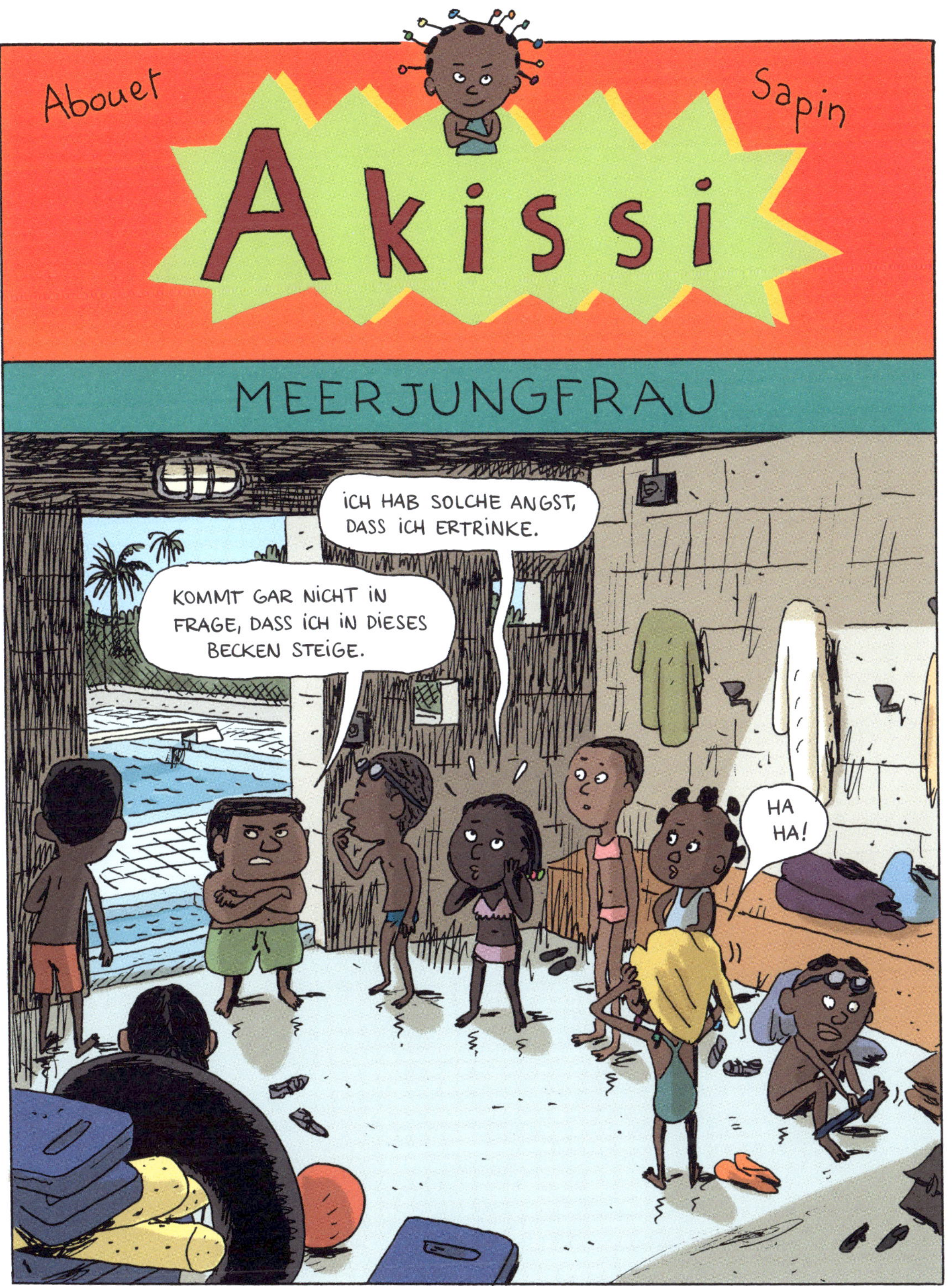
Abouet
Sapin
Akissi
MEERJUNGFRAU
ICH HAB SOLCHE ANGST, DASS ICH ERTRINKE.
KOMMT GAR NICHT IN FRAGE, DASS ICH IN DIESES BECKEN STEIGE.
HA HA!

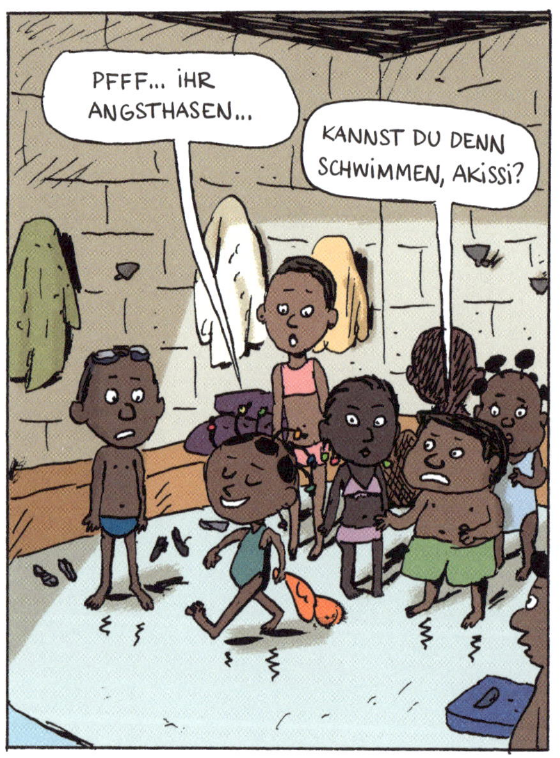
PFFF... IHR ANGSTHASEN...
KANNST DU DENN SCHWIMMEN, AKISSI?

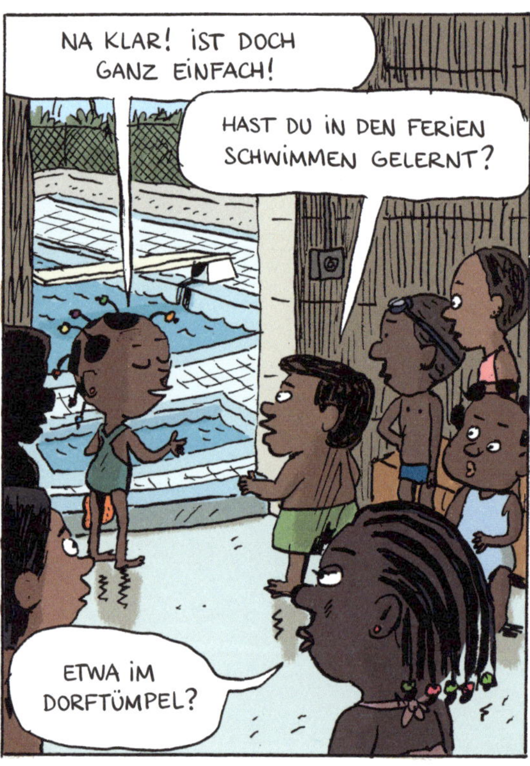
NA KLAR! IST DOCH GANZ EINFACH!
HAST DU IN DEN FERIEN SCHWIMMEN GELERNT?
ETWA IM DORFTÜMPEL?

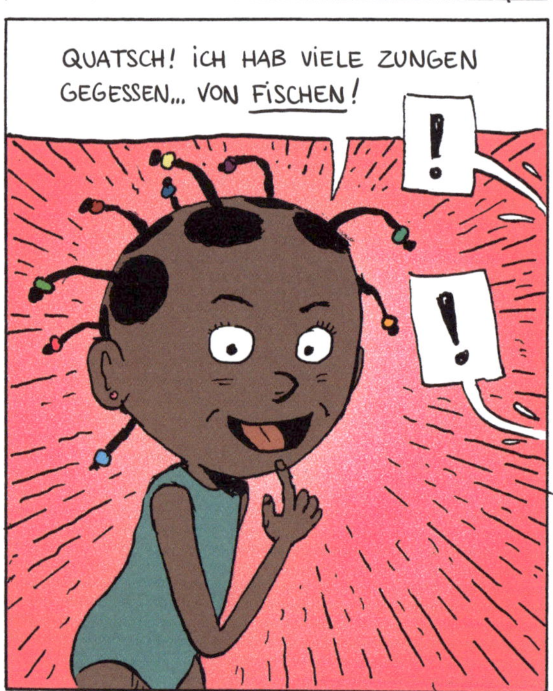
QUATSCH! ICH HAB VIELE ZUNGEN GEGESSEN... VON FISCHEN!
!
!

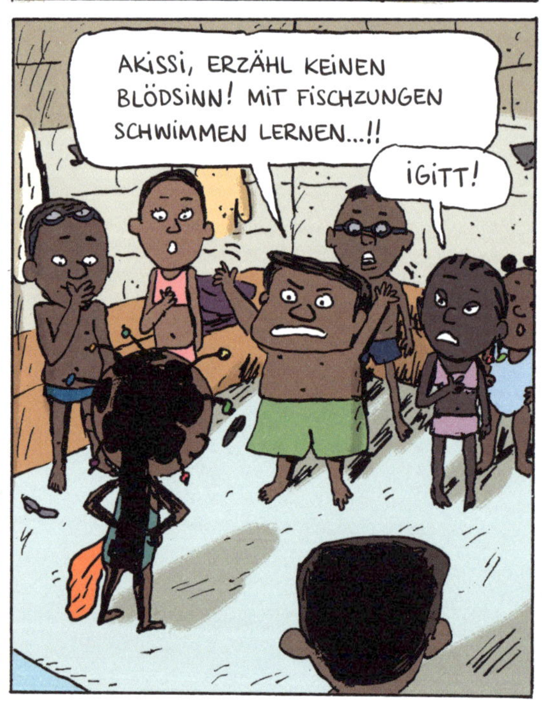
AKISSI, ERZÄHL KEINEN BLÖDSINN! MIT FISCHZUNGEN SCHWIMMEN LERNEN...!!
IGITT!

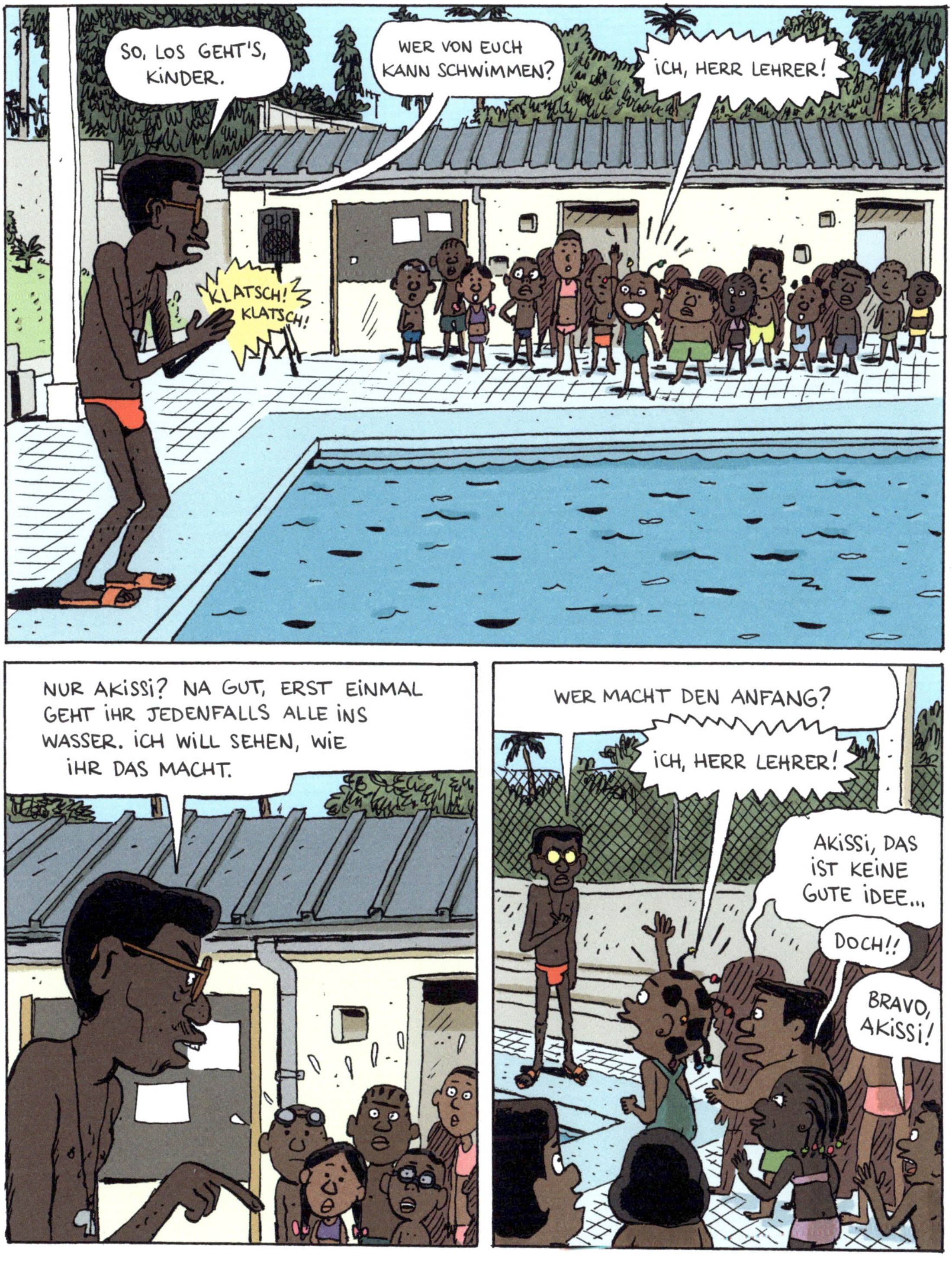

SO, LOS GEHT'S, KINDER.
WER VON EUCH KANN SCHWIMMEN?
ICH, HERR LEHRER!
KLATSCH! KLATSCH!

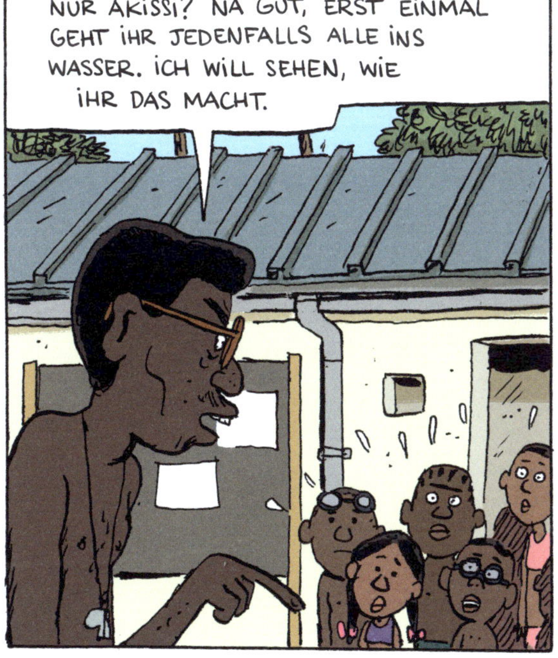
NUR AKISSI? NA GUT, ERST EINMAL GEHT IHR JEDENFALLS ALLE INS WASSER. ICH WILL SEHEN, WIE IHR DAS MACHT.

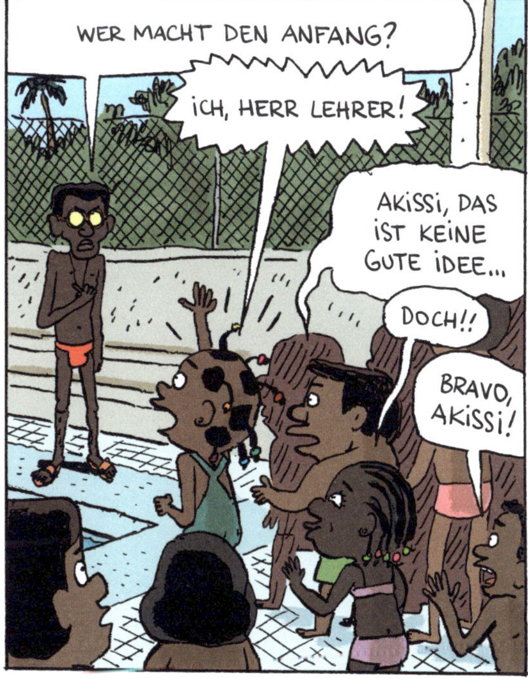
WER MACHT DEN ANFANG?
ICH, HERR LEHRER!
AKISSI, DAS IST KEINE GUTE IDEE...
DOCH!!
BRAVO, AKISSI!

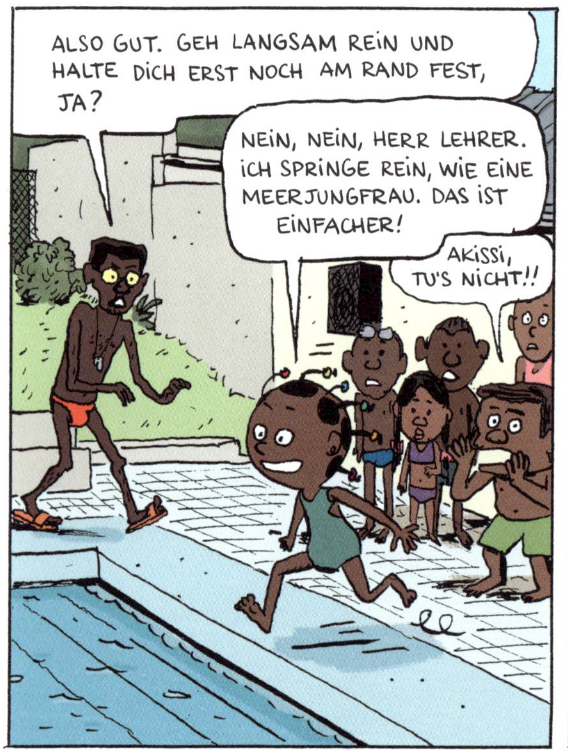
ALSO GUT. GEH LANGSAM REIN UND HALTE DICH ERST NOCH AM RAND FEST, JA?
NEIN, NEIN, HERR LEHRER. ICH SPRINGE REIN, WIE EINE MEERJUNGFRAU. DAS IST EINFACHER!
AKISSI, TU'S NICHT!!

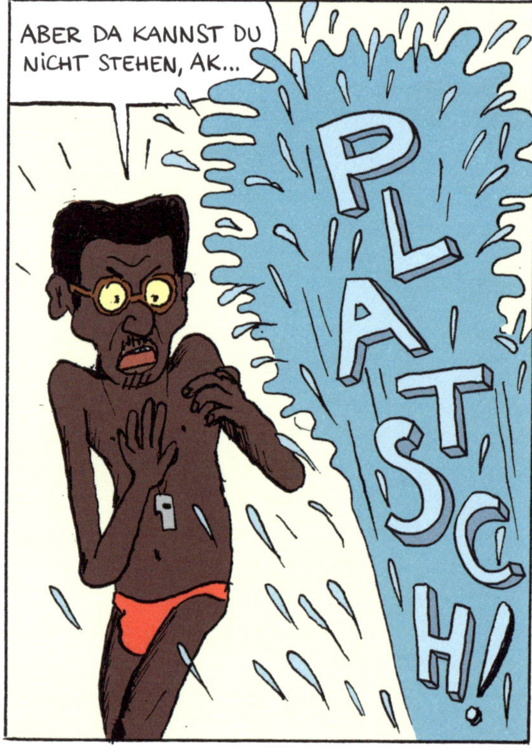
ABER DA KANNST DU NICHT STEHEN, AK...
PLATSCH!

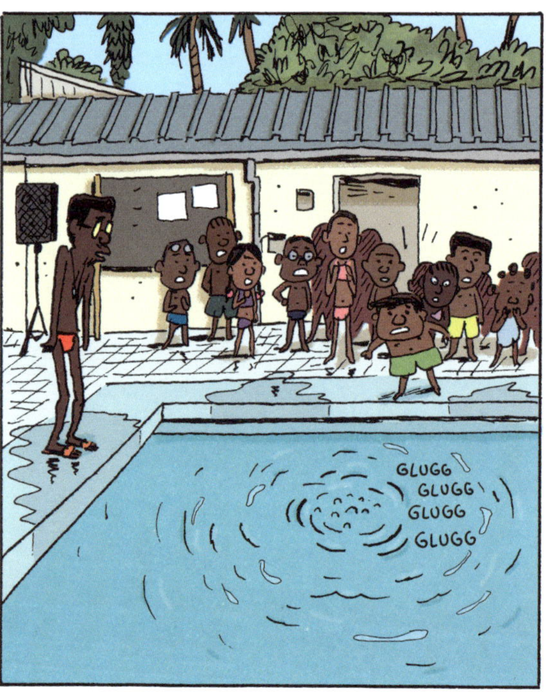
GLUGG
GLUGG
GLUGG
GLUGG

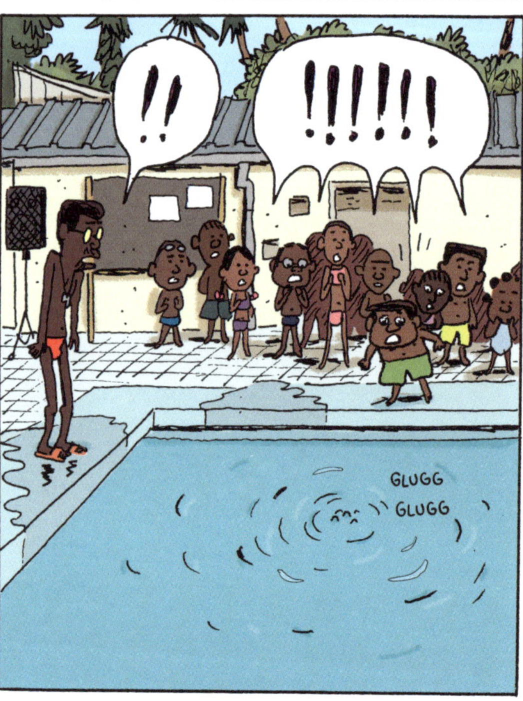
!!
!!!!!!
GLUGG
GLUGG

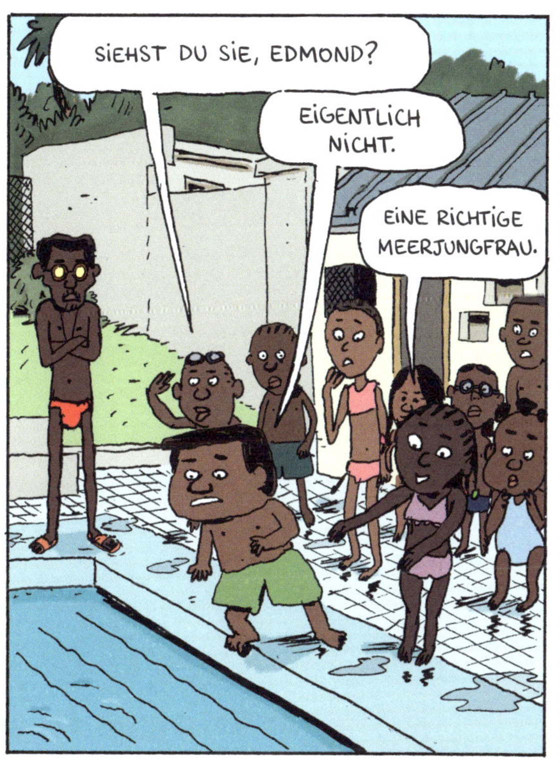
SIEHST DU SIE, EDMOND?
EIGENTLICH NICHT.
EINE RICHTIGE MEERJUNGFRAU.

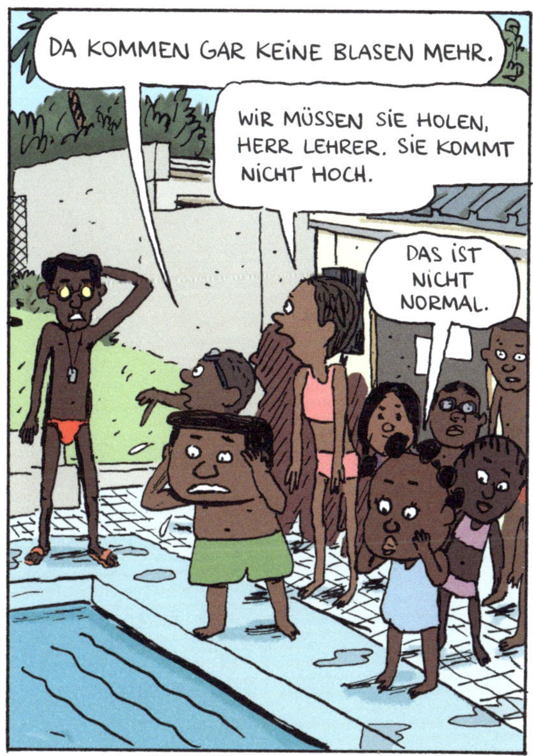
DA KOMMEN GAR KEINE BLASEN MEHR.
WIR MÜSSEN SIE HOLEN, HERR LEHRER. SIE KOMMT NICHT HOCH.
DAS IST NICHT NORMAL.

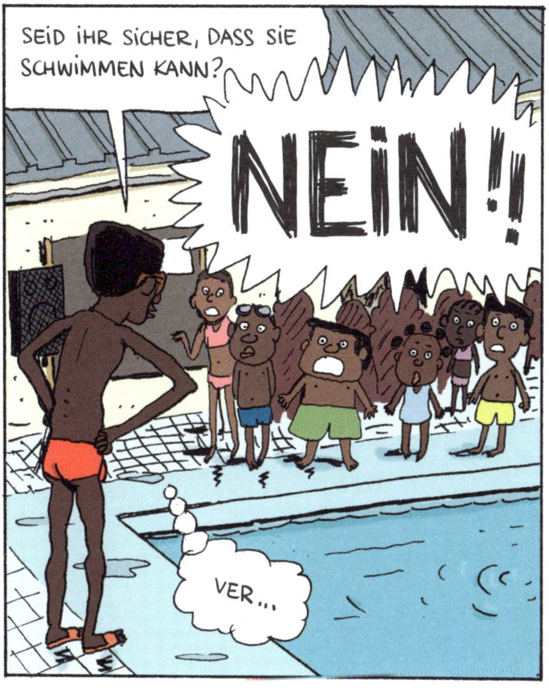
SEID IHR SICHER, DASS SIE SCHWIMMEN KANN?
NEIN!!
VER...

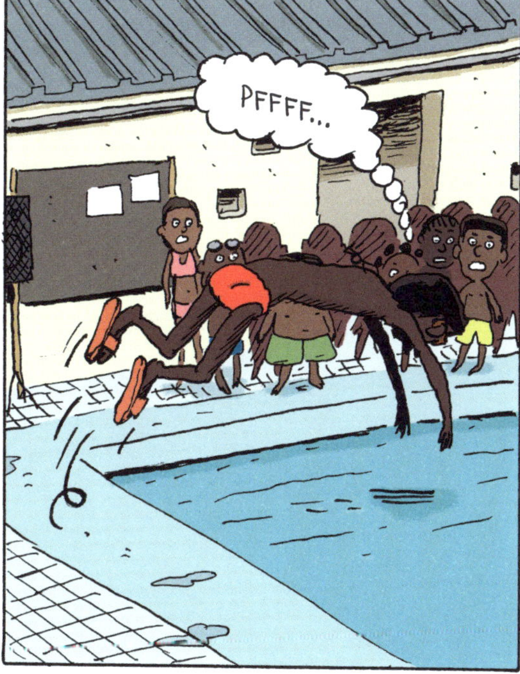
PFFFF...

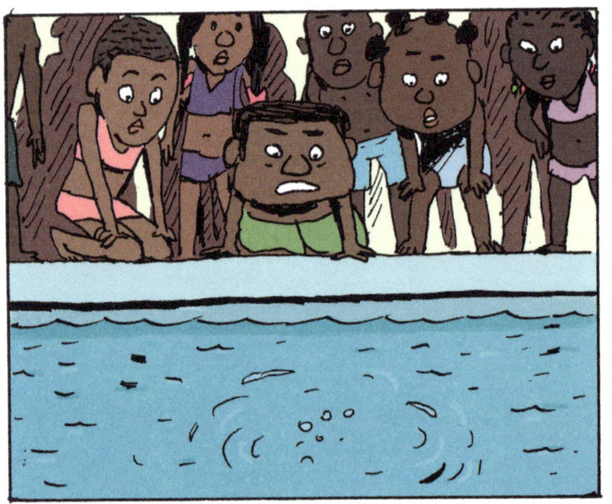

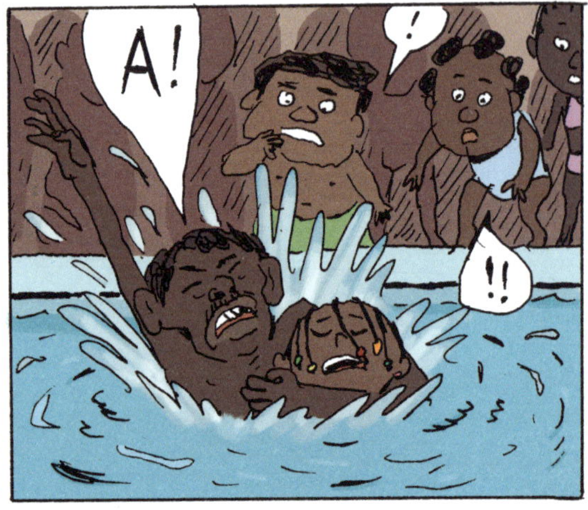
A!
!
!!

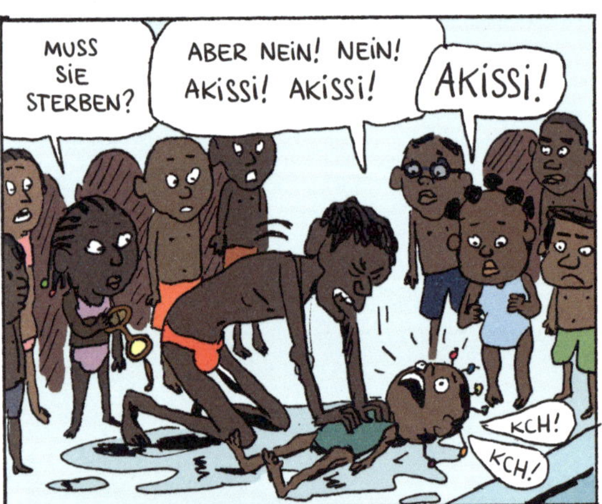
MUSS SIE STERBEN?
ABER NEIN! NEIN! AKISSI! AKISSI!
AKISSI!
KCH!
KCH!

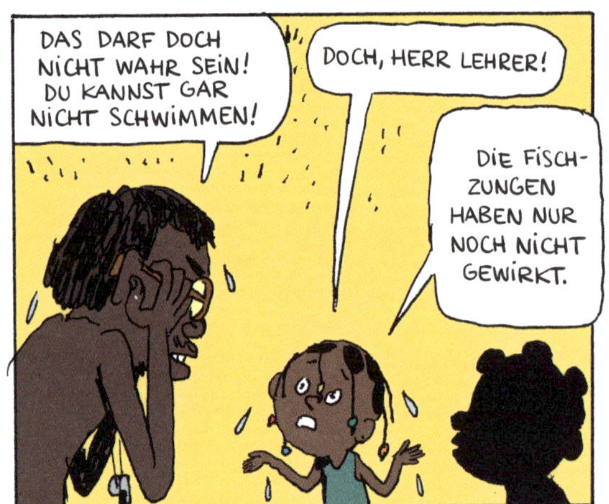
DAS DARF DOCH NICHT WAHR SEIN! DU KANNST GAR NICHT SCHWIMMEN!
DOCH, HERR LEHRER!
DIE FISCHZUNGEN HABEN NUR NOCH NICHT GEWIRKT.

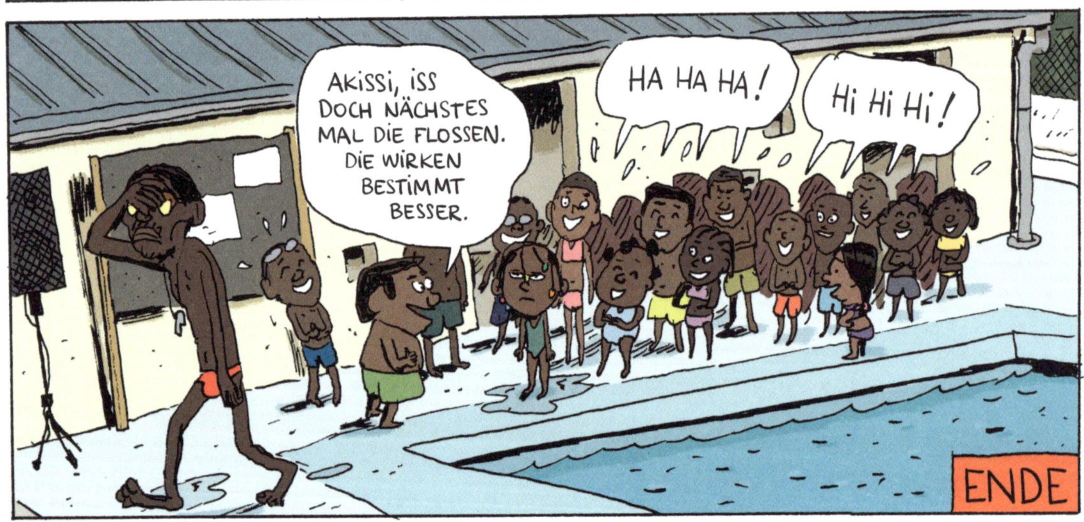
AKISSI, ISS DOCH NÄCHSTES MAL DIE FLOSSEN. DIE WIRKEN BESTIMMT BESSER.
HA HA HA!
HI HI HI!
ENDE

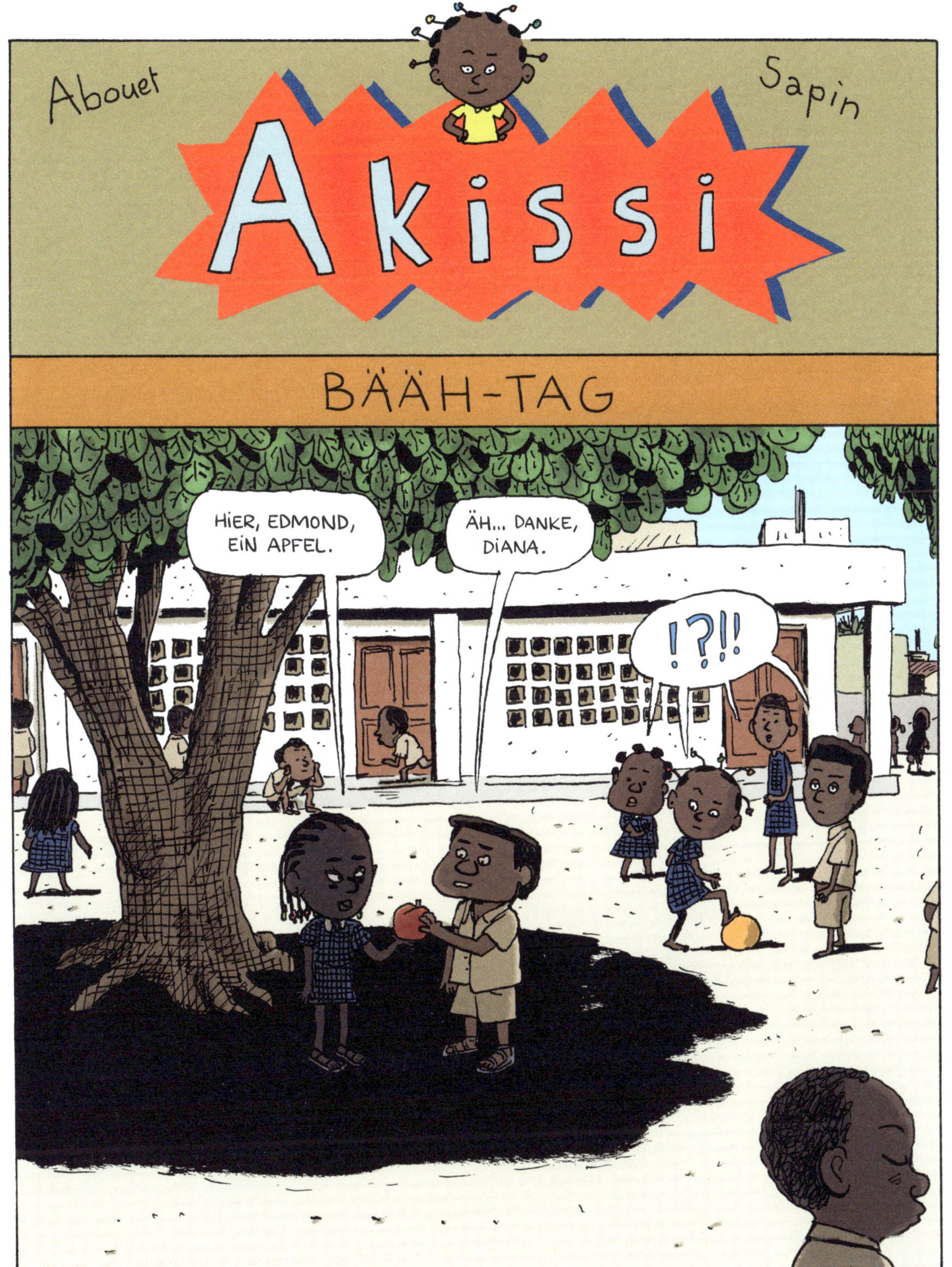
Abouet
Sapin
Akissi
BÄÄH-TAG
HIER, EDMOND, EIN APFEL.
ÄH... DANKE, DIANA.
!?!!

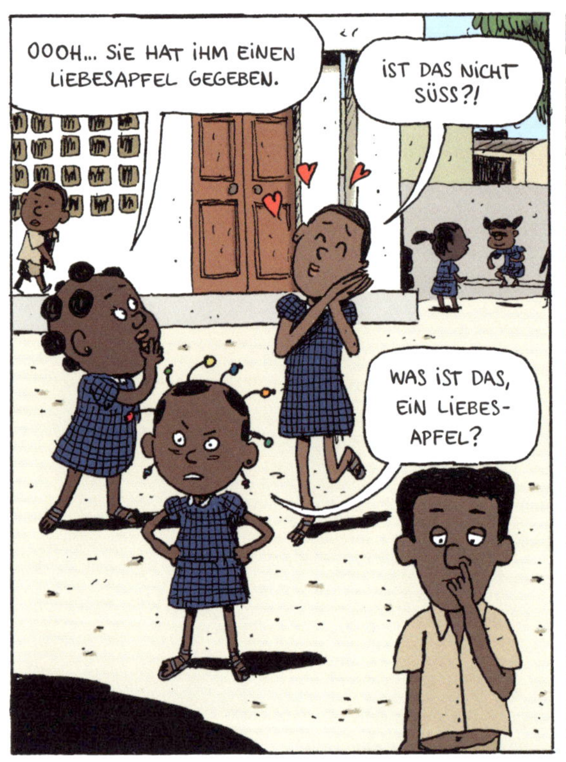
OOOH… SIE HAT IHM EINEN LIEBESAPFEL GEGEBEN.
IST DAS NICHT SÜSS?!
WAS IST DAS, EIN LIEBES-APFEL?
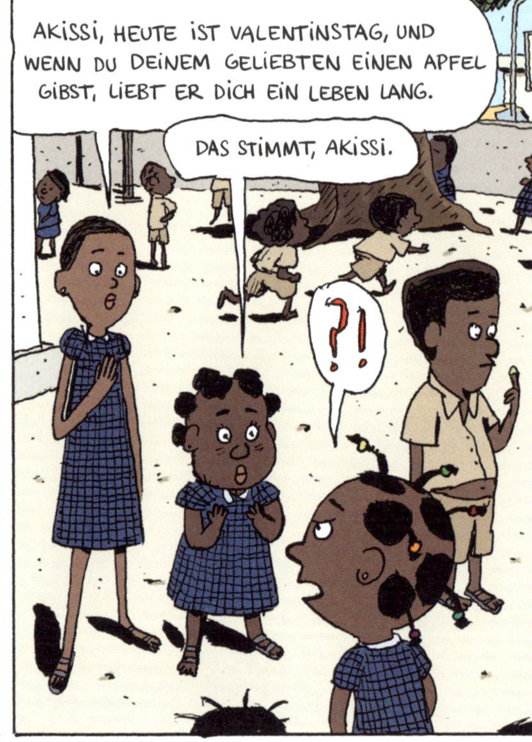
AKISSI, HEUTE IST VALENTINSTAG, UND WENN DU DEINEM GELIEBTEN EINEN APFEL GIBST, LIEBT ER DICH EIN LEBEN LANG.
DAS STIMMT, AKISSI.
?!
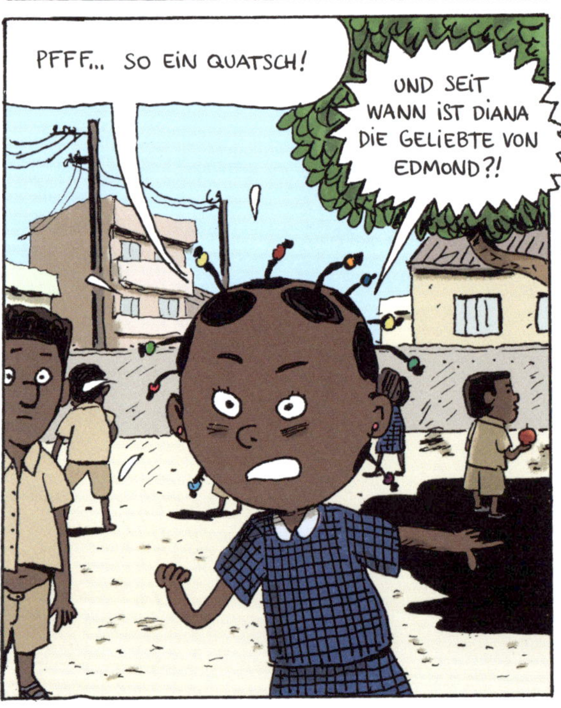
PFFF… SO EIN QUATSCH!
UND SEIT WANN IST DIANA DIE GELIEBTE VON EDMOND?!
!
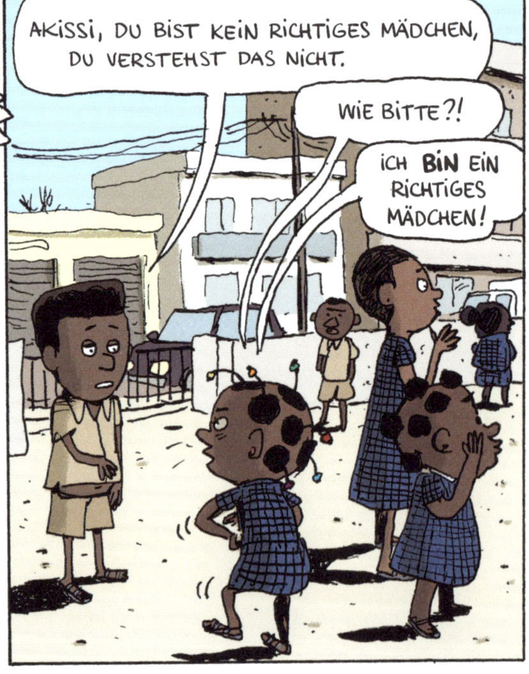
AKISSI, DU BIST KEIN RICHTIGES MÄDCHEN, DU VERSTEHST DAS NICHT.
WIE BITTE?!
ICH **BIN** EIN RICHTIGES MÄDCHEN!

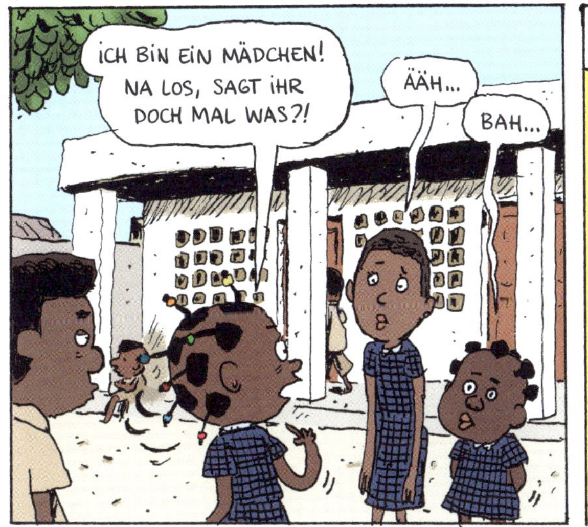
ICH BIN EIN MÄDCHEN! NA LOS, SAGT IHR DOCH MAL WAS?!
ÄÄH...
BAH...

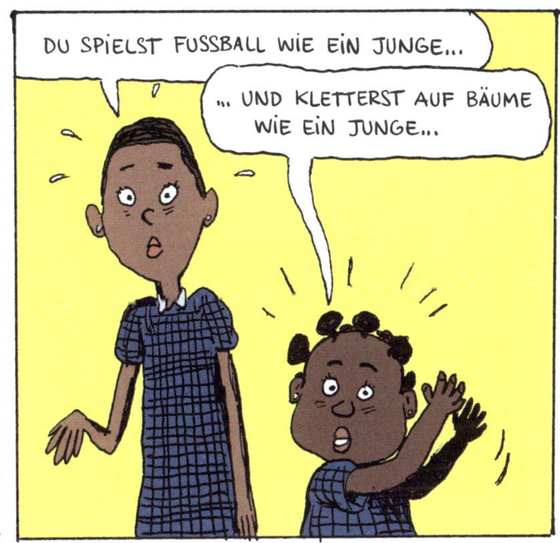
DU SPIELST FUSSBALL WIE EIN JUNGE...
... UND KLETTERST AUF BÄUME WIE EIN JUNGE...

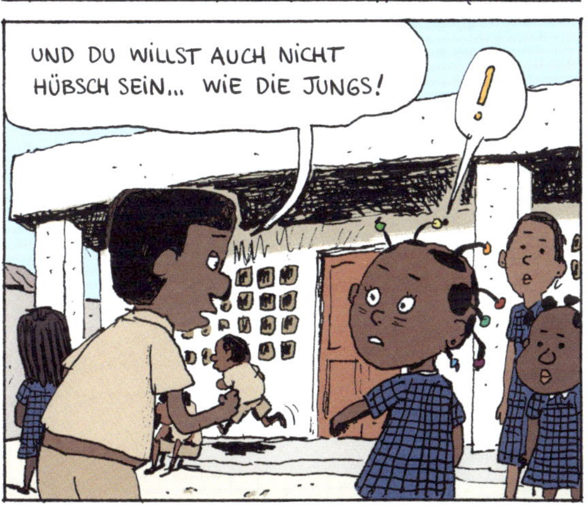
UND DU WILLST AUCH NICHT HÜBSCH SEIN... WIE DIE JUNGS!
!

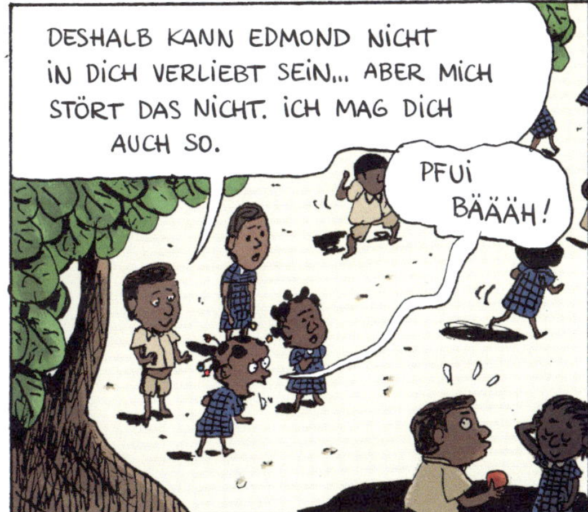
DESHALB KANN EDMOND NICHT IN DICH VERLIEBT SEIN... ABER MICH STÖRT DAS NICHT. ICH MAG DICH AUCH SO.
PFUI BÄÄÄH!

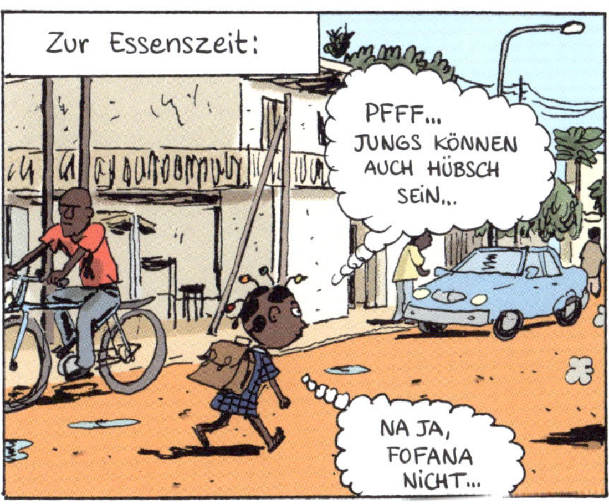
Zur Essenszeit:
PFFF... JUNGS KÖNNEN AUCH HÜBSCH SEIN...
NA JA, FOFANA NICHT...

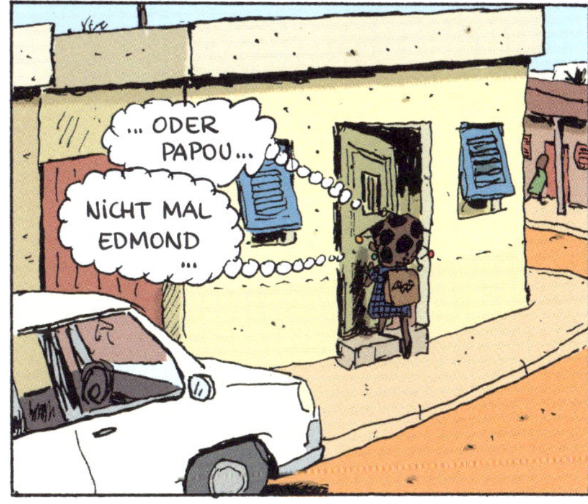
... ODER PAPOU...
NICHT MAL EDMOND ...

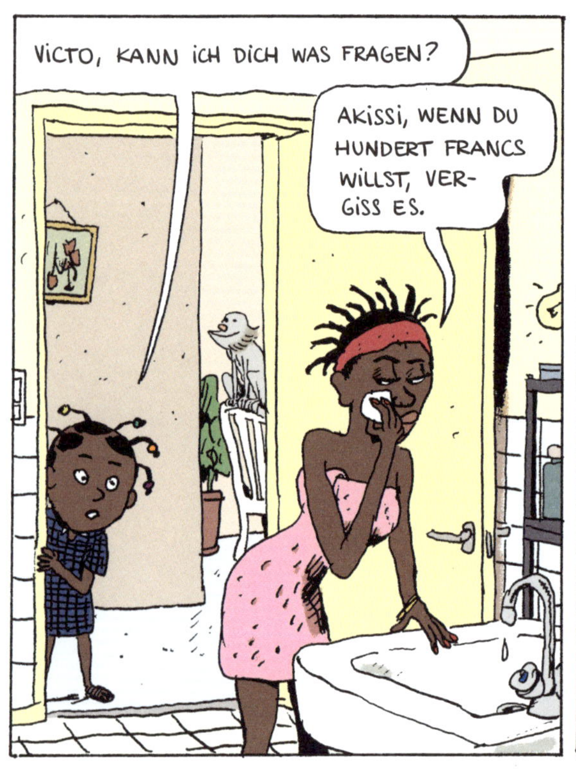
VICTO, KANN ICH DICH WAS FRAGEN?
AKISSI, WENN DU HUNDERT FRANCS WILLST, VERGISS ES.

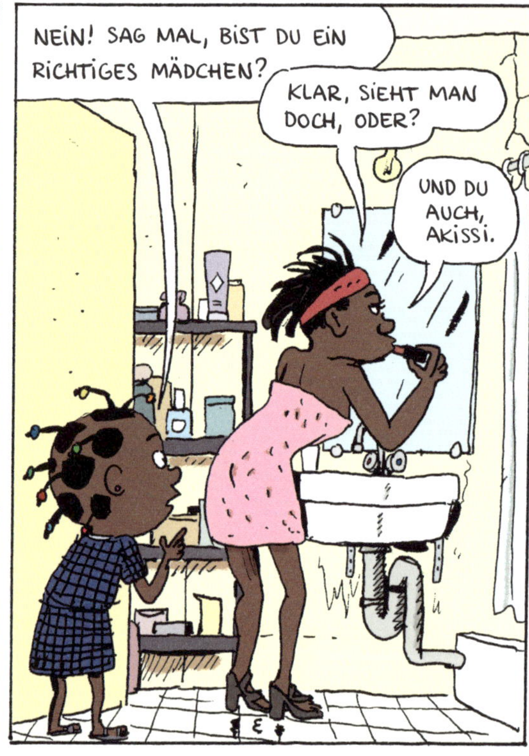
NEIN! SAG MAL, BIST DU EIN RICHTIGES MÄDCHEN?
KLAR, SIEHT MAN DOCH, ODER?
UND DU AUCH, AKISSI.

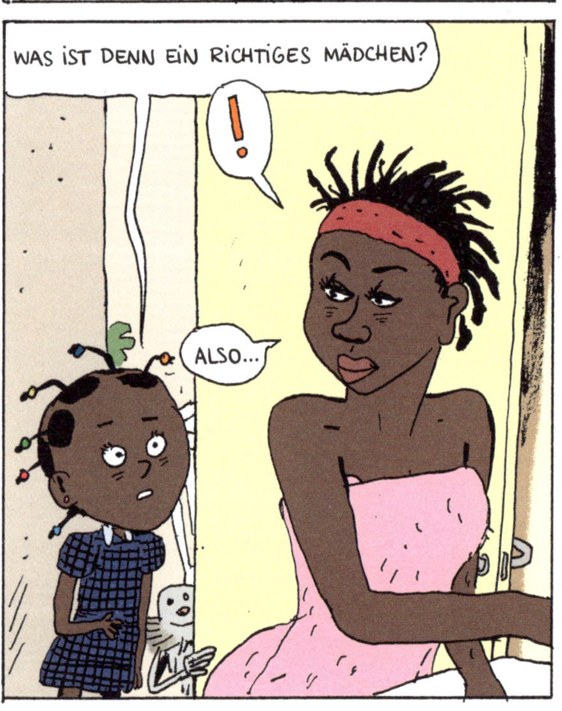
WAS IST DENN EIN RICHTIGES MÄDCHEN?
!
ALSO...

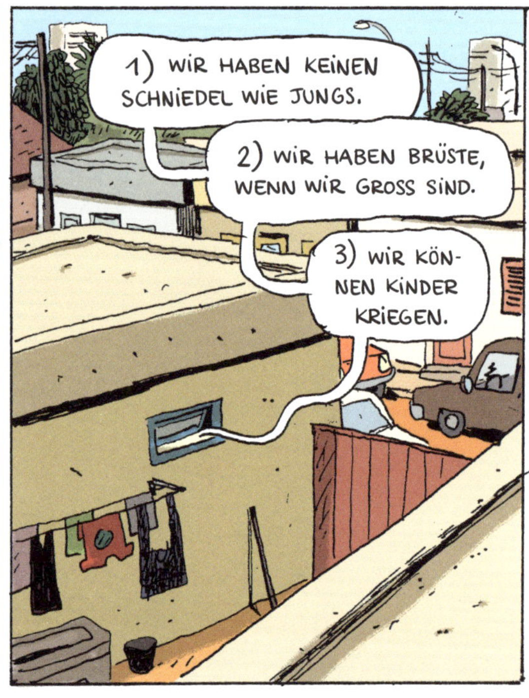
1) WIR HABEN KEINEN SCHNIEDEL WIE JUNGS.
2) WIR HABEN BRÜSTE, WENN WIR GROSS SIND.
3) WIR KÖNNEN KINDER KRIEGEN.

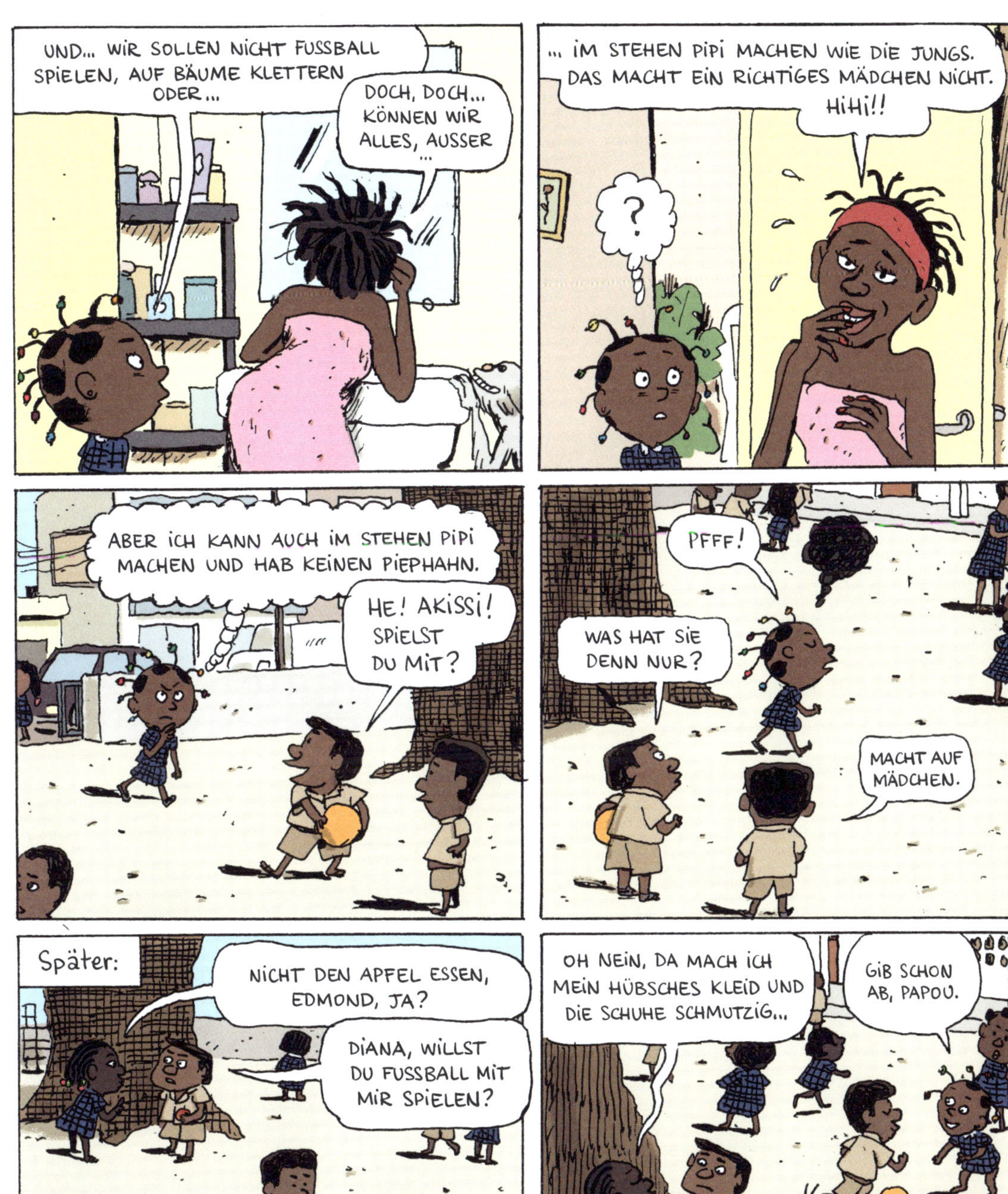
UND... WIR SOLLEN NICHT FUSSBALL SPIELEN, AUF BÄUME KLETTERN ODER...
DOCH, DOCH... KÖNNEN WIR ALLES, AUSSER ...
... IM STEHEN PIPI MACHEN WIE DIE JUNGS. DAS MACHT EIN RICHTIGES MÄDCHEN NICHT. HIHI!!
?
ABER ICH KANN AUCH IM STEHEN PIPI MACHEN UND HAB KEINEN PIEPHAHN.
HE! AKISSI! SPIELST DU MIT?
PFFF!
WAS HAT SIE DENN NUR?
MACHT AUF MÄDCHEN.
Später:
NICHT DEN APFEL ESSEN, EDMOND, JA?
DIANA, WILLST DU FUSSBALL MIT MIR SPIELEN?
OH NEIN, DA MACH ICH MEIN HÜBSCHES KLEID UND DIE SCHUHE SCHMUTZIG...
GIB SCHON AB, PAPOU.

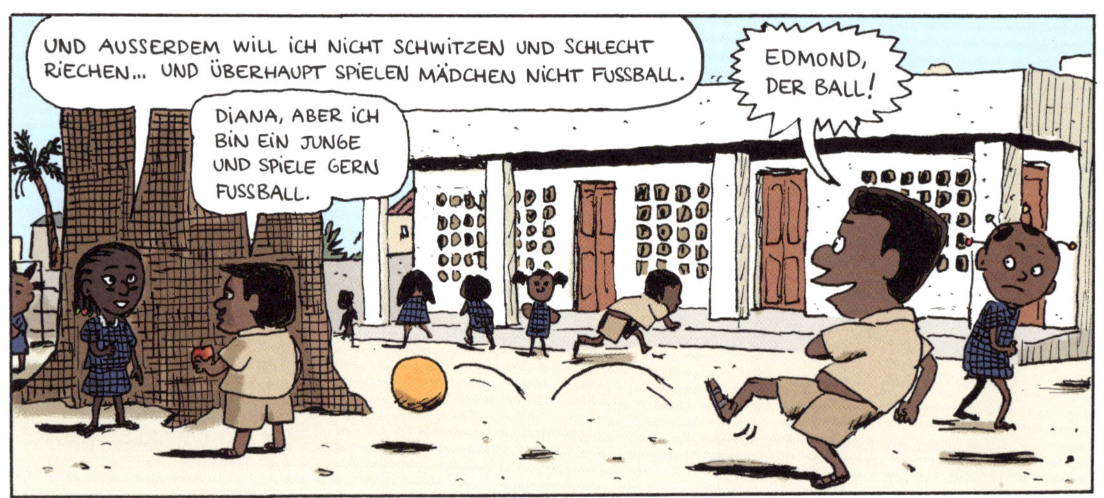
UND AUSSERDEM WILL ICH NICHT SCHWITZEN UND SCHLECHT RIECHEN... UND ÜBERHAUPT SPIELEN MÄDCHEN NICHT FUSSBALL.
DIANA, ABER ICH BIN EIN JUNGE UND SPIELE GERN FUSSBALL.
EDMOND, DER BALL!

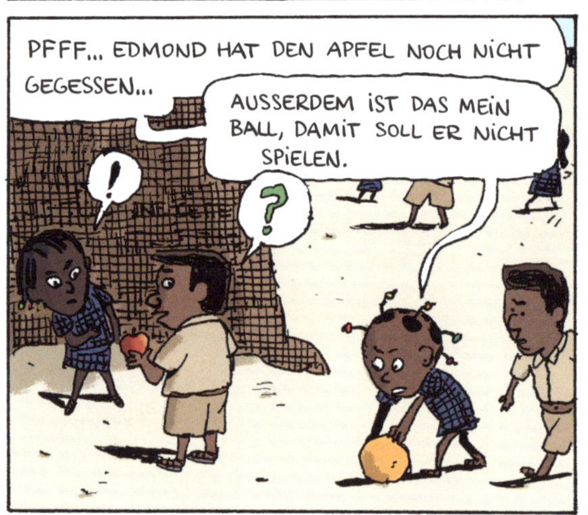
PFFF... EDMOND HAT DEN APFEL NOCH NICHT GEGESSEN...
AUSSERDEM IST DAS MEIN BALL, DAMIT SOLL ER NICHT SPIELEN.
!
?

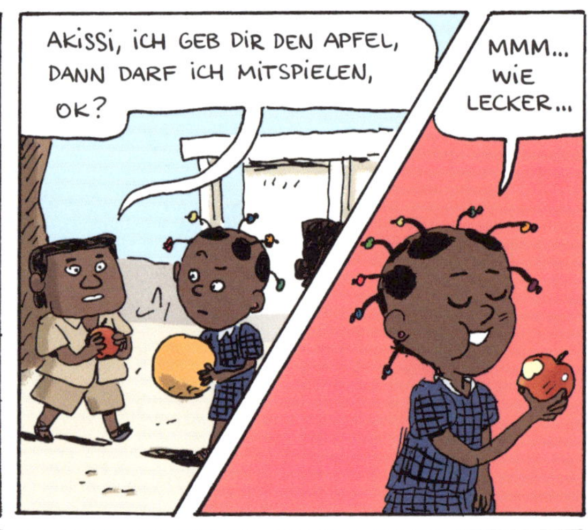
AKISSI, ICH GEB DIR DEN APFEL, DANN DARF ICH MITSPIELEN, OK?
MMM... WIE LECKER...

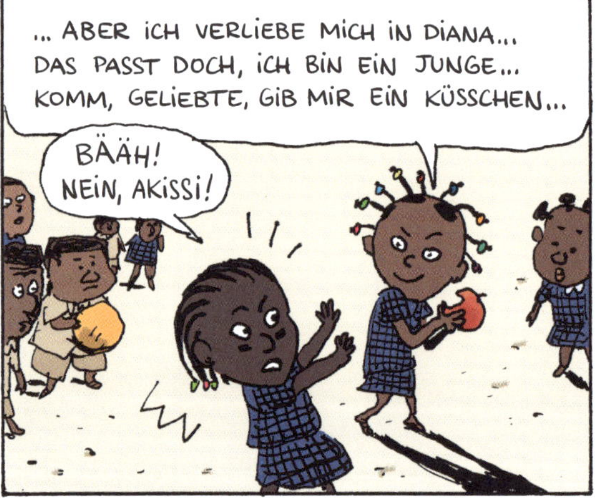
... ABER ICH VERLIEBE MICH IN DIANA... DAS PASST DOCH, ICH BIN EIN JUNGE... KOMM, GELIEBTE, GIB MIR EIN KÜSSCHEN...
BÄÄH! NEIN, AKISSI!

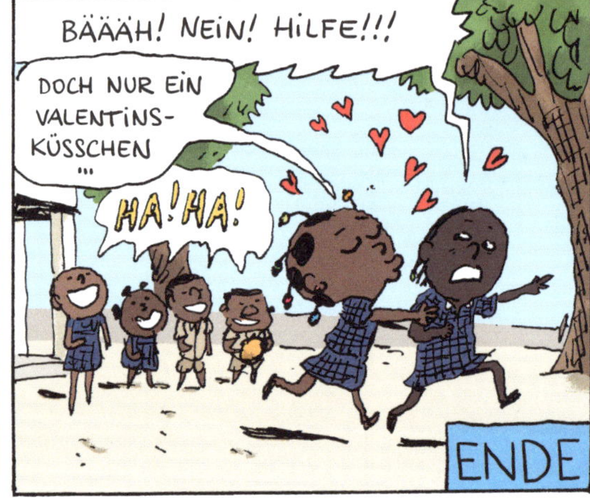
BÄÄÄH! NEIN! HILFE!!!
DOCH NUR EIN VALENTINS-KÜSSCHEN ...
HA!HA!
ENDE

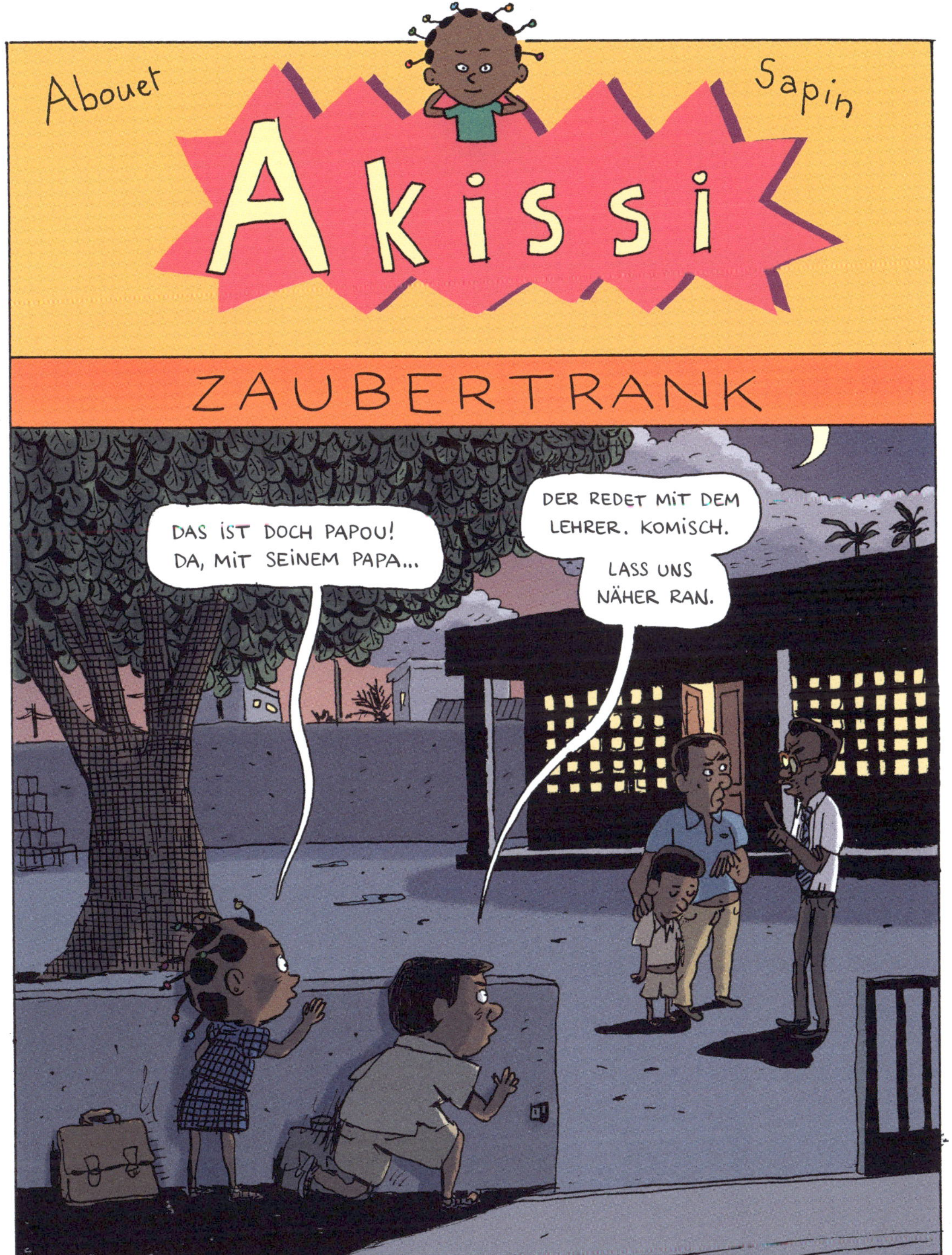
Abouet
Sapin
Akissi
ZAUBERTRANK
DAS IST DOCH PAPOU! DA, MIT SEINEM PAPA...
DER REDET MIT DEM LEHRER. KOMISCH.
LASS UNS NÄHER RAN.

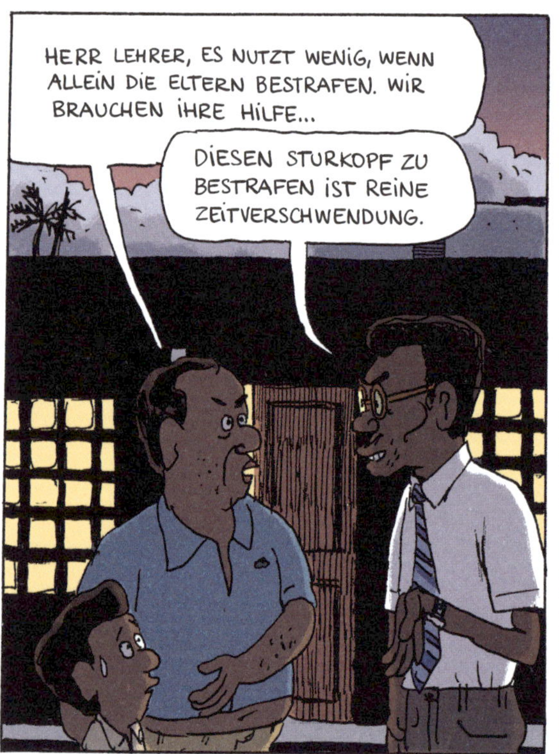
HERR LEHRER, ES NUTZT WENIG, WENN ALLEIN DIE ELTERN BESTRAFEN. WIR BRAUCHEN IHRE HILFE...
DIESEN STURKOPF ZU BESTRAFEN IST REINE ZEITVERSCHWENDUNG.

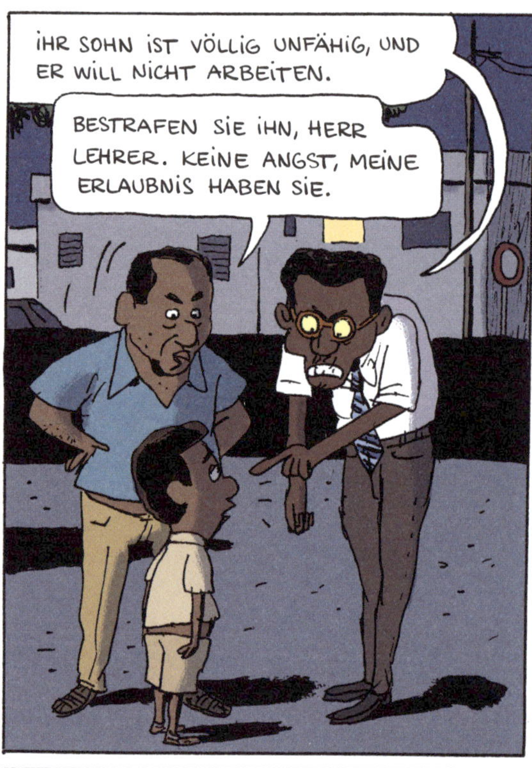
IHR SOHN IST VÖLLIG UNFÄHIG, UND ER WILL NICHT ARBEITEN.
BESTRAFEN SIE IHN, HERR LEHRER. KEINE ANGST, MEINE ERLAUBNIS HABEN SIE.

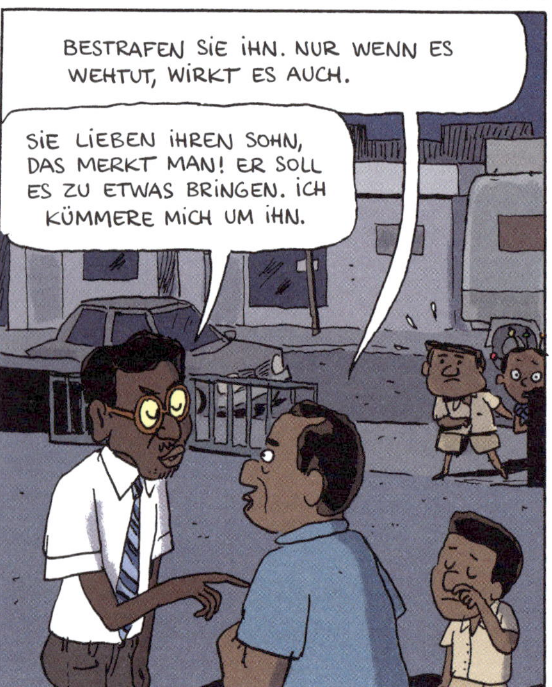
BESTRAFEN SIE IHN. NUR WENN ES WEHTUT, WIRKT ES AUCH.
SIE LIEBEN IHREN SOHN, DAS MERKT MAN! ER SOLL ES ZU ETWAS BRINGEN. ICH KÜMMERE MICH UM IHN.

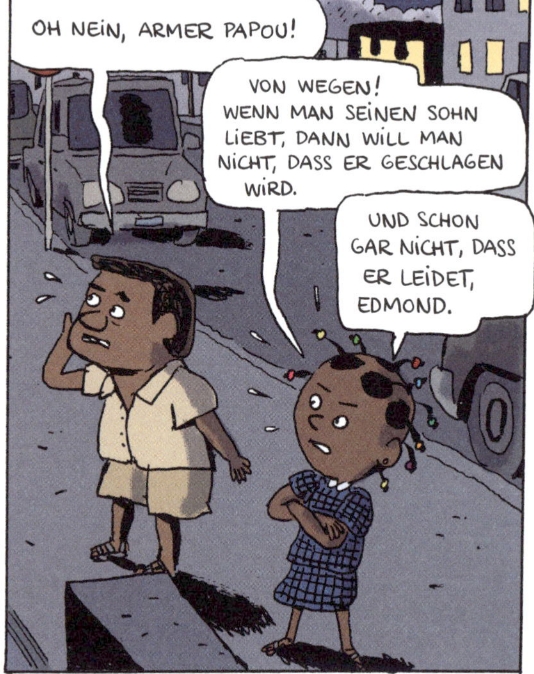
OH NEIN, ARMER PAPOU!
VON WEGEN! WENN MAN SEINEN SOHN LIEBT, DANN WILL MAN NICHT, DASS ER GESCHLAGEN WIRD.
UND SCHON GAR NICHT, DASS ER LEIDET, EDMOND.

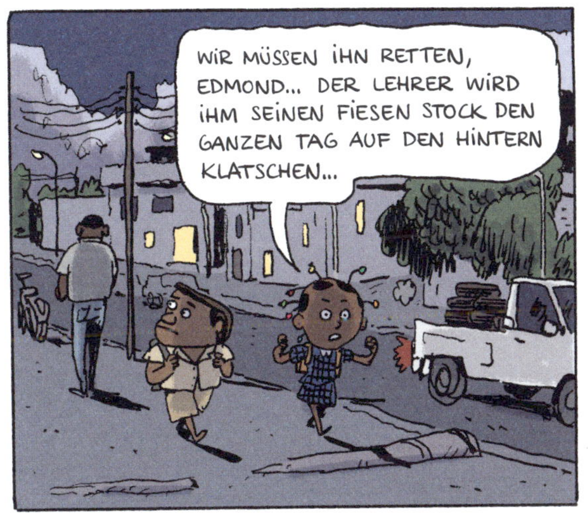
WIR MÜSSEN IHN RETTEN, EDMOND... DER LEHRER WIRD IHM SEINEN FIESEN STOCK DEN GANZEN TAG AUF DEN HINTERN KLATSCHEN...

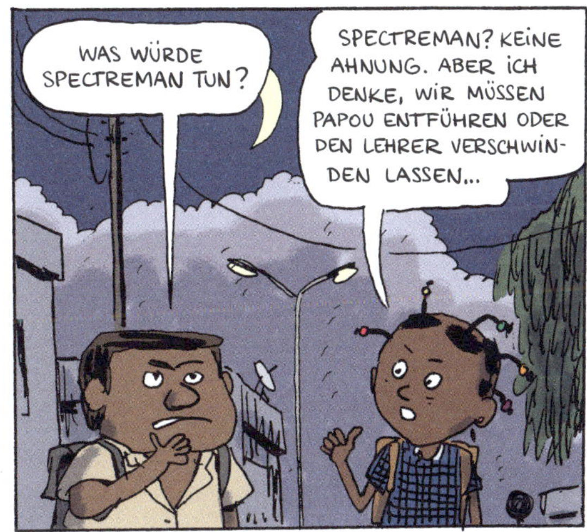
WAS WÜRDE SPECTREMAN TUN?
SPECTREMAN? KEINE AHNUNG. ABER ICH DENKE, WIR MÜSSEN PAPOU ENTFÜHREN ODER DEN LEHRER VERSCHWINDEN LASSEN...

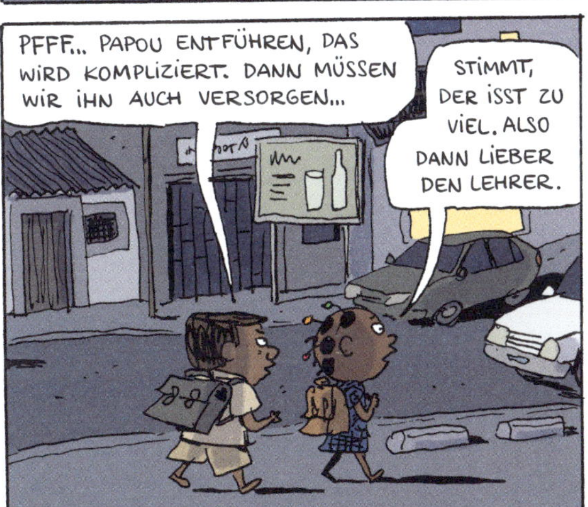
PFFF... PAPOU ENTFÜHREN, DAS WIRD KOMPLIZIERT. DANN MÜSSEN WIR IHN AUCH VERSORGEN...
STIMMT, DER ISST ZU VIEL. ALSO DANN LIEBER DEN LEHRER.

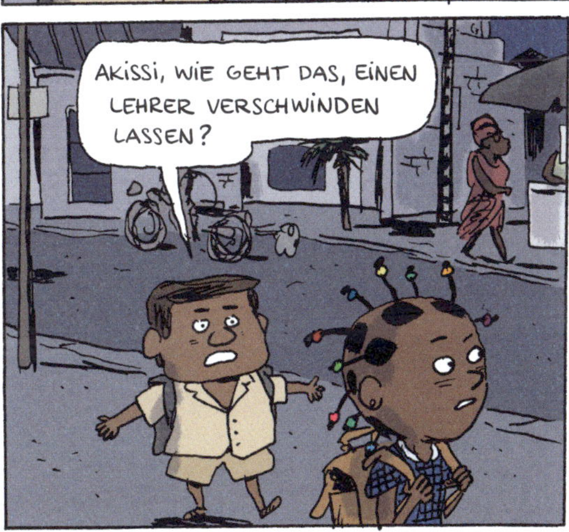
AKISSI, WIE GEHT DAS, EINEN LEHRER VERSCHWINDEN LASSEN?

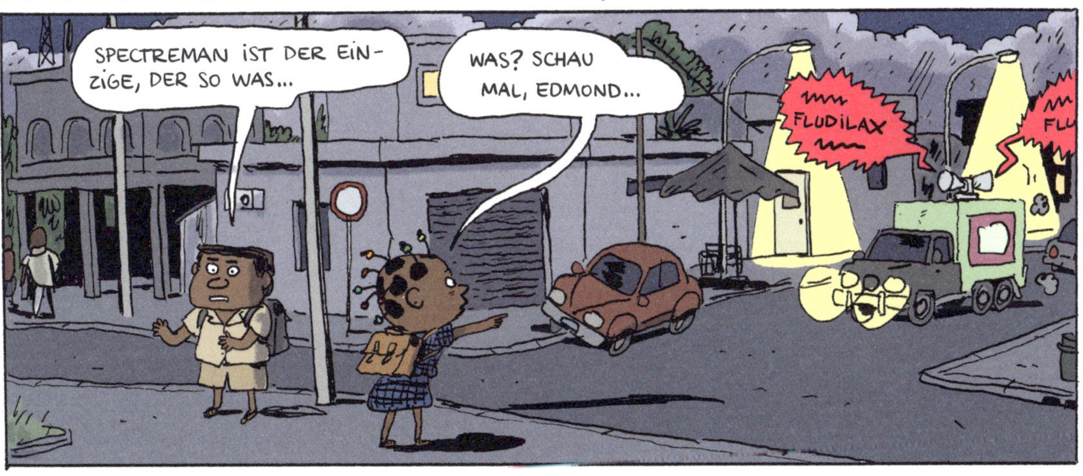
SPECTREMAN IST DER EINZIGE, DER SO WAS...
WAS? SCHAU MAL, EDMOND...
FLUDILAX
FLU

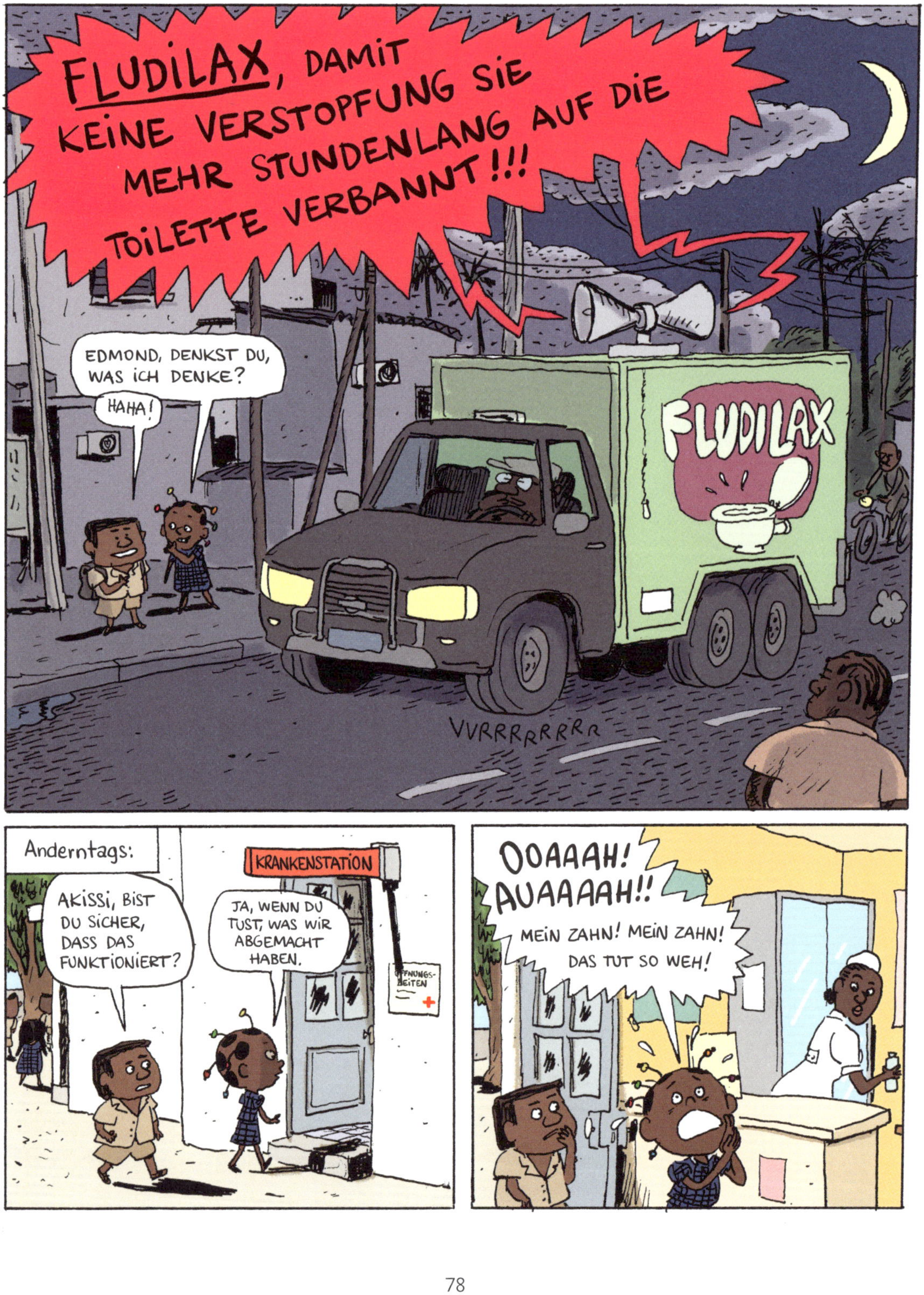

FLUDILAX, DAMIT KEINE VERSTOPFUNG SIE MEHR STUNDENLANG AUF DIE TOILETTE VERBANNT!!!

EDMOND, DENKST DU, WAS ICH DENKE?

HAHA!

FLUDILAX

VVRRRRRRRR

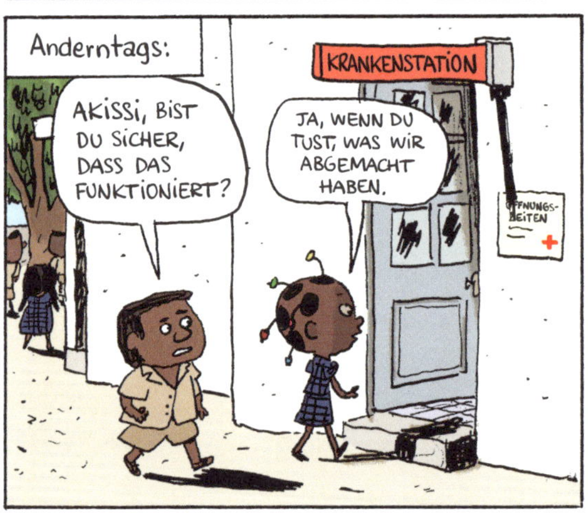

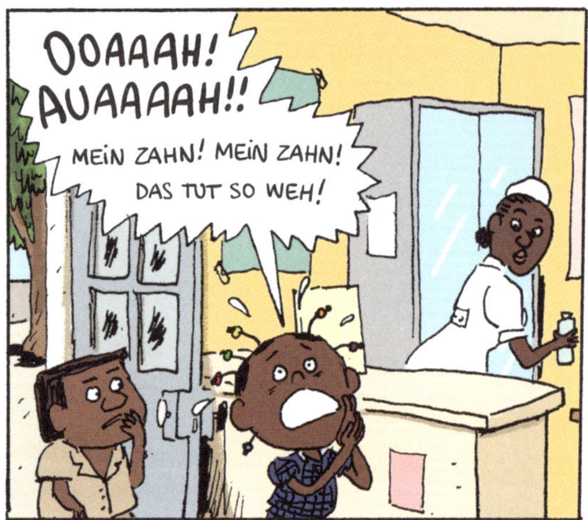

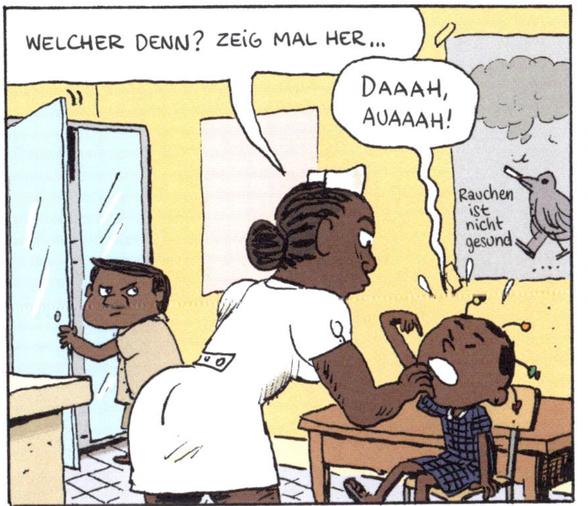
WELCHER DENN? ZEIG MAL HER...
DAAAH, AUAAAH!
Rauchen ist nicht gesund

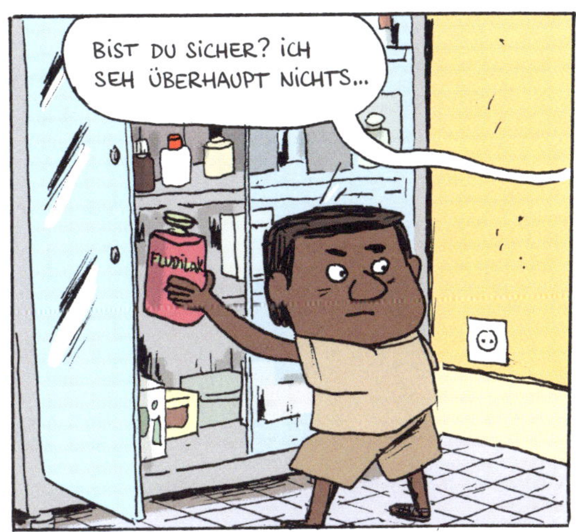
BIST DU SICHER? ICH SEH ÜBERHAUPT NICHTS...
FLUDILAK

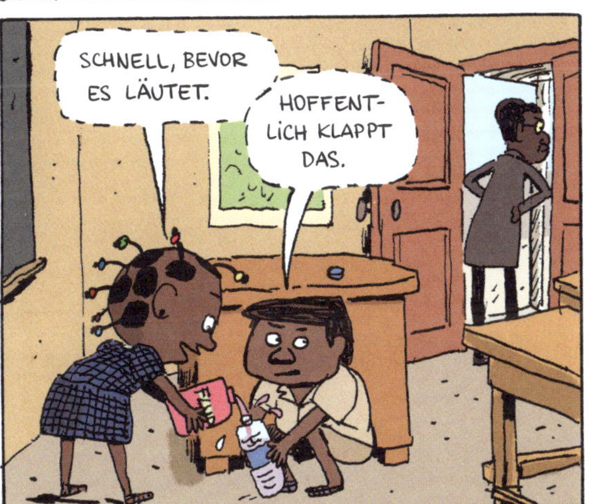
SCHNELL, BEVOR ES LÄUTET.
HOFFENT-LICH KLAPPT DAS.

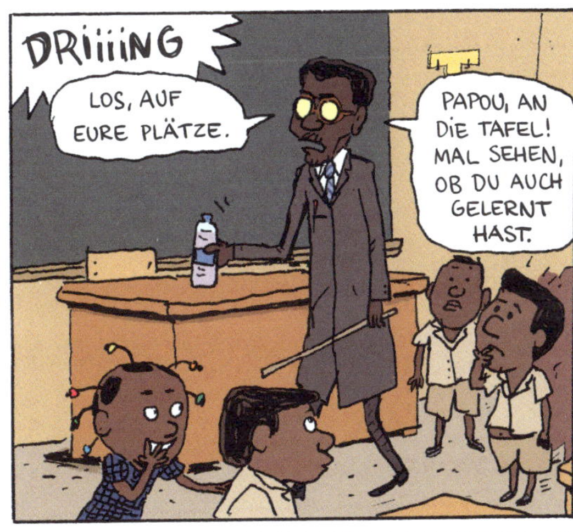
DRiiiiNG
LOS, AUF EURE PLÄTZE.
PAPOU, AN DIE TAFEL! MAL SEHEN, OB DU AUCH GELERNT HAST.

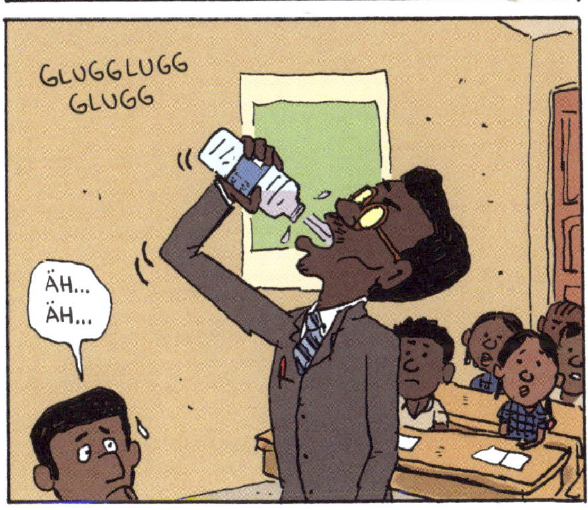
GLUGGLUGG GLUGG
ÄH... ÄH...

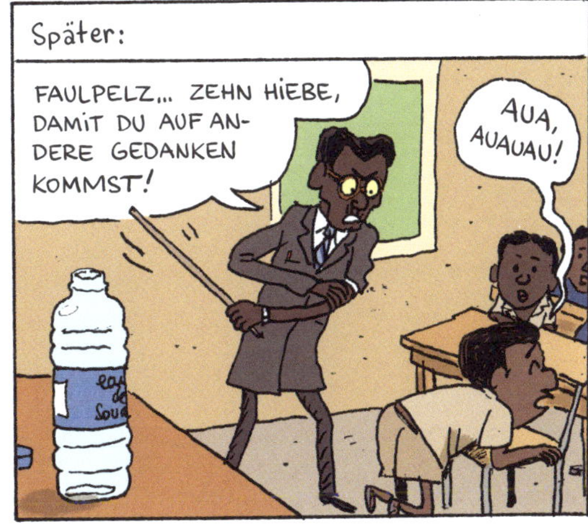
Später:
FAULPELZ... ZEHN HIEBE, DAMIT DU AUF AN-DERE GEDANKEN KOMMST!
AUA, AUAUAU!

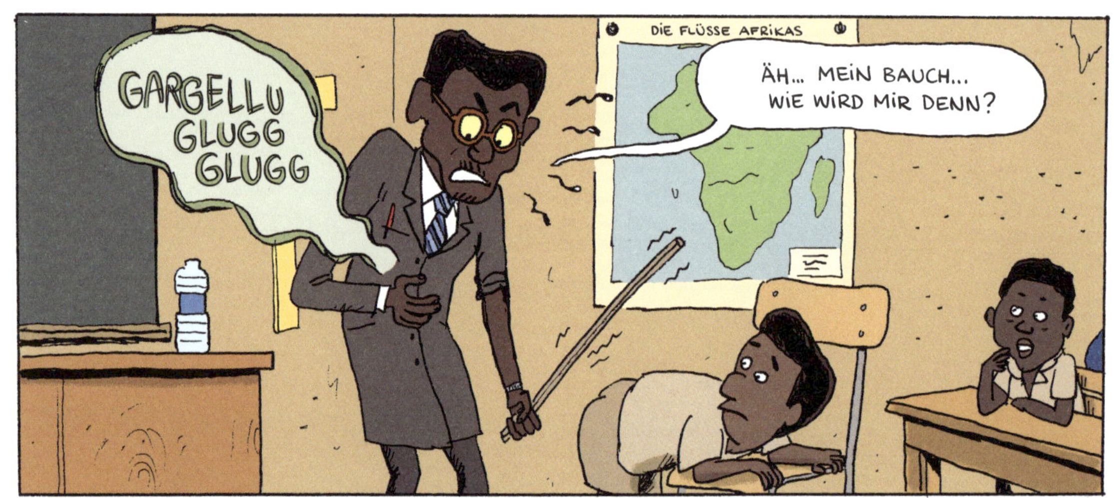
DIE FLÜSSE AFRIKAS
GARGELLU GLUGG GLUGG
ÄH... MEIN BAUCH... WIE WIRD MIR DENN?

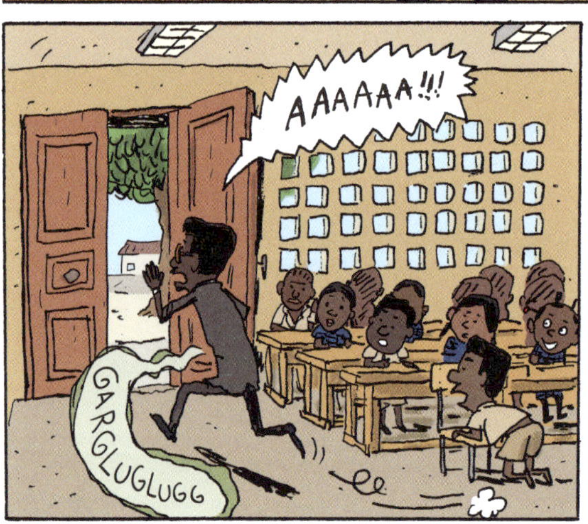
AAAAAA!!!
GARGLUGLUGG

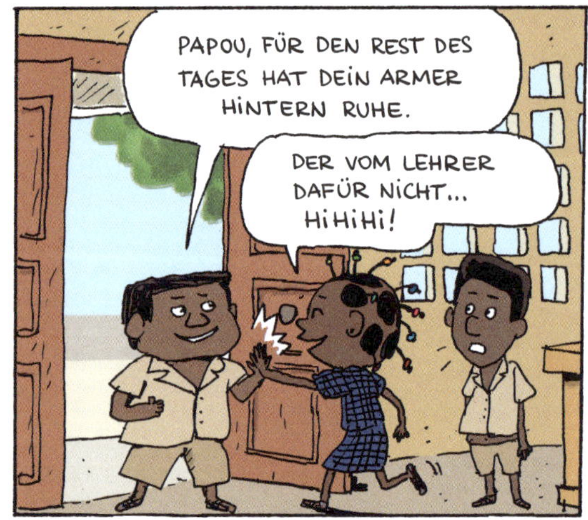
PAPOU, FÜR DEN REST DES TAGES HAT DEIN ARMER HINTERN RUHE.
DER VOM LEHRER DAFÜR NICHT... HIHIHI!

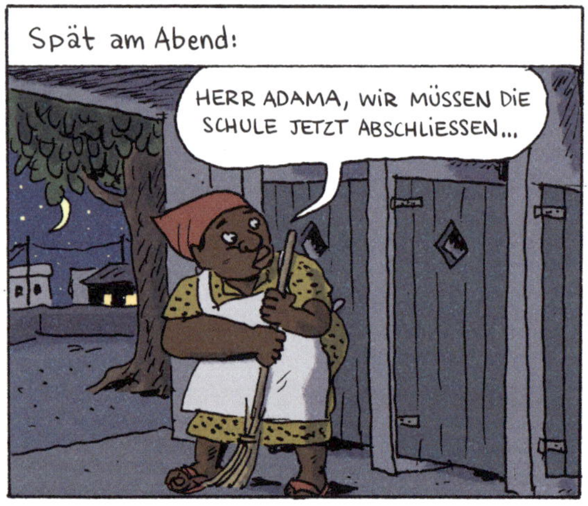
Spät am Abend:
HERR ADAMA, WIR MÜSSEN DIE SCHULE JETZT ABSCHLIESSEN...

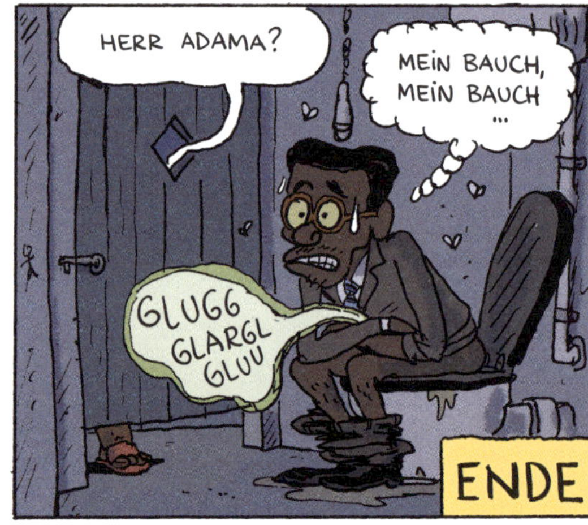
HERR ADAMA?
MEIN BAUCH, MEIN BAUCH ...
GLUGG GLARGL GLUU
ENDE

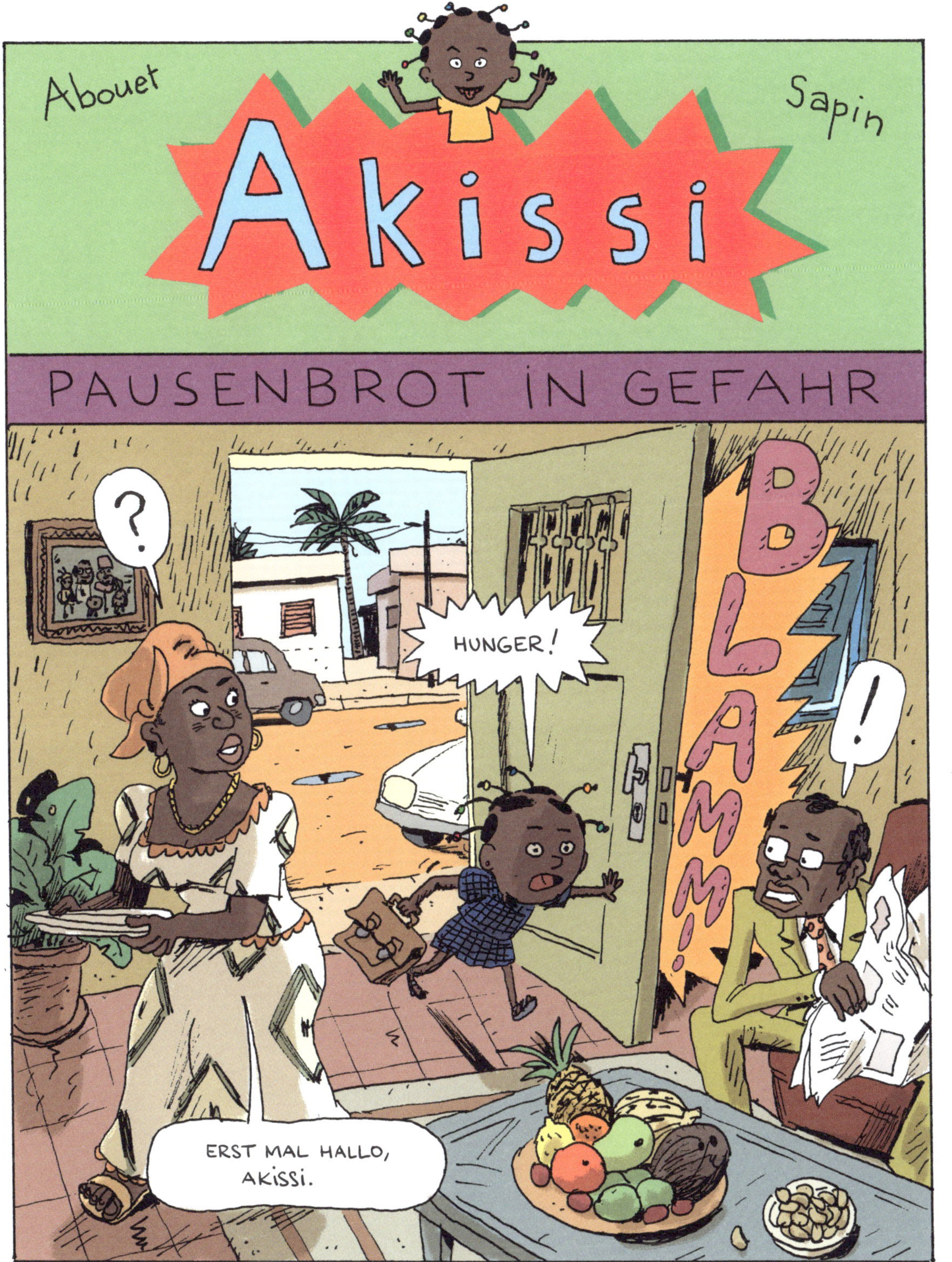

Abouet
Sapin
Akissi
PAUSENBROT IN GEFAHR
?
HUNGER!
BLAMM!
!
ERST MAL HALLO, AKISSI.

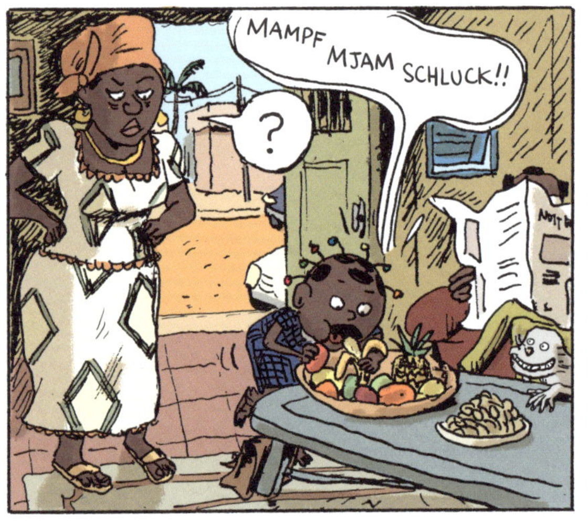
MAMPF MJAM SCHLUCK!!
?

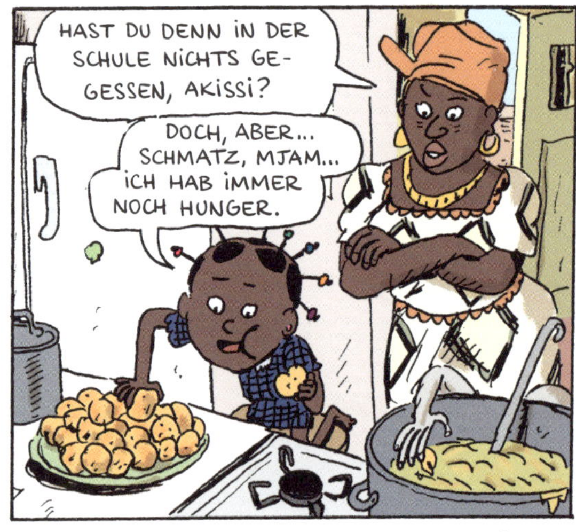
HAST DU DENN IN DER SCHULE NICHTS GEGESSEN, AKISSI?
DOCH, ABER... SCHMATZ, MJAM... ICH HAB IMMER NOCH HUNGER.

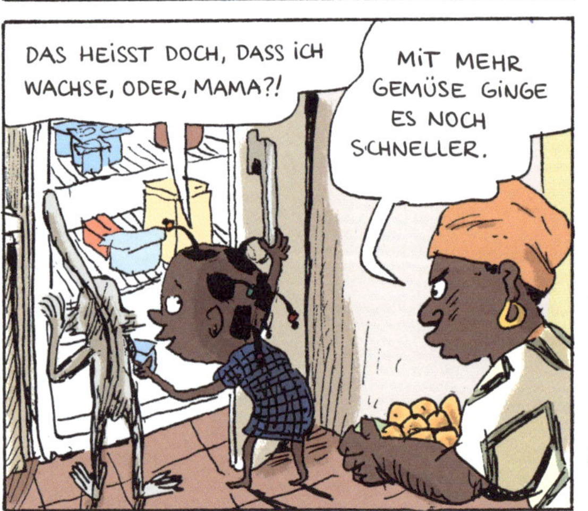
DAS HEISST DOCH, DASS ICH WACHSE, ODER, MAMA?!
MIT MEHR GEMÜSE GINGE ES NOCH SCHNELLER.

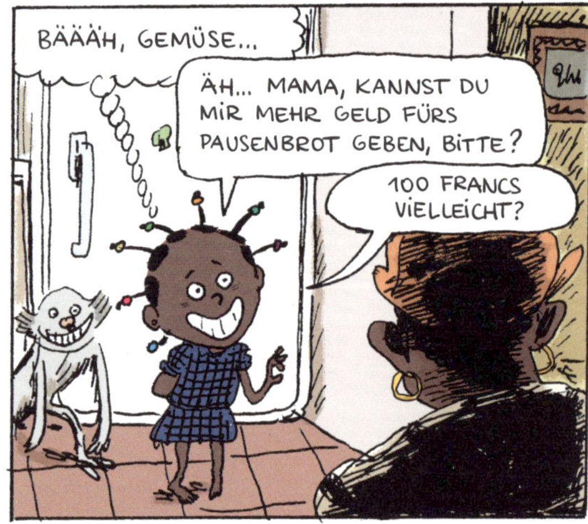
BÄÄÄH, GEMÜSE...
ÄH... MAMA, KANNST DU MIR MEHR GELD FÜRS PAUSENBROT GEBEN, BITTE?
100 FRANCS VIELLEICHT?

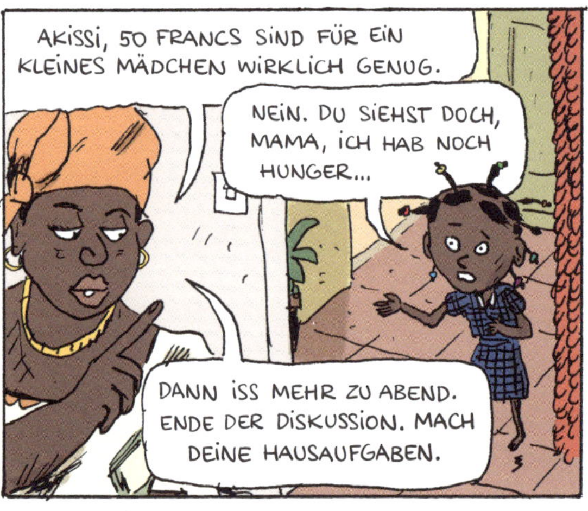
AKISSI, 50 FRANCS SIND FÜR EIN KLEINES MÄDCHEN WIRKLICH GENUG.
NEIN. DU SIEHST DOCH, MAMA, ICH HAB NOCH HUNGER...
DANN ISS MEHR ZU ABEND. ENDE DER DISKUSSION. MACH DEINE HAUSAUFGABEN.

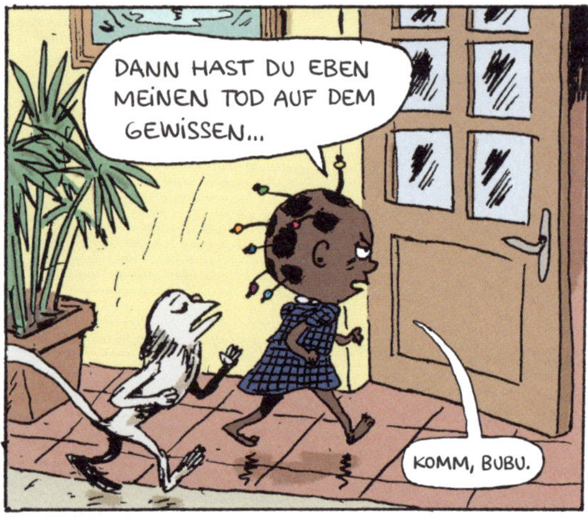
DANN HAST DU EBEN MEINEN TOD AUF DEM GEWISSEN...
KOMM, BUBU.

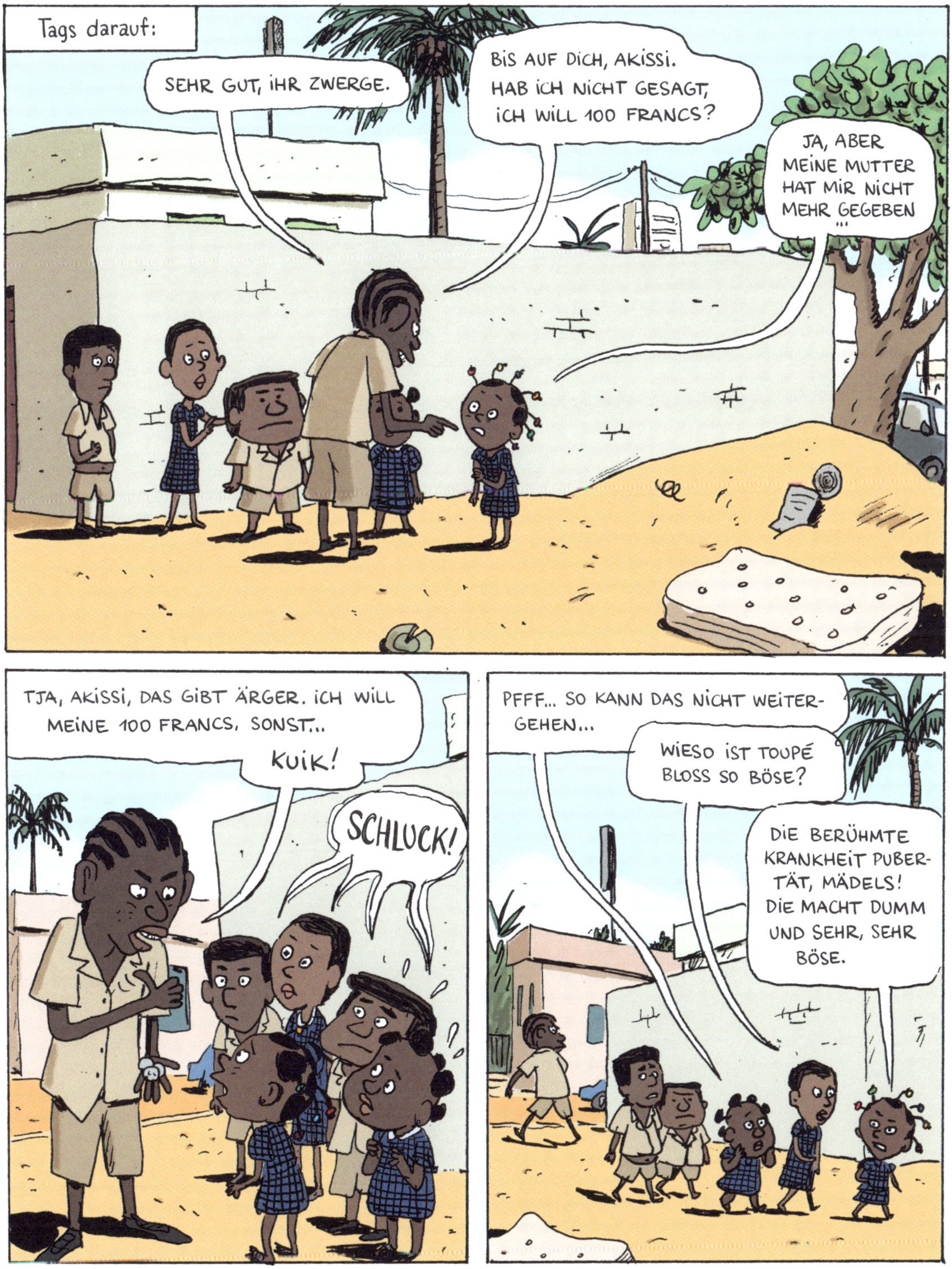

Tags darauf:

SEHR GUT, IHR ZWERGE.

BIS AUF DICH, AKISSI. HAB ICH NICHT GESAGT, ICH WILL 100 FRANCS?

JA, ABER MEINE MUTTER HAT MIR NICHT MEHR GEGEBEN ...

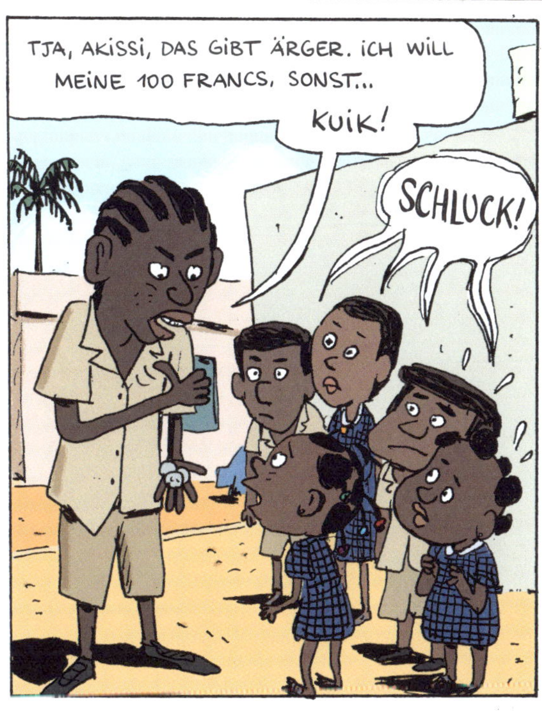

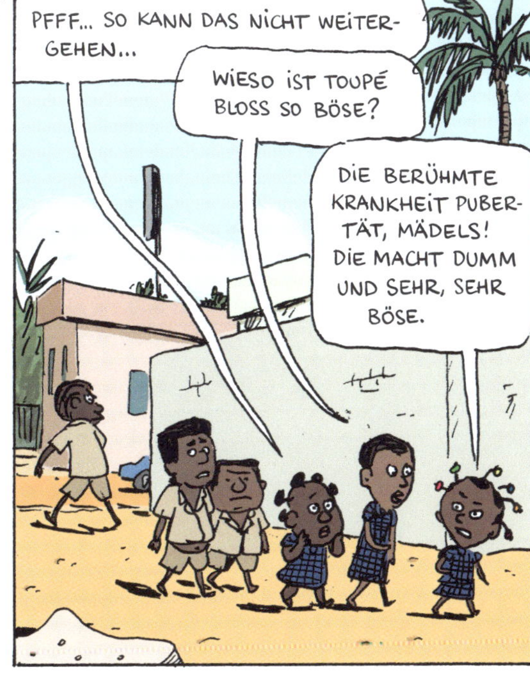

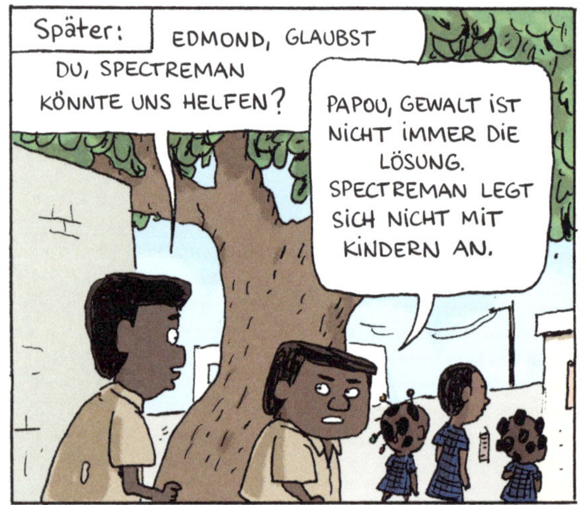
Später:
EDMOND, GLAUBST DU, SPECTREMAN KÖNNTE UNS HELFEN?
PAPOU, GEWALT IST NICHT IMMER DIE LÖSUNG. SPECTREMAN LEGT SICH NICHT MIT KINDERN AN.

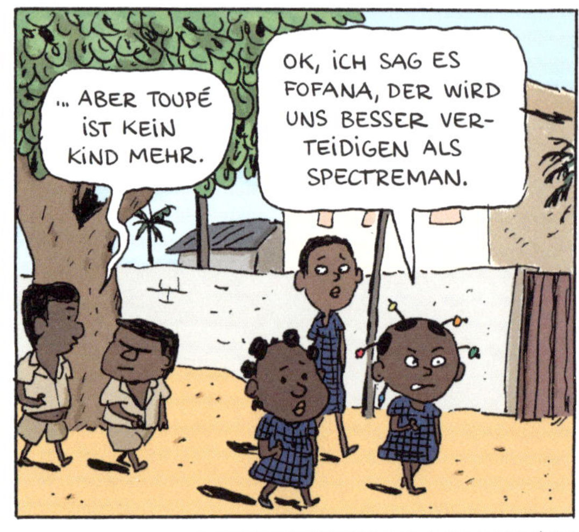
... ABER TOUPÉ IST KEIN KIND MEHR.
OK, ICH SAG ES FOFANA, DER WIRD UNS BESSER VERTEIDIGEN ALS SPECTREMAN.

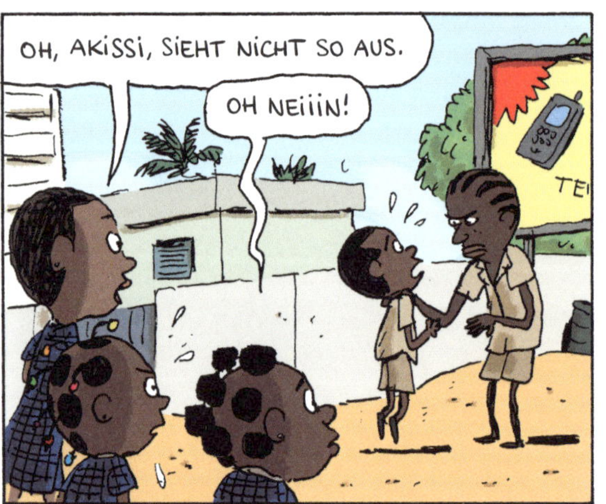
OH, AKISSI, SIEHT NICHT SO AUS.
OH NEIIIN!

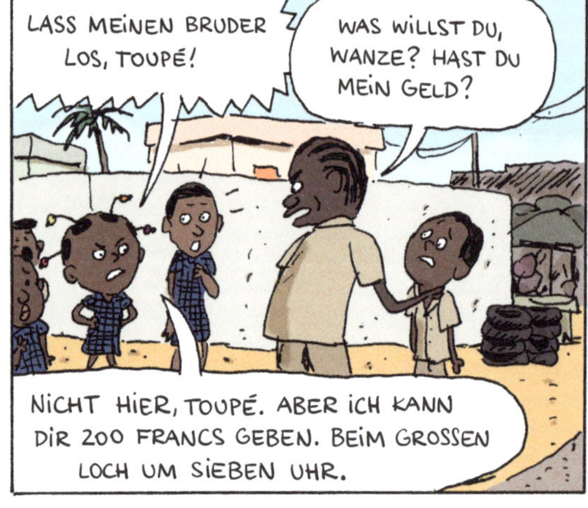
LASS MEINEN BRUDER LOS, TOUPÉ!
WAS WILLST DU, WANZE? HAST DU MEIN GELD?
NICHT HIER, TOUPÉ. ABER ICH KANN DIR 200 FRANCS GEBEN. BEIM GROSSEN LOCH UM SIEBEN UHR.

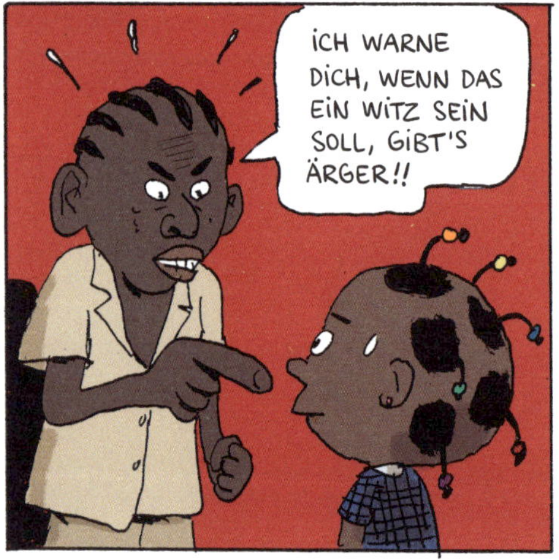
ICH WARNE DICH, WENN DAS EIN WITZ SEIN SOLL, GIBT'S ÄRGER!!

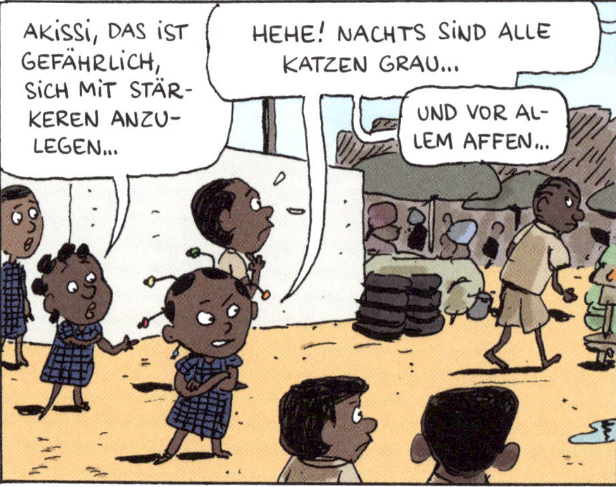
AKISSI, DAS IST GEFÄHRLICH, SICH MIT STÄRKEREN ANZULEGEN...
HEHE! NACHTS SIND ALLE KATZEN GRAU...
UND VOR ALLEM AFFEN...

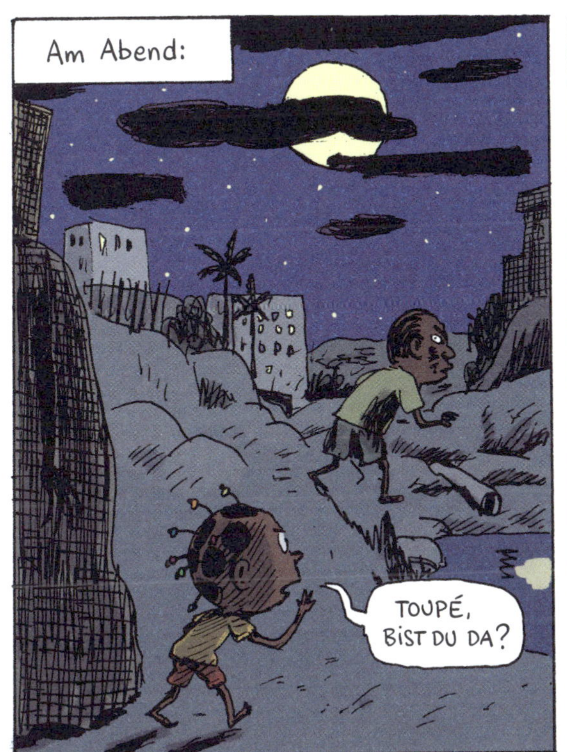
Am Abend:
TOUPÉ, BIST DU DA?

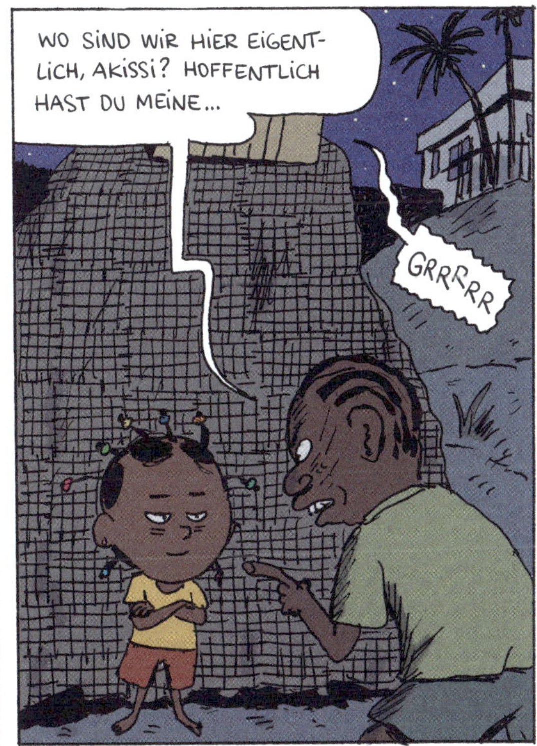
WO SIND WIR HIER EIGENTLICH, AKISSI? HOFFENTLICH HAST DU MEINE...
GRRRRR

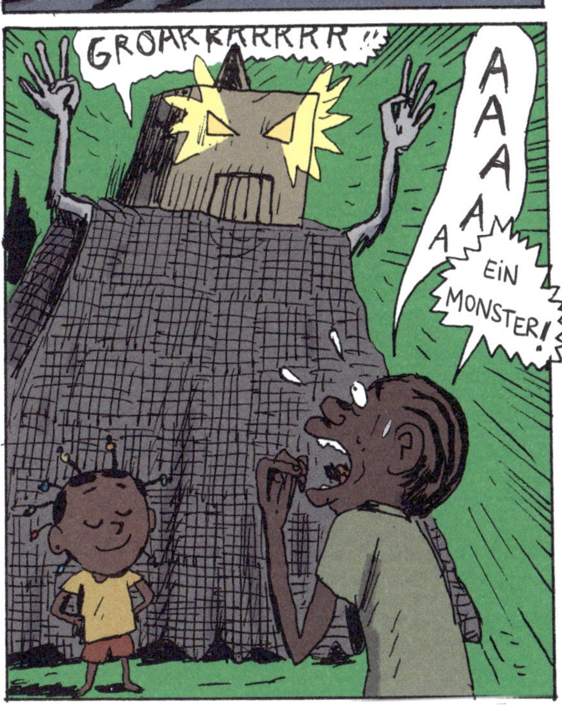
GROARRRRRRR!!
AAAAAA
EIN MONSTER!

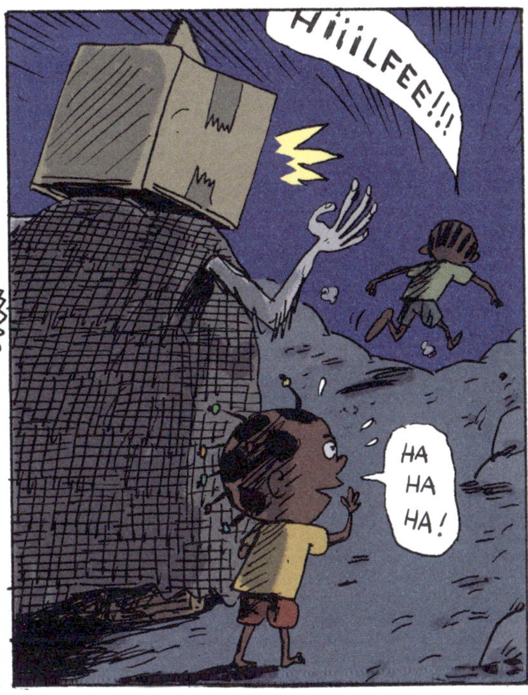
HiiiLFEE!!!
HA HA HA!

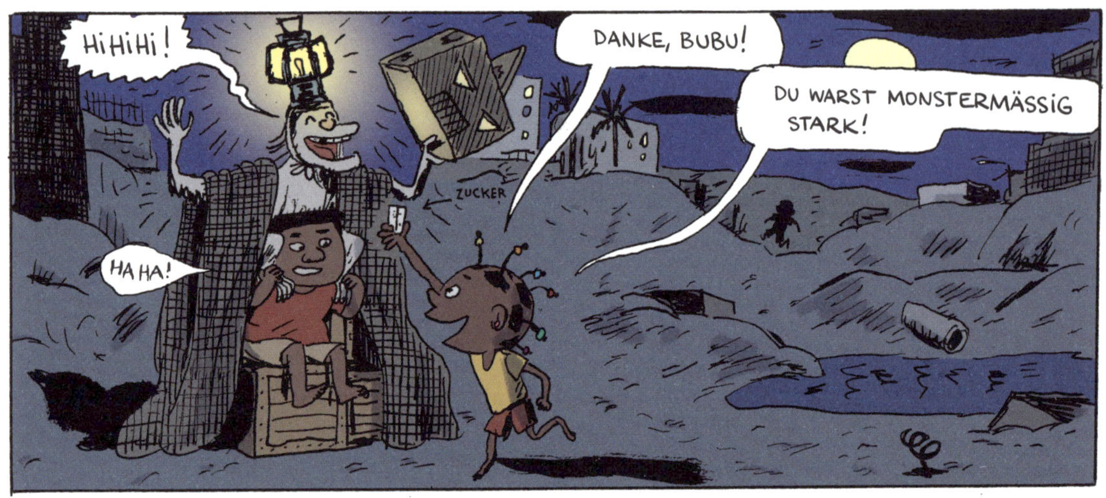

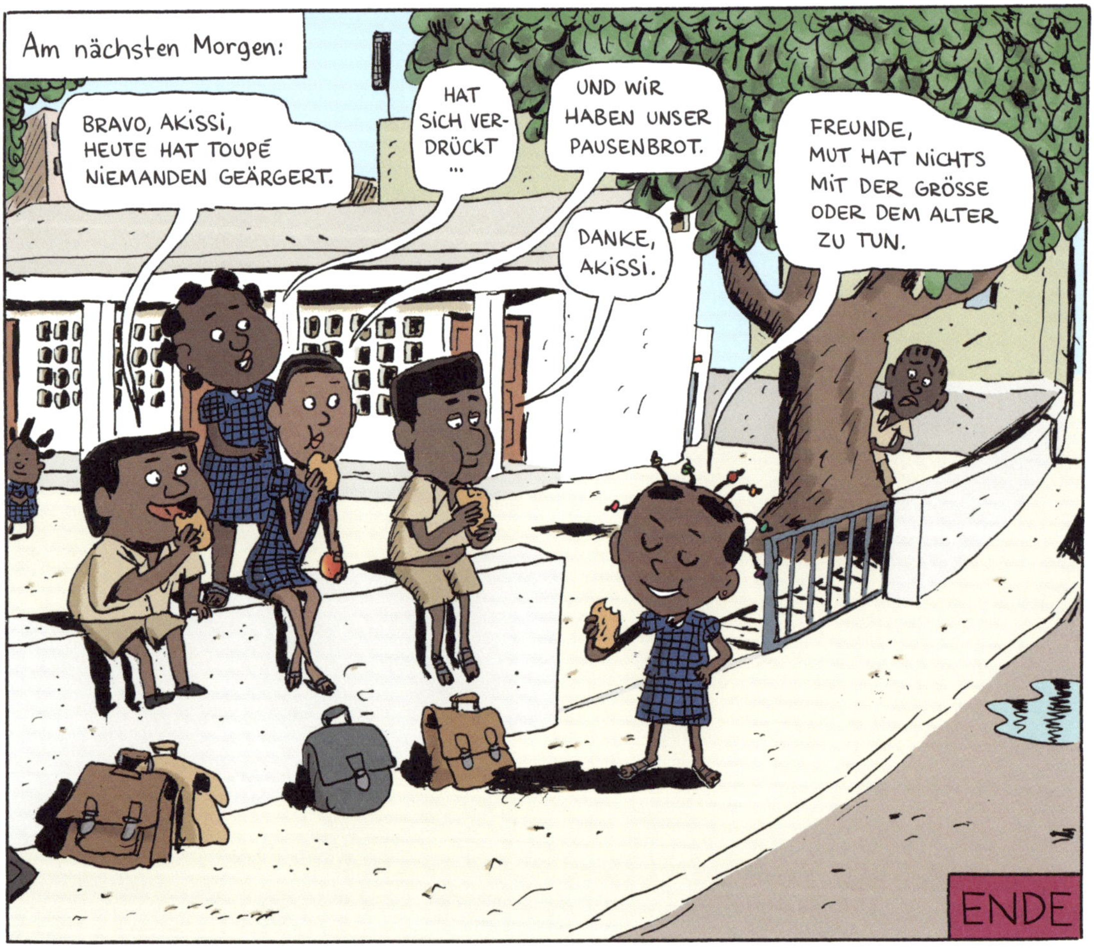

Am nächsten Morgen:

BRAVO, AKISSI, HEUTE HAT TOUPÉ NIEMANDEN GEÄRGERT.

HAT SICH VERDRÜCKT ...

UND WIR HABEN UNSER PAUSENBROT.

DANKE, AKISSI.

FREUNDE, MUT HAT NICHTS MIT DER GRÖSSE ODER DEM ALTER ZU TUN.

ENDE

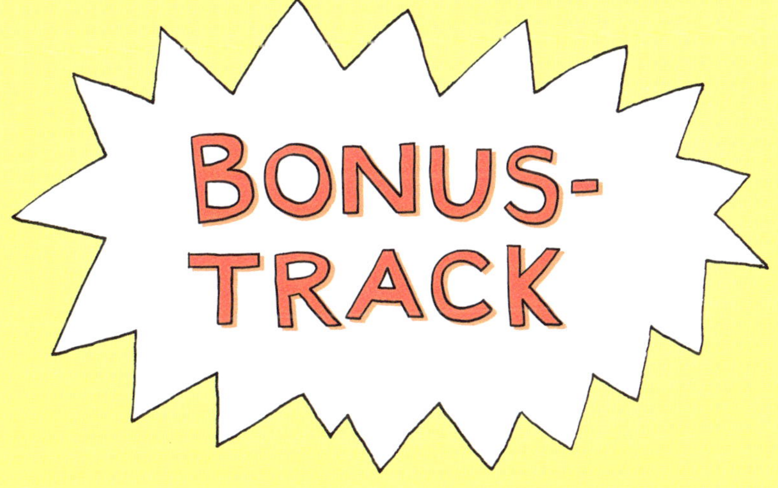
BONUS-
TRACK

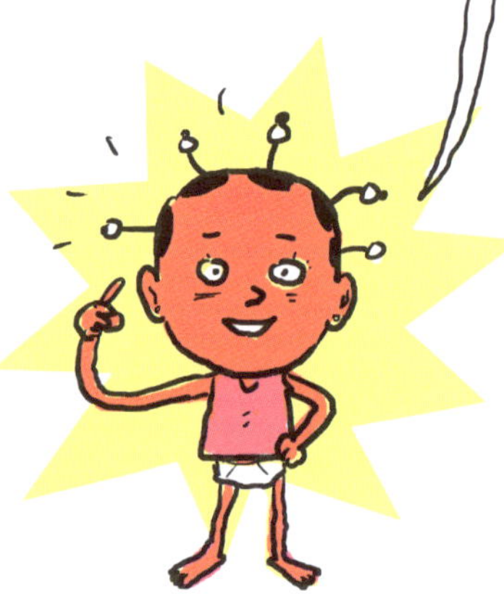

① Zuerst brauchst du einen oder eine Freiwillige/n mit langen Haaren (du kannst es auch an dir selbst probieren, aber das ist schwerer).

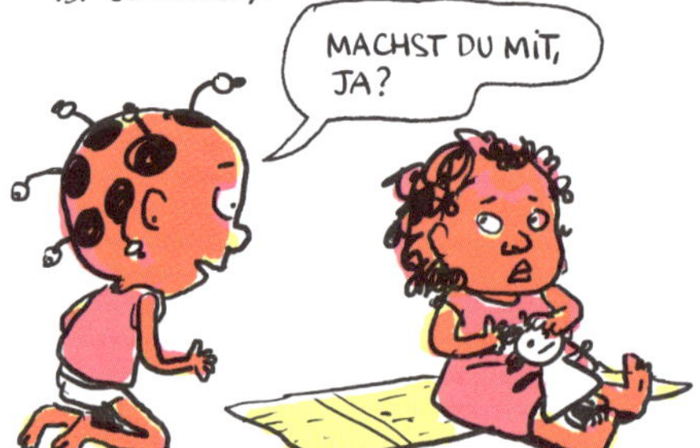

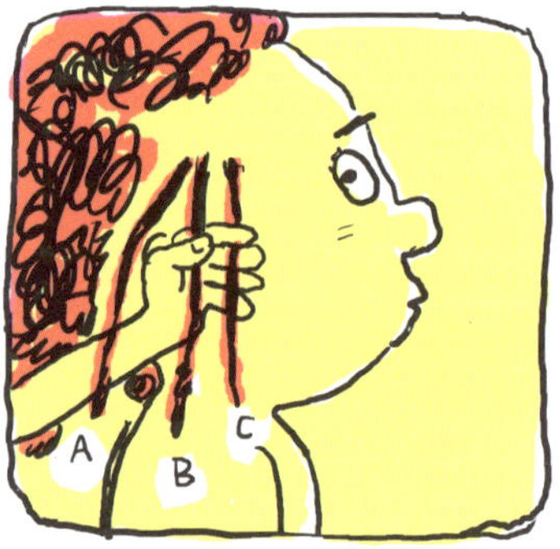

② Du nimmst drei Strähnen.

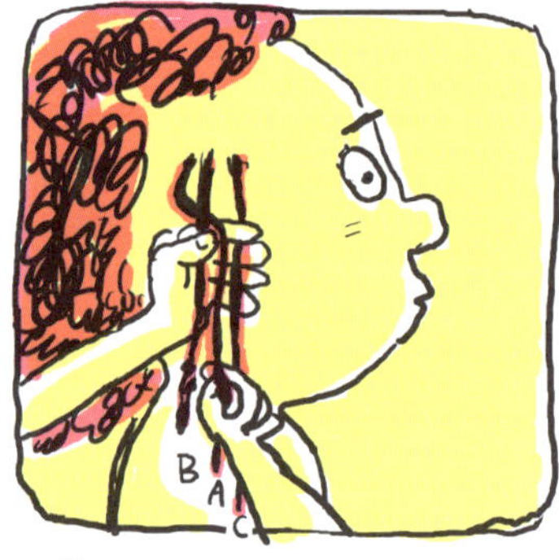

③ Die linke führst du zwischen die beiden anderen...

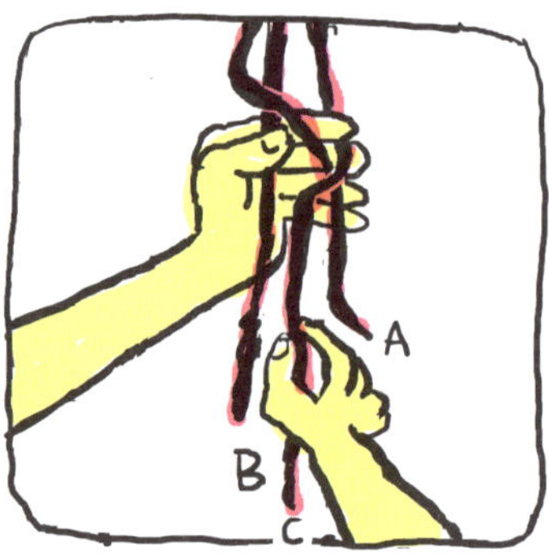

④ Danach die rechte zwischen die beiden anderen.

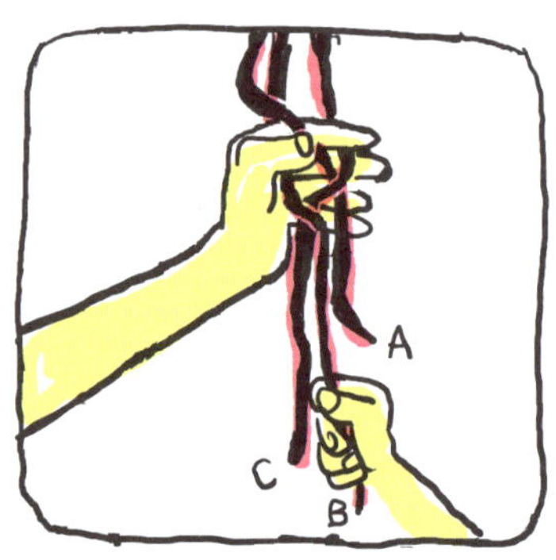

⑤ Und so weiter, bis ganz unten.

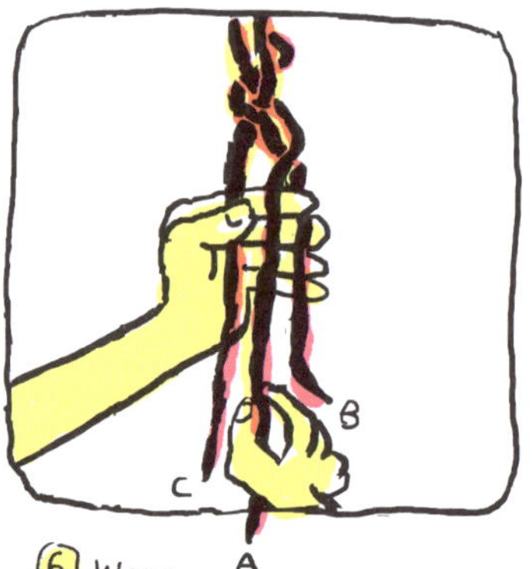

⑥ Wenn der Zopf fertig ist, kannst du ihn mit einer Perle oder einem Gummiband festmachen.

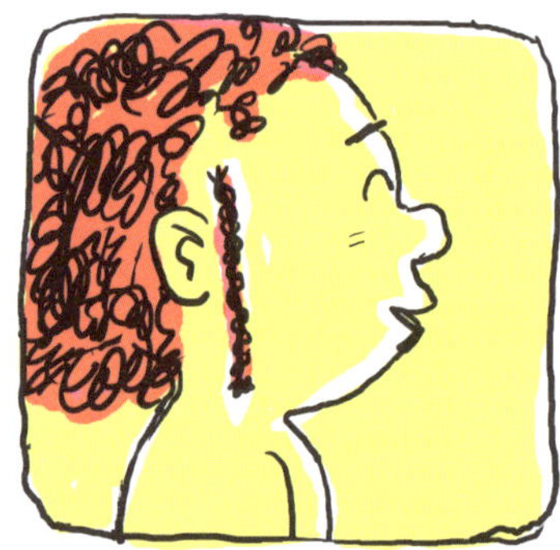

⑦ So, fertig, jetzt musst du nur noch die restlichen Strähnen flechten!

ERDNUSS MIT KARAMELL

Für ein paar brave, gehorsame Kinder

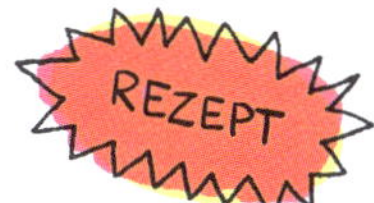

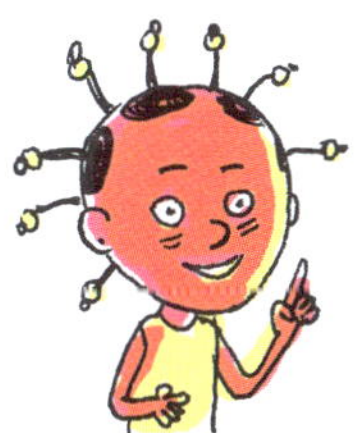

ZUTATEN

- 500 Gramm gehackte Erdnüsse
- 200 Gramm Zucker
- ein Topf
- ein Holzlöffel
- ein Nudelholz

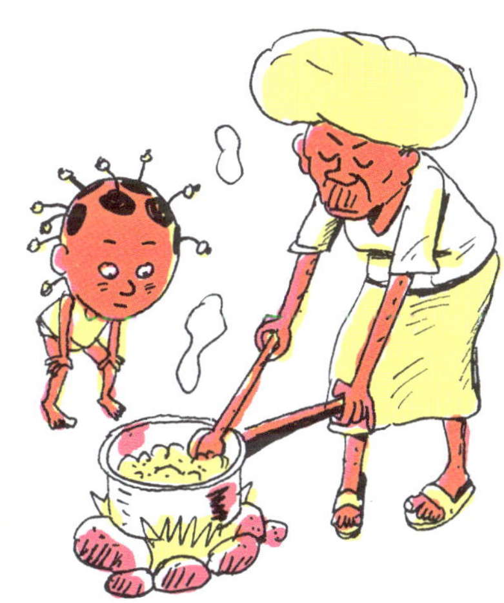

1. Den Zucker im Topf schmelzen, dann die gehackten Erdnüsse dazugeben.
2. Die Mischung umrühren, bis eine Paste daraus wird.
3. Nach fünf Minuten die Mischung vom Feuer nehmen. Fertig.
4. Die Paste mit dem Nudelholz ausrollen und dann Dreiecke, Sterne und Quadrate ausstechen und die dann wegknuspern!!!
5. Lecker!

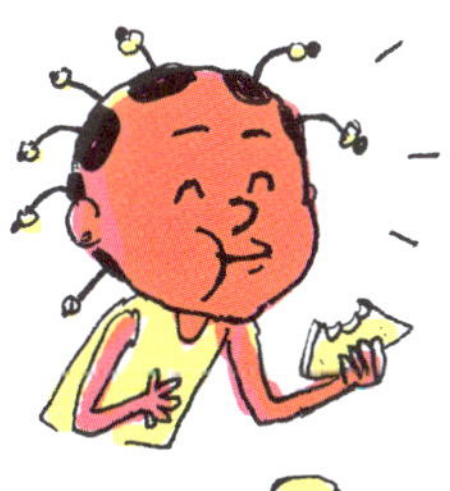

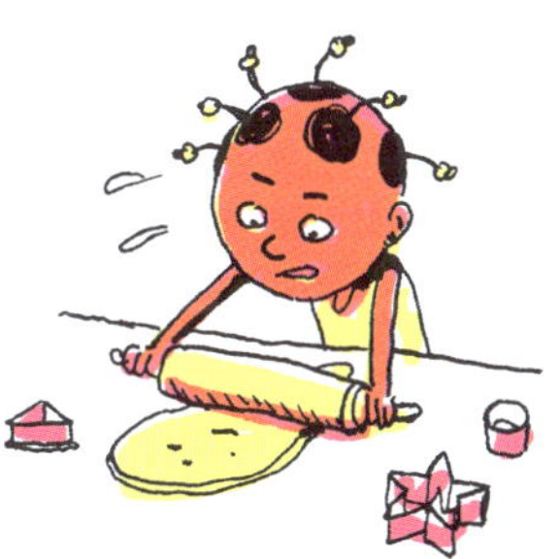

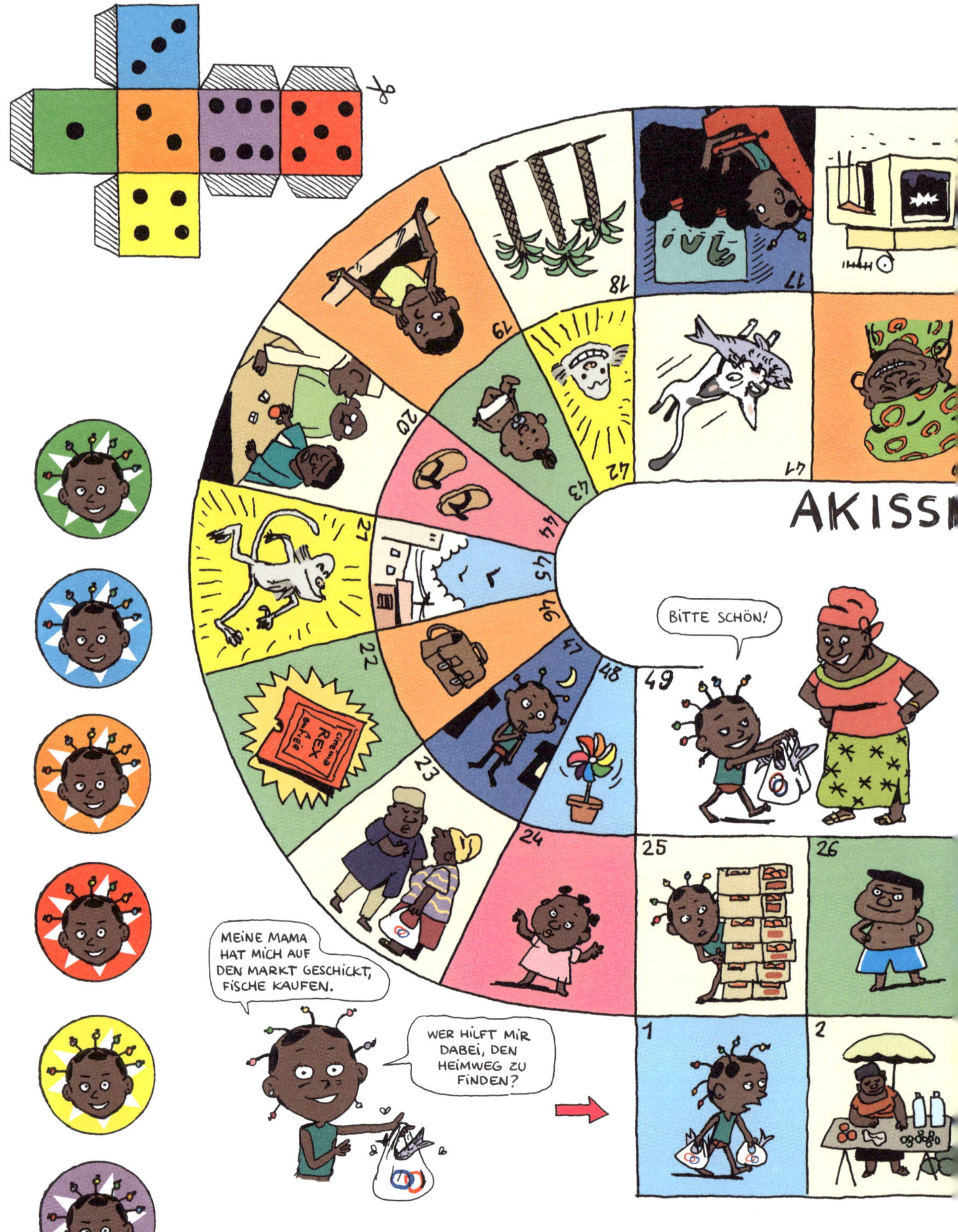
AKISS
BITTE SCHÖN!
MEINE MAMA HAT MICH AUF DEN MARKT GESCHICKT, FISCHE KAUFEN.
WER HILFT MIR DABEI, DEN HEIMWEG ZU FINDEN?
Cinema REX Entrée
1
2
17
18
19
20
21
22
23
24
25
26
41
42
43
44
45
46
47
48
49

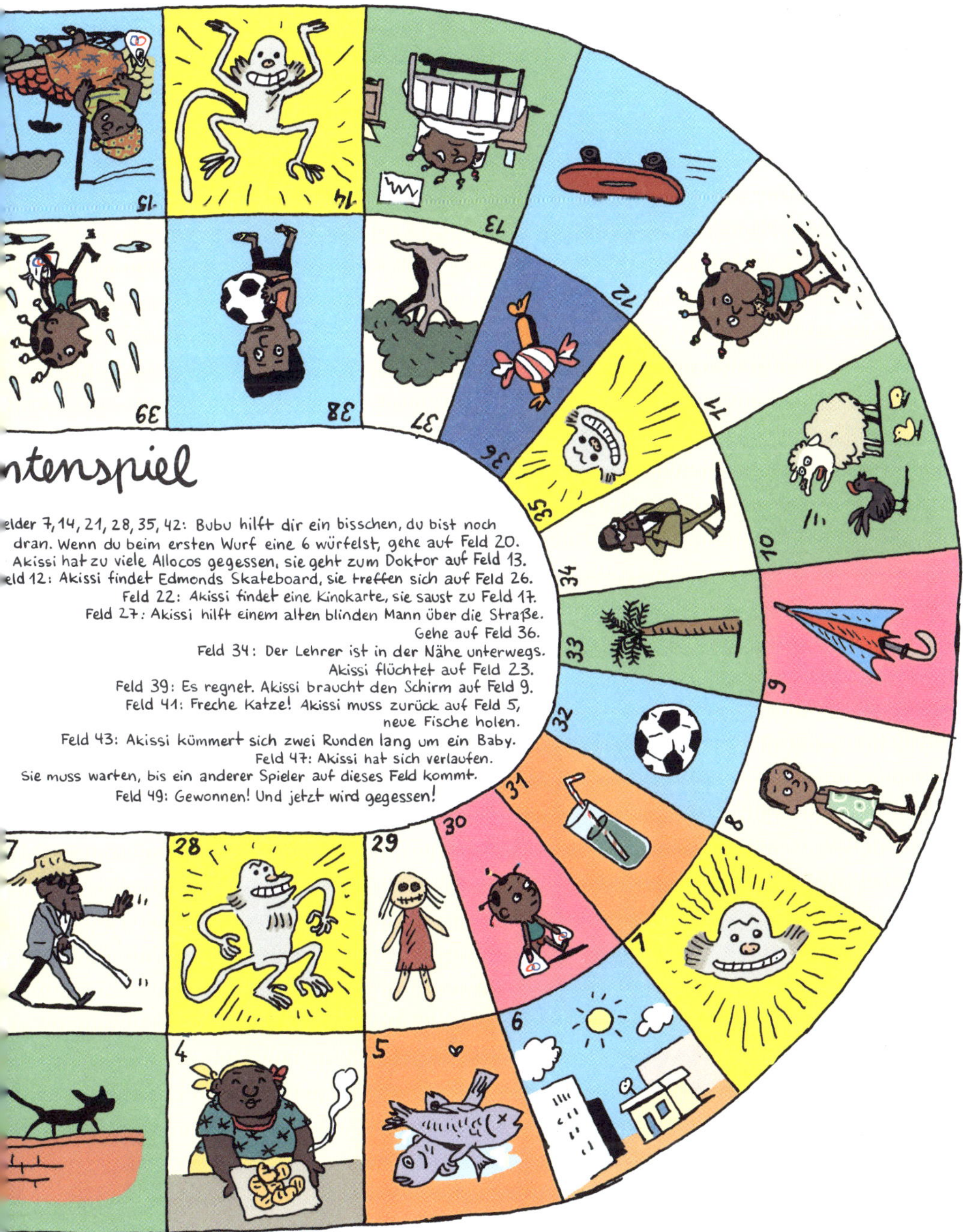

ntenspiel
elder 7, 14, 21, 28, 35, 42: Bubu hilft dir ein bisschen, du bist noch dran. Wenn du beim ersten Wurf eine 6 würfelst, gehe auf Feld 20.
Akissi hat zu viele Allocos gegessen, sie geht zum Doktor auf Feld 13.
eld 12: Akissi findet Edmonds Skateboard, sie treffen sich auf Feld 26.
Feld 22: Akissi findet eine Kinokarte, sie saust zu Feld 17.
Feld 27: Akissi hilft einem alten blinden Mann über die Straße. Gehe auf Feld 36.
Feld 34: Der Lehrer ist in der Nähe unterwegs. Akissi flüchtet auf Feld 23.
Feld 39: Es regnet. Akissi braucht den Schirm auf Feld 9.
Feld 41: Freche Katze! Akissi muss zurück auf Feld 5, neue Fische holen.
Feld 43: Akissi kümmert sich zwei Runden lang um ein Baby.
Feld 47: Akissi hat sich verlaufen. Sie muss warten, bis ein anderer Spieler auf dieses Feld kommt.
Feld 49: Gewonnen! Und jetzt wird gegessen!

INHALT

Flugschaf 3

Pipi in der Nacht 9

Der Kokos-Schock 15

Loderndes Haar 21

Öffentliche Toiletten 27

Maniok-Panik 33

Kaninchenparadies 39

Loch im Kopf 45

Schulanfang mit Schrecken 51

Hindernislauf 57

Meerjungfrau 63

Bääh-Tag 69

Zaubertrank 75

Pausenbrot in Gefahr 81

Bonustrack 89

MARGUERITE ABOUET ist die Autorin von *Akissi*. Sie wurde 1971 in Abidjan, der größten Stadt der Elfenbeinküste, geboren. Als sie zwölf Jahre alt war, schickten ihre Eltern sie und ihren älteren Bruder zu einem Großonkel nach Paris, damit die beiden eine gute Schule besuchen konnten. Marguerite machte eine Ausbildung zur Rechtsanwaltsgehilfin, bevor sie sich dazu entschloss, Szenaristin und Drehbuchautorin zu werden. Sie hat außerdem eine Organisation zur Förderung von Bibliotheken in Afrika gegründet. Mit ihrem Sohn lebt Marguerite in der Nähe von Paris.

MARGUERITE ABOUET & CLÉMENT OUBRERIE BEI REPRODUKT

Aya aus Youpougon 1

Aya aus Youpougon 2

Aya aus Youpougon 3

Aya aus Youpougon 7

MARGUERITE ABOUET & MATHIEU SAPIN BEI REPRODUKT

Akissi – Auf die Katzen, fertig, los!

Akissi – Vorsicht, fliegende Schafe!

Akissi – Magische Mixtur

Akissi – Die Königin der Nervensägen

Akissi – Rette sich wer kann

Akissi aus Paris 1

MATHIEU SAPIN hat *Akissi* gezeichnet. Er kam 1974 in der französischen Stadt Dijon zur Welt, aus der auch der weltberühmte Senf kommt. In Straßburg hat er Illustration studiert und danach einige Comics über bekannte Männer gezeichnet, zum Beispiel über den ehemaligen französischen Präsidenten François Hollande oder über den bekannten Schauspieler Gérard Depardieu. Mathieu Sapin lebt mit seiner Familie in Paris.

MATHIEU SAPIN BEI REPRODUKT

Gérard – Fünf Jahre am Rockzipfel von Depardieu

Comédie française

Aus dem Französischen von Ulrich Pröfrock
Redaktion: Heike Drescher
Korrektur: Gustav Mechlenburg
Lettering: Olav Korth
Bildbearbeitung und Herstellung:
Minou Zaribaf

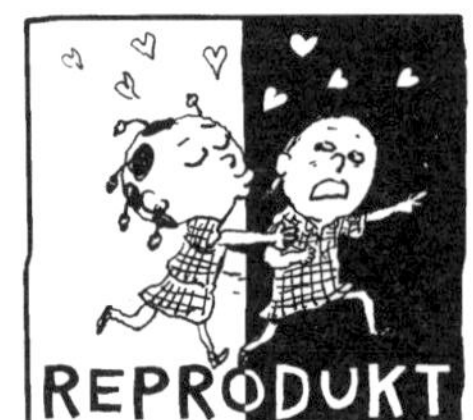

Reprodukt GmbH
Gottschedstr. 4 / Aufgang 1
13357 Berlin

Originally published in France by Gallimard Jeunesse,
5 rue Gaston Gallimard, 75007 Paris, France
Published by arrangement with Sylvain Coissard Agency,
5111 Route de Genas, 69100 Villeurbanne, France
Herausgeber: Dirk Rehm
ISBN 978-3-95640-205-0
Druck: Edica, Poznań, Polen

Dritte Auflage: April 2026

www.reprodukt.com
info@reprodukt.com